호암자전

나남

나남신서 · 1756
삼성 창업자 호암 이병철 자서전
호암자전(湖巖自傳)

2014년 4월 23일 발행
2023년 6월 20일 10쇄

지은이	李秉喆
발행자	趙相浩
발행처	(주) 나남
주소	10881 경기도 파주시 회동길 193
전화	031-955-4601(代)
FAX	031-955-4555
등록	제1-71호(1979.5.12)
홈페이지	http://www.nanam.net
전자우편	post@nanam.net

ISBN 978-89-300-8756-8
ISBN 978-89-300-8655-4(세트)

책값은 뒤표지에 있습니다.

삼성 창업자 호암 이병철 자서전

호암자전

이병철 지음

湖巖 李秉喆

서序

1985년 정초正初를 나는 서울 남쪽 교외의 용인자연농원에서 맞이하였다. 머지않아 만 75세가 된다.

얼어붙은 대지, 차디찬 대기, 백설이 만건곤滿乾坤한 창밖의 고요한 경관景觀을 바라보면서 다시금 건강하게 인생의 연륜年輪을 하나 더 새길 수 있는 기쁨을 되새긴다. 지난날의 숱한 일들이 주마등처럼 눈앞을 스쳐간다. 참으로 힘겹고 바쁜 격동의 나날이었다.

내가 태어난 1910년은 한민족으로서는 잊지 못할 한일합방韓日合邦의 해였다. 국어國語나 성명姓名마저 빼앗아갔던 일본日本의 지배는, 근대 서구西歐열강列强의 식민지 정책에서도 일찍이 그 예例를 찾아볼 수 없을 만큼 가혹한 것이었다.

일본이 제2차 세계대전에 패하고 36년 만에 한국은 독립했으나, 그 후에도 한국동란, 이승만李承晩 정권의 붕괴, 5·16 군사혁명, 한·일 국교 정상화, 그리고 박정희朴正熙 대통령 피살… 이렇게 역사의 수레바퀴는 숨 가쁘게 회전하였다.

거친 역사의 소용돌이 속에서, 나는 삼성三星을 축軸으로 하는 사업전개에 몰두하였다. 물론 그 도정道程은 역사의 파동과 무관할 수 없었다. 어떤 때는 사업만 앞세운다는 비난을 받기도 하였고, 또한 어떤 때는 심혈心血이 맺힌 기업이나 자본을 단장斷腸의 심정으로 내놓아야 하는 사태에 직면하기도 하였다. 사회의 곡해曲解는 한 개인에게는 때로 과중過重하였다.

'일하는 자에게는, 일하지 않는 자가 항상 가장 가혹한 비판자 노릇을 하는지도 모른다.'

이러한 생각을 되새기면서, 분노憤怒와 비애悲哀를 내일에의 용기勇氣로 바꾸려고 잠을 이루지 못한 밤이 몇 밤이었던가.

지금 돌이켜보면, 지혜나 체력에 한계限界가 있는 한 인간으로서는 이토록 여러 가지 분야의 사업을 다행하게도 하나하나 이룩하였다. 길고도 험난한 노정路程이었다. 그 길고도 험난한 길을 마치 단거리 경주나 하는 것처럼 전력질주했다는 실감이 새삼스럽다. 이것은 또한 마음속 은근히 간직한 자부심이기도 하다.

삼성그룹의 사업체는 문화관계 것을 포함하여 서른을 헤아리게 되었다. 이 모두가 40여 성상星霜, 갖가지로 궁리하고 검토하고 현장을 확인하면서 이룩한 것들이다. 이를테면 혼란이 거듭되던 사회社會와 역사歷史의 와중渦中에서도, 도리어 온갖 고난을 무릅쓰고, 곡해曲解와 애로隘路를 딛고 계속 전진前進을 거듭해 온 나의 인생人生 발자취, 바로 그것이다.

　이것이 연륜을 쌓으면서 사업체로서의 체제體制와 내실內實을 갖추어 그 하나하나가 제대로 성장하게 된 이면裏面에는 사원社員을 비롯한 많은 사람들의 숱한 노력과 지원이 있었다는 것을 잠시도 잊은 적이 없다. 동시에 그 하나하나는 국가와 사회 그리고 기업경영에 대한 나의 소신과 가치관을 그대로 반영한 것이다.

　최고의 도덕道德이란 무엇인가.

　이렇게 묻는다면 주저 없이 봉사奉仕라고 대답하고 싶다. 인간에게는 이처럼 실천하기 어렵고 엄숙한 과제課題도 없다. 물론, 인간이 생生을 영위하는 목표와 신조로서 하는 말이다.

　인간에게는 저마다 기량器量이라는 것이 있다. 나는 남보다 특출했다고 생각하지 않는다. 다만 내 기량에 알맞은 분야에서, 국가·사회의 진운進運에 공헌한다는 신념 아래 새로운 사업을 연구하고 개척하면서, 끊임없이 기업을 창설하고 운영해 왔을 따름이다.

　연구하고 개척했다고 하였지만 그것은 참으로 전인미답前人未踏의 처녀지였다. 해방 후 거의 무無의 상태에서 출발한 우리나라 산업이다. 새로 착수해야 할 사업내용이나 그 경영관리 방식에 대하여 전문적인 조언을 구하고 싶어도 그것은 불가능하였다. 하나하나 자문자답自問自答하면서 혼자서 그 해결을 찾을 수밖에 없었다.

그 험한 길을 걸어오면서 내가 얻은 하나의 결론은, 기업 경영에는 지름길이 없다는 것이다. 지름길이 없는 이상 그 길은 험난하다. 험난함에 지친 나머지 이따금 찾아드는 좌절감을 극복하면서 스스로 견딜 수 있었던 것은, 봉사야말로 최고의 도덕이라는 나의 신조, 바로 그것이 있었기 때문이다.

본시 나는 훈시訓示 같은 것은 말하는 것도 쓰는 것도 능하지 못하다. 지금까지 자신을 말하거나 쓰거나 하는 일은 부득이한 경우가 아니면 언제나 피해 왔다.

그러나 이제 인생의 만기晩期에 들어서고 있다. 자식이나 손자 그리고 후배들에게, 사업에 전생애全生涯를 바쳐 그 때문에 고민하고 때로는 남모르는 성취의 기쁨을 느끼기도 했던 한 인간의 삶을, 겸허하게 사실 그대로 이야기하는 것은 관용寬容될 수 있으리라 믿는다.

그리고 자신의 실천과 체험을 통하여 하나하나 체득體得해 온 기업 경영에 대한 소신所信과 철학哲學 같은 것을, 삼성의 후배들에게만은 꼭 전해두고 싶다. 그것은 삼성의 오늘을 이룩한 밑거름이며, 21세기를 바라보는 국가·사회에 대한 공헌을 다하기 위한 원점原點이기도 하다. 이렇게 믿으면서 나의 발자취를 명암明暗을 가리지 않고 기록하려고 결심하였다.

이 이력서履歷書와도 같은 서투른 기록이 다소나마 사회성社會

性을 인정받게 된다면, 그것은 오직 나의 기업가로서의 한평생이 격동激動의 현대 한국사韓國史 속에 있었기 때문이다. 이 기록은 또한 오늘에 이르기까지 음陰으로 양陽으로 나를 지원支援해 주고 편달鞭撻해 준 여러분들에 대한 감사의 충정衷情을 표시하는 것이기도 하다는 것을 미리 부언附言해 두고자 한다.

1985년 정초正初

李秉喆

저자의 서울 한남동 자택인 승지원(承志園)

호암자전

차례

서序   7

제1편 청소년 시절 19

제1장　한일합방 해에 출생 …………………………20
제2장　서당에서 학교로 …………………………24
제3장　결혼, 그리고 도쿄 유학 …………………………33
제4장　세계 공황하의 대학시절 …………………………37
제5장　졸업증서 없이 끝난 학업 …………………………40

제2편 사업에 투신 43

제1장　사업 투신의 결의 …………………………44
제2장　정미·운수업으로 출발 …………………………49
제3장　2백만 평의 대지주로 …………………………58
제4장　삼성의 모체 삼성상회 설립 …………………………63
제5장　고향에서 해방 맞아 …………………………68

제6장	사업보국의 신념을 굳혀 · · · · · · · · · 75
제7장	이승만 박사의 추억 · · · · · · · · · 82
제8장	삼성물산공사의 설립 · · · · · · · · · 87
제9장	해방 후의 첫 일본방문 · · · · · · · · · 91
제10장	6·25 동란 발발 · · · · · · · · · 95

제3편 수입 대체산업 99

제1장	빈손으로 대구에 피란 ············100
제2장	제조업을 결의 ············105
제3장	제일제당 설립 ············110
제4장	국내기술로 공장 완성 ············116
제5장	제일모직 설립 ············123
제6장	모든 것을 우리 손으로 ············133
제7장	유니언 잭 고지에 태극기를 ············138
제8장	산업자본의 형성 ············144

제4편 사회의 격동 147

제1장	시은의 대주주로 ············148
제2장	한국비료의 건설 추진 ············152
제3장	차관도입 교섭에 성공 ············159
제4장	120%의 세제 ············169
제5장	5·16 혁명 최고회의에 서한 ············176
제6장	박정희 부의장과의 첫 대면 ············183

제5편 우리가 잘 사는 길 189

제1장 　경제인협회 초대 회장으로 　190
제2장 　울산공업단지의 조성 　201
제3장 　통화개혁과 삼분파동 　205
제4장 　〈우리가 잘 사는 길〉 기고 　210
제5장 　비료공장건설을 재추진 　227
제6장 　유솜과 일본업계의 반대 　233
제7장 　미쓰이물산과 차관교섭 　238
제8장 　한일회담의 이면 지원 　243
제9장 　세계최대의 단일 비료공장 　251
제10장 　정치기류에 휘말린 '한비사건' 　259

제6편 문화사업 267

제1장 　문화재단 설립 　268
제2장 　교육과 도의문화의 진흥을 　274
제3장 　호암미술관 설립 　280
제4장 　매스컴의 경영 　290
제5장 　동양방송의 영상은 사라지고 　297
제6장 　용인자연농원에 건 꿈 　306
제7장 　위암 수술을 받고 　313

제7편 전자·중화학공업 319

제1장 　전자, 그리고 중화학공업 시대로 　320
제2장 　조선 분야에 진출 　330
제3장 　플랜트 생산체제 갖추어 　334
제4장 　유화산업과 방위산업 　339

제5장 　생명보험과 백화점의 경영 ················ 345
제6장 　한국의 얼굴 호텔신라 ···················· 350

제8편 삼성의 장래 355

제1장 　새로운 경영기법을 찾아서 ················ 356
제2장 　반도체 개발을 결의 ······················ 364
제3장 　삼성반도체에 내일을 건다 ················ 370
제4장 　기업은 영원한가 ························· 381
제5장 　창업과 수성 ····························· 387
제6장 　보스턴대학에서 명예박사학위 ············· 395

제9편 취미 편력 407

수집으로 개성을 안다 ··························· 408
생활 속의 골프 ································· 410
국악과 서예로 정심 길러 ························ 414
건축미에 매료되어 ······························ 416
《논어》, 인간형성의 근원 ························ 418

후 기 421
호암연보 425

제1편

청소년 시절

제1장 한일합방 해에 출생
제2장 서당에서 학교로
제3장 결혼, 그리고 도쿄 유학
제4장 세계 공황하의 대학시절
제5장 졸업증서 없이 끝난 학업

제1장
한일합방 韓日合邦 해에 출생

나는 1910년 2월 12일, 현재의 행정구역으로는 경상남도 의령군 정곡면 중교리 中橋里에서 태어났다. 두 누이와 형 秉珏이 있는 4남매의 막내였다.

이 해는 조선조 연기 年紀로는 융희 隆熙 4년, 8월 22일에는 치욕의 한일합방조약이 조인되었다. 19세기 말엽부터 20세기 초엽에 걸쳐 조선왕조의 말기는, 참으로 내우외환 內憂外患의 시대였다.

민족과 국가의 수난의 해가 기구하게도 내 출생의 해였다는 것은, 파란만장 波瀾萬丈했던 그 후의 나의 인생을 되돌아볼 때, 무언가 암시적 暗示的인 것이 있는 듯한 생각이 들기도 한다. 그러나 다행히 가정형편은 비교적 유복 裕福한 편이었다.

나의 가계 家系는 경주 이 李씨에 속한다. 16대조가 중교리를 은거 隱居의 고장으로 삼아 가속 家屬을 이끌고 낙향하였다. 조선왕조 연산군 燕山君 시대였으니 지금부터 약 480년 전의 일이다.

백두산에서 뻗어 내린 큰 산맥줄기가 마지막으로 우뚝 솟았다고 하여 두류산 頭流山이라고도 불리는 지리산 智異山. 금강산, 한라

지리산 지맥인 마두산 기슭에 자리 잡은 경남 의령군 정곡면 중교리의 생가

산과 함께 삼신산三神山의 하나로 꼽히는 이 지리산은, 3도·5군에 걸쳐 있는 웅장한 명산名山이다. 그 지맥支脈인 마두산馬頭山 기슭에 자리 잡은 중교리는 예부터 숨어사는 고을로 알려져 있었다.

16대조 후에도 대과大科에 급제하여 관직에 오른 분이 간혹 있었으나, 10대조 후대後代부터는 정치와는 무관한 채로 포의布衣의 선비로서 전원생활을 이어 온 것 같다.

조부 이홍석文山 李洪錫, 1838~1897 공은 학문에 소양이 있어, 당시 영남嶺南의 거유巨儒로 일컬어지던 허성재許性齋의 문하생으로서 시문詩文·성리학性理學 등에 능했다고 한다. 퇴계退溪 이황李滉의 존덕재存德齋를 건립하고 미수眉叟 허목許穆의 《경례류찬經禮類纂》과 자신의 《문산문집文山文集》 등을 간행한 것으로 미루어, 조부의 학풍學風을 짐작할 수 있다.

"문장文章은 경국經國의 대업大業이며 불후의 성사盛事이다. 사람의 생명이나 영화榮華는 유한하지만 문장의 생명은 무한無限하다. 그 문장은 남의 모방으로 되는 것이 아니라, 인격 그 자체의 발로發露이다"라고 선친 이찬우遜山 李纘雨, 1874~1957 공은, 조부로부터 자주 그러한 가르침을 받았다고 한다.

조부가 만년에 세워 지금도 남아 있는 서당 문산정文山亭의 기문記文에서, 허성재가 "이 공(조부)은 실사구시實事求是의 학풍을 좇았다"고 밝힌 사실과, 조부 대代에 이르러 가산家産이 천여 석으로 늘게 된 사실 등으로 미루어, 조부는 유가儒家에서 말하는

선친(先親), 술산 이찬우(述山 李纘雨) 공

이용후생利用厚生에도 능했던 것 같다.

이러한 조부 밑에서 선친이 한학漢學 공부를 강요당한 것은 당연한 일이었다. 그러나 개항·개국 등 외세의 침투浸透로 나라가 흔들리던 청년기에는, 상경하여 독립협회의 회원들과 행동을 함께하기도 했다. 기독교청년회에도 출입하여, 뒷날 대통령이 된 이승만李承晩 박사와 서로 알게 된 것도 그즈음의 일이다. 선친과 이 박사는 동갑同甲이었다. 그러나 결국 중교리로 귀향歸鄕하여 전원생활田園生活을 즐겼다.

제2장
서당書堂에서 학교로

어머니 안동 권權씨는 선친 그늘에서 겸허謙虛하게 평생을 보낸 전형적인 부덕婦德의 여성이었다. 인정이 많아 어려운 사람을 그냥 보지 못하는 성품이었다. 마을에 해산解産한 집이 있으면 반드시 미역과 쌀을 보냈고, 양식이 떨어졌다고 하면 늘 쌀이나 보리쌀을 들려 보냈다.

"어려운 사람을 동정할 줄 알아야 한다. 이른 봄 찔레꽃이 필 무렵은 가난한 농촌에서는 가장 어려울 때이니, 무심히 넘겨서는 안 된다."

어머니는 이따금 나에게 이렇게 타이르곤 했다.

찔레꽃이 필 무렵이란 바로 보릿고개라고 하는 춘궁기春窮期를 말한다. 그때만 해도 가난했던 농촌에서는 가을에 거두어들인 양식이 찔레꽃이 필 때쯤엔 흔히 떨어지고 만다.

안양安養 골프장 10번 홀에서 11번 홀로 넘어가는 왼쪽 길목에는 봄마다 찔레꽃이 활짝 핀다. 그 청초清楚한 꽃에 눈길이 갈 때마다 옛날 농촌의 그 춘궁기를 생각하며, 인자했던 어머니 모습

선비(先妣), 안동(安東) 권(權) 씨

이 문득 떠오르곤 한다.

 어머니는 언제나 남보다 일찍 일어나 집안일을 돌봤지만, 며느리 방 앞을 지날 때면 행여나 그 며느리가 선잠에서 깰세라 조용조용 발소리를 죽여 가며 걸었다. 사대부士大夫 집안에서 태어났으나 어머니는 언제나 인자仁慈하고 온유溫柔했다.

 내 외가는 두루 장수長壽하는 가문으로 이모들은 모두 90이 넘는 장수를 누렸는데 이분만 해방도 못 보고 1941년 전란 중 시골에서 70수壽로 먼저 떠나버렸다. 참으로 안타까운 일이었다.

조부(祖父) 문산 이홍석(文山 李洪錫) 공이 세운 문산정(文山亭)

유교儒敎가 도덕의 규범이었던 당시의 한국사회에서는 흔히 볼 수 있는 모친상母親像이었는지 모른다. 그러나 그 어머니도 타계他界한 지 이미 40여 년이 지났다.

다섯 살이 되면서 조부가 세운 서당 문산정文山亭에서 한문漢文을 배우기 시작했다. 어머니는 아침마다 책을 옆에 끼고 형과 함께 대문을 나서는 나를 늘 지켜보았다. 어머니가 36세 때 태어난 막내인 나에게 거는 기대는 각별하였던 것 같다.

나는 어릴 때 출중出衆하다는 말을 별로 듣지 못하였다. 다만 유별나게 남에게 지는 것을 싫어했다고 한다.

한문 공부는 《천자문千字文》부터 시작했는데, 흔히 두서너 달이면 뗀다는 《천자문》에 나는 1년 남짓 걸렸다. 그래도 5년 가까운 서당 공부에 보람이 있어 《통감通鑑》이나 《논어論語》도 통독할 수 있었다. 그러나 공부는 그다지 시원치 못했던 것 같다. "문산 선생의 손자가 이래서야…" 하는 훈장의 훈계를 듣는 일도 가끔 있었다.

그러던 어느 날 사랑舍廊에서 선친과 친구 사이에 오가는 이야기를 우연히 엿들었다.

"일본인 탓으로 곡가穀價가 올랐다."

"여기저기서 만세 소동이 났다."

깊은 뜻 따위는 알 길이 없었으나, 뭔가 어두운 그림자가 있는 그 말들이 지금까지도 귓전에 생생하게 남아 있다.

3·1 독립운동의 불길이 일고 있었던 것이다. 나는 아홉 살이었으나 동심童心에서나마 역사의 고동鼓動을 어슴푸레 느끼지 않을 수 없었다.

3·1 운동을 계기로 일본은 종래의 무단武斷정치에서 표면상으로는 사이토 마코토齋藤實 총독에 의한 문화정책을 표방하게 된다.

그 후 2년이 지나 열한 살이 되었을 때, 집안에서는 의논을 거듭한 끝에, 나를 당시의 신식학교에 넣기로 결정하였다. 일본어로 수업하는 일본식 보통학교이다. 이 사실이 친척들에게 전해지자, 찬반양론으로 갈라졌지만 찬성 의견이 많았다.

서당書堂 친구들과 작별하고 둘째누이의 시가媤家가 있는 진주晉州의 지수智水보통학교 3학년에 편입하게 되었다. 누이 집에 도착하자 곧 이발소에 가서, 아침마다 어머니가 손수 땋아 주시던 긴 머리를 싹독 잘라버렸다.

'일신一身을 부모에 받으니 훼손하지 않음이 효孝의 시초이다.'

서당에서 배웠던 글귀가 문득 뇌리를 스쳐갔던 그날도, 벌써 60여 년 전의 먼 옛날이 되어버렸다. 그것은 열한 살에 고향을 떠난 나의 개화開化의 날이었다.

지수보통학교에서의 생활은 모두 새롭고 즐거운 것이었다. 첫 여름방학 때 고향에 돌아와 서당 시절의 옛 친구들과 재회하고서야 도회지의 학교에 들어가게 된 것이 얼마나 다행이었던가를 동심童心에서나마 절감하였다.

공자孔子는 동산東山에 올라 노魯나라가 작다고 했고, 태산泰山에 올라 천하가 작다고 했다 한다. 불과 몇 달 안 되는 짧은 동안이었지만 진주에서의 생활을 경험하고 귀성歸省한 나에게, 태어나서 자란 중교리는 너무나 좁고 답답한 곳으로 느껴졌다.

지금 돌이켜보면 내가 자신이나 나의 집, 그리고 그것을 둘러싼 환경을 어렴풋이나마 객관적으로 인식한 최초의 기회였던 것 같다.

마침 고향에는 재종형相修이 서울에서 귀성 중이었다. 서울 이야기를 여러 가지로 들려주었다. 큰 거리가 많은 사람들로 붐비고, 고층 건물들이 거리의 경관을 자랑하고, 상품도 풍부하고, 좋은 학교도 많다고 생생하게 말해주는 서울 모습에 소년의 가슴은 설렜다.

'옳지, 서울 가서 공부하자.'

이렇게 결심한 나는 반대를 각오하고, 양친兩親에게 그 뜻을 말씀드렸다. 선친은 선뜻 응낙하지 않았지만, 어머니는 내 생각을 두둔해 주었다. 드디어 선친도 의외로 쾌히 허락하여 상경上京은 결정되었다. 외가가 서울이었던 것이 도움을 준 것 같았다.

상경하던 날, 90세 가까운 조모祖母가 손수 누빈 솜옷을 건네주면서, 나의 손을 맞잡고 눈물 어린 미소를 지으며 전송해 주었다. 함안咸安역까지 바래다준 선친은 열차 도착을 기다리는 동안, 서울에 가서 조심해야 할 일들을 자상하게 일러 주었다. 상경을 처음부터 찬성했던 어머니는 도리어 몹시 불안해하는 모습이었다.

서울로 떠나던 그날의 정경情景은, 60년도 더 지난 지금도 선친이나 어머니 그리고 조모를 생각할 때마다 선명鮮明한 모습이 되어 눈에 선하다.

서울에서 처음 머무른 곳은 현재도 옛 주택가 모습이 그대로 남아 있는 가회동의 외가外家였다. 거기서 별로 멀지 않은 수송壽松보통학교 3학년에 편입하였다. 당시 담임은 이호성李浩盛 선생이었던 것으로 기억한다.

이 학교는 조선총독부가 초등교육의 시범학교로 세웠는데, 붉은 벽돌의 3층 교사校舍가 인상적이었다. 첫 등교 날은 들뜬 마음으로 교문을 들어섰으나, 터무니없는 난관에 부딪혔다.

급우級友들과 말을 주고받아도 의사意思가 잘 통하지 않는 것이었다. 그들이 말하는 것은 억지로나마 알아들을 수 있었지만, 내가 말하는 것은 그들에게 통하지 않았다. 말씨가 너무 달랐기 때문이다. 그러나 급우들은 대체로 친절하였다.

서울에 왔다고 하여 학교 성적이 갑자기 좋아질 리는 없다. 산술算術만은 늘 학급에서 상위여서 자신이 있었지만, 조선어나 일본어는 100점 만점에 겨우 60~70점. 창가唱歌·도화圖畵 등은 간신히 낙제점을 면할 정도였다. 석차는 50명 중 35등에서 40등을 오르내렸다.

성적이 그러한 상태였음에도 불구하고, 보통학교 과정을 일각一刻이라도 빨리 끝내고 싶어 무모한 생각을 하였다. 그래서 4학년을 마치고 방학 때 귀성한 김에 선친에게 "이제 보통학교에서 배울 것은 별로 남아 있지 않습니다. 보통학교의 과정을 단기간에 마무리 짓는 속성과가 있는 중학에 옮기고 싶습니다"고 말씀드려 허락을 얻었다. 그래서 입학한 것이 중동중학中東中學이었다.

'사필귀정事必歸正'

선친은 이 글귀를 처세훈處世訓으로서 자주 나에게 풀이해 주셨다.

"매사每事에 성급性急하지 말아야 한다. 무리하게 사물을 처리하려 들면 안 된다."

몇 차례씩이나 학교를 바꾸는 내가 선친의 눈에는 과연 어떻게 비쳤을까. 공부의 성과成果가 있다고 보였는지 아니면 공부의 길은 가망이 없다고 보였는지, 끝내 그 답을 여쭈어 볼 기회는 없었다.

어떻든 진주의 지수학교에 들어간 이후로는 선친은 나에게 공부를 강요한 적이 없었다. 그러나 처세훈과 함께 늘 강조한 것은 "거짓과 꾸밈은 개인에게나 국가·사회에도 대환大患"이라는 것이었다.

선친은 단정하고도 근엄한 분이었지만 자녀들에겐 언제나 인자하여 큰 소리로 꾸중 한번 하는 일이 없었다. 공맹孔孟의 가르침을 철저히 지켰고, 퇴계학退溪學에도 조예가 깊었다. 삼강오륜三綱五倫을 숭상했으며, 인의예지신仁義禮智信의 생활윤리 중에서도 특히 신信을 강조하고, "비록 손해를 보는 일이 있더라도 신용을 잃어서는 안 된다"고 주위 사람들에게 가르쳤다.

창업 이후 오늘에 이르기까지 삼성三星이 그 신용信用을 기업의 생명으로 삼아온 것도 되돌아 생각해 보면, 선친의 그런 유훈遺訓이 그 뿌리가 되었던 것 같다. 삼성이 외자外資를 도입할 때 삼성 자체의 신용만으로 계약할 수 있고, 별도의 지불보증이 필요 없을 만큼 된 것을 나는 지금도 큰 보람으로 생각하고 있는데, 여기에도 선친의 유지遺志는 숨어 있었던 것이다.

선친은 1957년 11월 25일, 84세의 수壽를 누리고 세상을 떠났

중동중학교 학생이던 17세 소년 시절의 저자(왼쪽)가 여름방학을 맞아 고향을 찾았다.(1927년 여름)

는데, 이만큼 장수한 것은 모든 것에 절제節制를 지켜 살았던 때문으로 안다. 내가 1976년 9월 위암수술 뒤 애용하던 담배를 끊고 지금까지 건강한 나날을 보내고 있는 것도 선친이 몸소 실천한 그 절제정신과 무관하지 않다.

훨씬 후일後日의 일이지만, '삼성문화재단'을 설립하면서 도의문화道義文化운동에 관심을 갖고 뛰어난 효행자孝行者들을 골라 시상하고 있는 것도, '도덕이 땅에 떨어졌다'고 개탄하는 이 세상에서 모든 도덕의 기본이 되는 효孝만이라도 먼저 지켜나가게 해야겠다고 생각한 때문이다.

제3장

결혼, 그리고 도쿄 유학

중동중학의 속성과에서는 1년 동안 보통학교의 5, 6학년 과정을 끝내야 했다. 중학부에 입학하면서 처음으로 공부에 몰두했었다고 기억된다. 당시의 교장 선생님은 해방 후 서울대학교 총장으로 재직 중 북한에 납치된 최규동崔奎東 선생이었다.

중동중학은 스포츠가 성했고 특히 구기球技에 강했다. 나도 축구와 테니스에 열중하였다. 또한 이 학교에는 지방에서 상경한 학생이 많았다.

1926년 3학년 가을, 선친으로부터 한 통의 편지가 날아왔다. "너의 혼담婚談이 이루어져, 12월 5일(음력)에 혼례를 올리게 되었으니 귀가하라"는 내용이었다.

당시는 조혼早婚이 관행이었다. 별 생각 없이 선친의 뜻을 따랐다. 사모관대紗帽冠帶를 갖춘 대군복大君服 차림의 구식 혼례를 올렸다.

신부는 경상북도 달성군 묘동妙洞에 사는, 사육신 박팽년朴彭年 공의 후손인 순천 박朴씨 기동紀東 공의 4녀였다. 초례청醮禮廳에

72회 생일을 맞아 형처(荊妻) 박두을(朴杜乙)과 함께 연회장에 서 있는 저자

서 처음 마주 본 인상은 건강한 여성이라는 것이었다. 슬하에 4남 6녀를 두고 반세기半世紀여를 서로 도우며 살아 왔다.

내자內子 역시 유교를 숭상하는 가문에서 전통적인 부덕婦德을 배우고 성장해서 그런지, 바깥활동은 되도록 삼가고 집안일에만 전심전력을 다해 왔다. 예의범절禮儀凡節에도 밝아 대소가大小家가 두루 화목하다. 지금까지 몸치장, 얼굴치장 한번 제대로 해본 일이 없고, 사치와는 거리가 멀다. 그처럼 수신제가修身齊家의 자세에 흐트러짐이 없는 내자에게 언제나 고마운 마음을 가지고 있다.

우리나라의 가족제도에서는 예부터 고부姑婦 사이의 갈등도 적지 않지만, 내자는 출가한 딸들에게보다도 오히려 며느리들에게 각별한 시어머니의 자정慈情을 주고 있다. 며느리들의 생일을 잊지 않고 기억하여 일일이 선물을 마련해 주는 것이라든지, 가을에 새 곡식이나 과일이 들어오면 며느리들 몫을 먼저 떼놓고 나머지를 나누어 주는 것이라든지, 이 모두가 그저 흐뭇하기만 하다. 손자 손녀들이 한 30여 명 있는데, 그 아이들이 한결같이 할머니를 따른다.

4학년 1학기를 마치고 여름방학에 귀성한 나는 일본 유학留學의 결심을 선친에게 말씀드렸다. 그러나 선친은 크게 꾸중하였다.

"일에는 반드시 본말本末이 있고 시종始終이라는 것이 있다. 19세가 되고서도 아직 그것도 모르느냐."

처음이자 마지막인 선친의 엄한 꾸지람이었다. 그러나 유학 자체에 대한 반대는 아니었기 때문에 며칠 후 허락을 얻을 수 있었다. 바로 부산으로 가서 부관釜關연락선을 탔다.

시모노세키下關로 가는 선상에서 평생 잊지 못할 불쾌한 사건을 겪었다. 당시 부관연락선은 3천 톤급의 상당히 큰 것이었으나, 선실 등 내부의 설비는 매우 허술하였다.

배가 부산항을 떠난 지 얼마 안 되어 2등 선실에서 갑판으로 나갔다가, 동향同鄉인 안호상安浩相 박사를 만났다. 안 박사는 독일에서 철학박사 학위를 받고 교토京都대학에서 다시 1년 동안 동양철학을 연구하기 위해 도일渡日한다고 했다.

배는 파도가 거센 현해탄에 접어들어 요동이 심했다. 안 박사와 나는 뱃멀미가 심해져서 시설이 다소 나은 1등 선실로 옮기려고 하였다. 그러나 선실 입구에서 일본인 형사가 우리를 저지하였다. 우리가 한국인인 줄 안 형사는 거만하게 이렇게 말하는 것이었다.

"너희들 조선인이 무슨 돈으로 1등 선실을 기웃거리느냐, 건방지다."

그러면서 우리의 신분을 꼬치꼬치 캐는 것이었다.

"우리는 돈을 듬뿍 가지고 놀러 가는데, 이왕이면 바로 1등실로 가려는 거요."

안 박사가 비꼬는 투로 응수했다.

노怒할 줄 모르는 자는 어리석다. 그러나 노할 줄 알면서 능히 참는 자는 현명하다고 한다. 치미는 분노를 간신히 억눌렀다.

그리고 나라가 망했다는 사실의 참뜻을 처음으로 실감하였다. 사소한 사건일지 몰라도 다감多感한 청년靑年에게는 굴욕屈辱 이외의 아무것도 아니었다.

'나라는 강해야 한다. 강해지려면 우선 풍족豊足해야 한다. 우리나라는 어떤 일이 있어도 풍족하고 강한 독립獨立국가가 되어야 한다.'

후년 내가 오직 사업에만 몰두하게 된 것은, 식민지 지배하에 놓인 민족民族의 분노를 가슴 깊이 새겨두게 했던 그 부관연락선에서의 조그마한 사건이 있었기 때문이었는지도 모른다.

제4장
세계 공황恐慌하의 대학시절

시모노세키에서 기차로 갈아 탄 지 20여 시간 만에 도쿄東京역에 내렸다. 대학의 입학까지는 아직 반년 남짓 남아 있었다. 우선 하숙을 정하고 입시준비를 하기로 했다.

그날로 와세다早稻田대학 근처의 하숙소개소를 찾아 부탁해 놓고, 지리를 익히고 방향감각을 기르느라 타카다노바바高田馬場역에서 세부신주쿠西武新宿선의 전차를 탔다. 무심코 내린 곳이 시모누마부쿠로下沼袋역이었다.

당시 이 일대는 아직 숲과 밭이었고, 역 근처 여기저기에 드문드문 새 집이 들어서고 있었다. 거리를 거닐고 있는데, 한 청년이 눈에 띄었다. 그쪽도 유심히 나를 바라보았다. 우리말로 말을 건넸더니 바로 우리말로 대답하였다. 와세다대학의 학부 3학년에 재학 중인 우리나라 유학생 함안咸安 출신의 이순근李舜根 씨였다.

셋방에서 자취自炊생활을 하고 있다는 그는, 하숙집의 일본 음식은 입에 맞지 않고 자취가 오히려 편하다고 셋방을 권했다. 낯선 땅에서 처음 만난 동포同胞이기도 하고, 가까이 있는 편이 마음 든든할 것도 같아 그의 거처居處 근방에 나도 셋방을 구했다.

이렇게 하여 도쿄 생활은 시작되었다. 이듬해인 1930년 4월, 와세다대학 전문부 정경과政經科에 입학하였다.

그 무렵 미국의 월 가街에서 발단이 된 금융공황金融恐慌은 순식간에 세계를 휩쓸어 일본경제도 심각한 불황에 빠져 있었다. 쌀이나 생사生絲의 시세市勢가 몇 달 사이에 반 이하로 폭락하였다. 실업자가 거리에 넘치고 공장에서는 파업罷業이 잇달았다. 대학을 나와도 직장이 없어, 그러한 상황을 풍자한 영화〈대학은 나와도〉가 화제에 오르내리고 있었다.

좌익운동이 과격해지자 당국의 자세도 날로 경화硬化되어 갔다. 돌파구가 없는 불황, 그것을 해결할 방도方途도 없는 모순에 부딪힌 일본은 차츰 군사軍事 파시즘의 길로 치달았다. 대학이 그러한 시대의 흐름과 무관할 수 없었던 것은 당연하다. 오히려 대학은 좌익左翼과 반체제운동의 본산本山으로 변모해 갔다. 와세다대학의 숲속에서도 집회集會는 흔히 있는 일이었다.

와세다에는 당시 우리나라 유학생이 많았다. 도쿄에서 처음 만난 이순근 씨 외에도 개성 출신의 황黃 씨, 호남 출신의 진陳 씨 등과도 알게 되어, 한때 다다미방 넷을 세 얻어 하루씩 번갈아 당번이 되는 공동 자취自炊생활을 한 적도 있었다.

이순근 씨는 후에 삼성 사업에 참여하게 되지만, 청년다운 정열의 활동가였다. 그에게서 자주 사상思想운동에 참여하라는 권유를 받았으나 별로 흥미를 느끼지 못하였다. 단 한 번 하마구치濱口 수상에 반대하는 데모대에 섞여 거리로 뛰쳐나갔다가 함께 참가했던 와세다 학생들과 연행連行되어 이틀 동안 경시청警視廳 유치장 신세를 진 일이 있었다.

그러나 그 데모 참가도 단순한 호기심의 테두리를 벗어나지는 못하였다. 만약 사상운동에 적극 투신投身할 용기가 있었느냐고 묻는다면 그다지 적극적인 의사意思는 없었다고 대답하는 편이 정직正直할 것이다.

보통학교에서 중학교에 걸쳐 학교를 전전轉轉하면서 착실하게 공부를 하지 못한 나였지만, 뒤늦게나마 대학교 공부에 몰두했다. 강의에는 빠짐없이 나갔다. 그것도 알아듣기 쉬운 앞자리를 차지하려고 강의시간 훨씬 전에 강의실에 들어갔다. 책도 읽었다. 마르크스나 엥겔스의 복자伏字투성이 문헌文獻도 독파讀破했다. 이 한 학기學期는 난생 처음으로 진지하게 책과 사귀고 사색思索에 잠겼던 시기時期였다.

제5장

졸업증서 없이 끝난 학업

모처럼 공부에도 열중하고 내 나름으로는 충실한 나날을 보내고 있었다. 그러나 2학기 말이 되자 심한 각기脚氣에 걸리고 말았다. 자업자득自業自得이라는 말이 있지만, 자취생활을 하면서 습관처럼 되어버린 편식偏食 탓인 것 같았다.

 조금만 책을 읽어도 몹시 지치고, 운동도 엄두가 나지 않았다. 2학년이 되면서 1년간의 휴학원休學願을 내고 온천욕 등 효험이 있다는 것은 여러 가지 해보았다.

 도쿄에 온 후에도 조모祖母는 철이 바뀔 때마다 손수 꾸민 한복韓服을 보내주었다. 방에서는 늘 그것으로 갈아입고 있었는데, 혹시 고온다습高溫多濕한 일본의 기후에 맞지 않나 해서 여름에는 일본의 유카타浴衣를 입어보기도 하였다. 그러나 전혀 차도差度가 없어 초조焦燥한 나날이 계속되었다.

 그 무렵 도쿄에서는 한 달에 50원圓만 있어도 5~6명의 가족이 중류 이상의 생활을 할 수 있었다. 집에서는 어김없이 매월 2백 원의 송금이 있었다.

휴학 중이었으므로 시간은 남아돌았다. 병病은 기氣가 허虛한 데서 생긴다고도 하니, 결단決斷을 내려 생활을 바꾸어 보자고 온천장이나 명승名勝·고적古蹟을 두루 찾아 다녔다. 그러나 이러한 전지轉地요양도 아무런 효험이 없었다.

무거운 몸을 가누지 못하는 나날이 계속되었다. 이런 상태로 덧없이 시간을 보내느니 차라리 학교를 단념斷念하고 도쿄를 떠나는 편이 낫겠다고 생각하게 되었다.

유종有終의 미美를 거두지 못하고 학업을 중단하는 일을 고향 어른들에게 어떻게 말해야 할까. 부모를 뵐 면목面目은 없지만 학업 중단을 결의決意, 2학년 가을 와세다대학을 중퇴하였다.

진주의 지수보통학교, 서울의 수송보통학교와 중동학교로 이어지는 네 번째 중퇴다. 그러므로 나에게는 졸업증서卒業證書라는 것이 한 장도 없다. 그러나 여기에는 후일담後日譚이 하나 있다. 몇 해 전이던가 중동학교가 특례조치로 나에게 졸업증서를 보내 주었다.

사전에 아무런 연락도 없이 귀향하였다. 어느 가을 아침, 가방 하나를 들고 홀연忽然히 돌아온 자식에 대한 선친의 반응은 뜻밖이었다.

"너도 무슨 요량이 있었겠지. 우선 몸조리나 잘하여라."

"일에는 반드시 본말本末과 시종始終이 있다"고 일러주던 선친이다. 무언가 할 말씀이 있었을 것이다. 그때의 선친의 심중心中은 지금 헤아리고도 남음이 있다.

중교리의 맑은 공기와 아늑한 환경에 둘러싸여 얼마 후에 건강도 회복되었다. '무언가 하지 않으면 안 된다'고 생각한 나는 다시 상경하여 현재의 상업은행 뒤에 있던 일본여관 비젠야備前屋에 거처를 잡고, 오랫동안 격조隔阻했던 옛 친구들을 두루 만났다.

취직 같은 것은 생각해 본 적도 없고, 결국 2년 가까운 두 번째의 서울생활도 선친의 송금送金으로 놀고 지낸 셈이 되었다.

다시 고향으로 돌아갔으나, 집안일은 선친의 지휘 아래 형이 감당하고 있었으므로, 내가 끼어들 여지餘地는 별로 없었다. 당시 농촌에서는 아직 손을 대지 못했던 고등소채를 재배해 보려고 일본에서 그 종자種子를 들여오고, 개량돈改良豚과 닭의 원종原種도 들여왔으나, 취미의 수준을 벗어나지는 못하였다.

허전한 마음을 얼버무리려고 어느새 이웃 친구들과 골패骨牌에 열중하게 되었다. 노름은 한밤중까지 계속되어 지칠 대로 지쳐서 달그림자를 밟으며 집으로 돌아오는 일이 되풀이되었다.

실의失意에 빠져 있었던 것이다. 운運이 없는 것일까, 세상이 나쁜 것일까. 자성自省과 자제自制를 잃은 무위도식無爲徒食의 나날이 그 후에도 한동안 계속되었다.

제2편

사업에 투신

제 1 장 사업 투신의 결의
제 2 장 정미·운수업으로 출발
제 3 장 2백만 평의 대지주로
제 4 장 삼성의 모체 삼성상회 설립
제 5 장 고향에서 해방 맞아
제 6 장 사업보국의 신념을 굳혀
제 7 장 이승만 박사의 추억
제 8 장 삼성물산공사의 설립
제 9 장 해방 후의 첫 일본방문
제10장 6·25동란 발발

제1장
사업 투신의 결의 決意

사람은 일생을 통해 몇 번은 전기轉機를 맞는다. 스스로 그것을 만드는 때도 있지만 느닷없이 찾아올 때도 있다. 그 느닷없이 찾아드는 전기를 어느 날 맞게 되었다.

그날도 골패 노름을 하다가 밤 늦게야 집으로 돌아왔다. 밝은 달빛이 창 너머로 방 안에 스며들고 있었다. 그때 나이 26세, 이미 세 아이의 아버지가 되어 있었다. 달빛을 안고 평화롭게 잠든 아이들의 모습을 바라보는 순간, 문득 악몽에서 깨어난 듯한 심정心情이 되었다.

'너무 허송세월虛送歲月했다. 뜻을 세워야 한다.'

잠자리에 들긴 했으나 그날 밤은 한잠도 이룰 수 없었다. 온갖 상념想念이 머릿속을 스쳤다. 그리고 뜻을 굳힌 것이 사업事業이었다. 물론 구체적인 계획이 떠오른 것은 아니었다.

무엇인가 해야 한다. 독립운동·관리官吏·사업 등 여러 가지가 있다. 독립을 위해서 투쟁에 투신하는 것 못지않게 국민을 빈곤에서 구하는 일 또한 시급하다. 식민지植民地의 관리생활이란 떳

분가(分家) 후 한동안 거주했던 경남 의령군 중교리의 구옥(舊屋)

떳떳하지 못하다. 사업의 길을 찾는 것이 성격에 가장 알맞다. 사업에 투신하자. 나의 인생을 사업에 걸어 보자.

    그냥 그러한 생각에 사로잡혔다. 꾸민 것처럼 들릴지 모르나 사실이다. 훨씬 뒷날 어느 저널리스트와의 인터뷰에서 당시를 회고回顧하여 이렇게 말하였다.

"어떠한 인생에도 낭비浪費라는 것은 있을 수 없다. 실업자失業者가 10년 동안 무엇 하나 하는 일 없이 낚시로 소일했다고 치자.

그 10년이 낭비였는지 아닌지, 그것은 10년 후에 그 사람이 무엇을 하느냐에 달려 있다. 낚시를 하면서 반드시 무엇인가 느낀 것이 있을 것이다. 실업자 생활을 어떻게 받아들이고 어떻게 견뎌나가느냐에 따라서 그 사람의 내면內面도 많이 달라질 것이다.

헛되게 세월을 보낸다고 하더라도 무엇인가 남는 것이 있을 것이다. 문제는 헛되게 세월을 보내는 데 있는 것이 아니라, 그것을 어떻게 받아들여 훗날 소중한 체험으로 그것을 살리느냐에 있다."

그러한 의미에서 도쿄에서 돌아온 후의 2~3년이 결코 낭비는 아니었다고 생각한다. 그동안 무엇인가 생각이 여물고, 결국은 사업을 일으켜야 한다는 뜻을 갖게 했던 것이다. 입지立志를 위한 모색摸索이었다고 할 수 있다.

사업에 투신하자는 결단은 오랫동안 생각한 결과는 아니었지만, 그렇다고 해서 순간적인 작심作心이라고 할 수는 없다. 그러나 그 결심은 나의 인생에서 결과적으로 큰 전환점이 되어버렸다. 삼성그룹의 출발점이 되었다는 의미에서 그러하다.

덧없이 보낸 모색의 세월 속에서 얻은 각성覺醒이었으나, 그동안 한 일 가운데서 다소나마 자랑스럽게 생각하는 일은 하나 있다. 집의 노비奴婢를 해방解放시킨 일이었다.

1894년 구한말 고종 때에 노비제도가 폐지됨에 따라 인신매매人身賣買는 제도상으로는 없어졌다. 그러나 수백 년 동안이나 이어온 관습慣習이었던 만큼 일조일석一朝一夕에 없어질 수는 없어 당시의 농촌에는 아직 그 잔재가 남아 있었다. 주인집에 얹혀살면서 농사일이나 집안 막일을 했다. 그러나 노동에 대한 보수報酬나 독립된 인격이 인정되지 않고 있었다는 점에서, 노비제도가 시행되던 때와 실질적으로 다를 것이 없었다.

우리 집에도 이러한 노비가 5가구, 30명가량 있었다. 와세다대학 유학시절부터 이것은 인도人道에 어긋날뿐더러 사회발전에도 큰 장해障害요인이 된다고 생각해왔다. 일본에서 집에 돌아온 후에 이들을 해방시킬 기회를 얻으려고 여러모로 궁리하고 있었다.

그러던 어느 날, 그들에게 자유를 주면 어떨까요, 하고 조심스럽게 선친에게 말씀드렸다. 선친은 뜻밖으로 선뜻 쾌락快諾하여 주었다. 오히려 내가 크게 놀랐다.

그러나 막상 마음대로 떠나가라고 한들, 그들에게는 살 집도, 몸을 의탁依託할 곳도 없었다. 그래서 약간의 돈과 양식 그리고 토지를 나누어 주면서 "이것으로 우리 집과의 주종主從관계의 인연은 끊는다. 자유롭게 살라"고 하며, 그들의 속박을 풀어 주었다.

이 일이 인근 사람들에 알려지자, '장한 일이다', '가산탕진家産蕩盡이다' 하는 칭찬과 비난이 엇갈렸다. 당시로서는 충격적인 사건이었던 것 같다. 색으로 친다면 회색일 수밖에 없었던 낭인浪人시대의 나에게는 이것이 단 한 가지 흐뭇한 추억이다.

우리 집에서 풀려난 사람들 중에는 멀리 황해도로 이주移住한

가족도 있었지만, 대부분 우리 집 근처에서 나누어 받은 땅으로 농사를 짓고 지냈다. 지금은 모두 자립自立하여 자녀를 대학에까지 보낸 사람도 적지 않다. 그 대학을 나온 자녀들 중에는 실력으로 삼성에 들어온 사람도 있지만 일부러 만나보는 일은 없다.

  지금 그때의 일을 생각해 보면, 와세다대학 시절에 한동안 탐독耽讀한 톨스토이의 작품作品에서 받은 영향이 적지 않게 작용했던 것 같다.

제2장
정미精米·운수업運輸業으로 출발

사업事業이란 무엇인가.

한 개인이 제아무리 부유富裕해도 사회 전체가 빈곤하면 그 개인의 행복은 보장받지 못한다. 사회를 이롭게 하는 것, 그것이 사업이며 따라서 사업에는 사회성社會性이 있고 사업을 추진推進하는 기업 또한 사회적 존재다.

일본으로부터의 해방解放, 6·25 동란動亂, 5·16 군사軍事 혁명…. 역사의 격류激流에 휘말려 한없는 아픔을 마음에 새기면서, 가난한 국민의 비참한 모습을 나는 눈여겨보아 왔다.

그리고 부정축재의 누명을 쓰고 재산을 몰수당하기도 했다. 삼성이 송두리째 흔들릴 뻔했던 일도 한두 번이 아니었다. 연금軟禁 상태에 놓이기까지 했다.

그 온갖 고난苦難을 극복하면서 힘을 다해서 하나하나 새로운 사업을 기획하고, 회사를 설립하고, 공장을 건설해 왔다.

40여 년에 걸쳐 숱한 고난을 겪은 지금에 이르러서야 "사업에 좌우되지 말고, 사업을 좌우하라"는 선인先人들의 가르침을 그래도 이해할 수 있게 되었다. 아니 외람된 말 같지만, 그 가르침은 지금까지 견지堅持해온 나의 사업관事業觀, 바로 그것이기도 하다.

그러나 어느 달밤 순간적으로 사업에 대한 결의決意를 굳혔던 당시, 사업에 임臨하는 확고한 신념이나 소신 같은 것은 아직 없었지만, 사회적인 제약制約 등 여러 가지 여건을 생각한 나머지 '사업을 하고 싶다', '사업에 도전해 보고 싶다' 그렇게 생각했을 따름이었다.

결심을 굳힌 며칠 후의 어느 날, 그 생각을 선친에게 말했다.
"마침 너의 몫으로 연수年收 3백 석쯤의 재산財産을 나누어 주려던 참이다. 스스로 납득納得이 가는 일이라면 결단을 내려 보는 것도 좋다."

선친의 말은 그지없이 고마웠다. 3백 석이 오늘의 화폐가치로 쳐서 어느 정도의 것인지는 잘 알 수 없다. 다만 먹고 살기에는 넉넉하나, 그렇다고 사업자금으로서는 대수로운 것이 못 되었던 것만은 확실하다.

어떻든 재원財源을 수중手中에 넣은 나는 사전事前 조사調査에 마음이 부풀었다. 서울을 근거지根據地로 하면 업종 선택 폭도 넓고 친구들도 있어 손쉬울 것 같았으나, 그러기에는 자금이 부족할 것 같았다. 대구·부산·평양은 어떨까 하고 알아보았지만, 이 세 도시에서도 이미 큰 상권商權은 일본인들이 차지하고 있었으므로 나의 자금력으로는 끼어들 여지餘地가 없을 듯했다.

이런저런 이유로 결국 고향과도 가까운 마산馬山을 후보지로 골랐다. 현재 마산은 창원昌原기계공단이나 수출자유지역을 끼고 있는 큰 공업도시이지만, 당시는 물 맑고 기후 온화한 아담한 항구도시였다.

마산은 경남 일대의 농산물의 집산지集散地로서, 여기에 모이는 쌀은 연간 수백만 석에 이르고 그것은 일본으로 이출移出되었다. 거꾸로 마산에는 만주滿洲의 대두大斗·고량高粱,수수 등이 이입移入되어 물자와 돈의 움직임이 제법 컸다.

도정搗精 능력이 모자란다는 사실에 나는 착안했다. 일본인이 경영하는 정미소精米所는 상당한 규모였으나, 한국인의 그것은 보잘 것 없었다. 하주荷主는 도정료를 선불하고도 상당 기간 차례를 기다리는 것이 예사였고, 정미소의 빈터에는 어디나 도정을 기다리는 볏가마니가 산더미를 이루었다.

정미사업精米事業이 적합하다, 마산에서 가장 큰 규모로 하기만 한다면. 이렇게 확신한 나는 우리 집과 세교世交가 있던 합천의 정현용鄭鉉庸 씨, 박정원朴正源 씨를 만나 공동사업을 제의했다. 때마침 두 사람도 모두 무엇인가 사업을 할 생각이었으므로, 세 사람의 의견은 일치하여 한 사람이 1만 원씩을 출자하기로 했다.

"조선인은 단결심團結心이 없다. 그러므로 공동사업共同事業 같은 것은 바랄 수 없다."

당시 일본인들은 우리를 이렇게 멸시蔑視하고 있었다. 동업同業

하기로 한 이면裏面에는 물론 자금사정의 탓도 있었지만, 그러한 멸시를 보기 좋게 꺾어보겠다는 오기傲氣도 있었다.

　이렇게 하여 1936년 봄, 북마산北馬山에 부지를 마련하고 설비를 갖추면서 '협동정미소'라는 상호로 출발했다. 이 상호에는 '합심협동'合心協同한다는 우리의 결의가 담겨 있었다. 26세 때였다.
　마산 제일의 정미소를 만드는 데는 3만 원으로는 부족했다. 은행 융자를 얻으려고 현재의 한국산업은행의 전신인 식산殖産은행 마산지점의 히라타平田라는 일본인 지점장을 찾았다.
　담보는 충분하고 사업계획에도 하자瑕疵가 없었으므로 별로 어려운 것은 없을 줄 알았다. 그러나 지점장은 여러 가지 질문을 하기 시작했다. 곡가穀價가 변동하는 원인原因은 무엇인가, 일본 곡물시장의 동향動向을 어떻게 보는가….
　비록 말투는 부드러웠지만 일개 정미업자로서는 알 필요도 없는 질문이 집요하게 계속되었다. 테스트 받는 것 같아 몹시 불쾌했으나 꾹 참고 성실誠實하게 대답했다. 별다른 전문지식이나 의견을 개진開陣한 것은 아니었지만, 히라타 지점장은 만족한 표정을 지으면서 "잘 알겠습니다. 조사해서 조건만 닿으면 융자融資해 드리겠습니다"하고 말했다. 융자는 곧 실현되었다.
　나의 사업력事業歷의 제 1호는 이렇게 하여 내디뎌졌다.
　히라타 지점장은 그 후 나를 전폭적으로 신뢰하여 사업을 적극 뒷받침해 주었다. 히라타 지점장은 얼마 후 서울 본점 중역重役을 지내다가 은퇴했는데, 해방 후 경제사절단의 일원으로 도일渡日했을 때 오랜만에 재회再會할 수 있었다.

종전終戰 후에는 변호사를 개업했으나 생활은 넉넉하지 못한 것 같았다. 얼마만큼 정표情表를 하자 오랜 은행원 생활에서 이렇게 기쁘기는 처음이라고 감동의 눈물을 흘리던 모습이 생각난다.

정미사업을 시작한 1936년은, 세계공황의 여파로 파탄破綻에 이른 경제의 해결 실마리를 찾아 일본이 대륙침공의 도화선導火線에 불을 댕겼던 만주사변滿洲事變이 있은 지 4년째 되는 해였고, 중일中日전쟁을 거쳐 태평양전쟁으로 줄달음치기 시작한 무렵이었다.

일본 지배하에서 대륙침공의 병참기지兵站基地가 된 한국은, 이루 헤아릴 수 없는 가혹한 시련을 겪어야 했다. 특히 농민의 생활은 비참하기 그지없었다.

그 참상은 당시의 조선총독부朝鮮總督府 자료에도 소상하게 기록되어 있다. 일본은 한국의 식민지적 토지소유 관계를 확립하기 위해서 1910년 합방과 동시에 토지조사사업에 착수하여, 1928년에 이 사업을 완결하였다. 이로써 막대한 토지가 조선총독부 소유로 둔갑했다.

1930년의 통계에 의하면 총독부 소유의 농경지와 임야의 면적은 전국토의 40%에 해당하는 888만 정보町步에 이르렀고, 이것은 동양척식회사東洋拓殖會社를 비롯한 일본토지회사(不二興業·片倉·東山·藤井 등)와 일본인 이민移民에게 무상無償 또는 파격적인 염가廉價로 불하拂下되었다. 농민은 목숨과도 같은 농지를 수탈收奪당했던 것이다.

일본인 자본에 의한 생산의 지배는 농업에 그치지 않고 광공업에도 미쳤다. 민족의 분노가 항일운동으로 발전한 것은 필연적이었고, 일본인 자본의 공장에서는 파업罷業이 잇달았다.

이러한 어수선한 세태世態 속에서 우리의 사업은 출발했으나 도정사업은 단순하고 한계가 있었다. 당시의 곡가穀價는 인천에 있던 미곡거래소에서 결정되었으며, 서울 등 타他도시에서는 그 인천 시세를 내다보면서 거래하는 업자 간의 신용선물거래信用先物去來가 성행하였다.

처음에는 도정기계가 쉬지 않게 미곡米穀을 확보하는 것이 목적이었기 때문에 도정업만 전문으로 했다. 그러나 1년 동안 자본금의 3분의 2를 잠식蠶食해 버리는 결과가 되었다.

동업자의 한 사람인 박정원 씨가 해산解散을 제의했다. 그러나 일단 출범出帆한 이상 다소의 풍파風波 때문에 좌절挫折해서는 안 된다고 생각했다. 또 한 사람의 동업자 정 씨는 나와 의견이 같았기 때문에 우리는 다음과 같이 박 씨와 약속했다.

"1년간 더 운영을 해보고 역시 적자가 날 경우에는 박 씨의 출자금을 그대로 반환한다. 반대로 이익이 나면 출자금 1만 원에 이자를 첨가해서 반환한다."

손해損害난 원인을 분석한 결과 군중심리群衆心理에 따라 쌀값이 오를 때 사고 내릴 때 판 때문이라는 것을 알았다. 전술戰術을 180도 전환하여 시세가 자꾸 올라갈 때는 팔고 반대로 내려갈 때는 샀다. 이 작전作戰이 대체로 적중的中하여 다음 결산決算에서는 3만 원의 원元출자금을 제除하고도 2만 원의 이익이 나왔다. 이것으로 박 씨와의 약속을 이행했다.

마산에서는 당시 물자의 수송輸送수단이 크게 부족했다. 트럭 운임이 비싸서 우리 회사의 쌀을 운송運送하는 것 외에 독립된 운송사업도 성립될 것 같았다. 마침 일본인이 경영하던 '마산 일출日出자동차회사'가 매물賣物로 나와 있었으므로, 10대의 트럭을 보유한 그 회사를 매수買受하고, 새 차 10대를 보태 도합 트럭 20대의 운수회사運輸會社를 경영하게 되었다.

당시 자동차 한 대값은 요즘의 비행기 한 대값과 맞먹는 것이었다. 예상은 적중하여 기고만장氣高萬丈해 사업에 더욱 적극적으로 임할 수 있었다.

이 두 가지 사업을 지배인支配人인 진영주陳永洲 씨에게 맡긴 다음, 남아도는 시간과 돈을 주체 못하듯 요정料亭 나들이를 시작했다.

그 무렵 마산에는 천해관天海館 등 한국식 요정이 서너 군데 있었고, 망월望月 등 일본식 요정이 다섯 군데 있었는데, 나는 그 모두의 단골이었다. 한국인과 일본인을 합해 80~90명이나 되는 기생들과도 곧 낯이 익었다. 술을 잘 못하는 나는 술보다는 주연酒宴의 분위기 그 자체를 더 즐기는 편이었다.

마산 시내의 기생들을 가끔은 한 사람도 빠짐없이 한자리에 불러 놓고 흥청거리던 어느 날 밤, 경상남도 경찰부장인 일본인이 마산에 왔다. 같은 일본인인 마산경찰서장이 그를 위해 주연을 마련하려 했으나 기생이 없어 5~6명만 보내달라는 부탁이 있었지만 묵살默殺하였더니, 항상 그랬듯이 일경日警은 관례慣例의 그 강압적인 말투로 나와 더욱 언짢았다.

이 일이 있은 후부터 경찰의 나에 대한 인식이 아주 나빠졌던 것 같았다. 마산 일출日出자동차의 명의변경名義變更을 신청했을 때만 해도, 허가許可를 일부러 미루는 등 보복報復을 당하기도 했다.

남의 식민지植民地가 되어버린 나라에 태어난 허탈감虛脫感이 요정 출입의 동기가 되었던 것 같은데, 시간당으로 받는 '화대花代'로 호구糊口하는 기생들 가운데도 노래를 잘하거나 기악, 무용 등에 능한 사람들이 적잖이 끼어 있었다. 그들과 더불어 흥청거려 보는 것도 하나의 위안은 되었다.

이 무렵 몸에 젖은 국악國樂 취미 때문에 후일後日 우리 국악의 발전에 다소나마 기여寄與할 수 있게 되었다.

1955년에 국악인 박현봉朴鉉鳳 씨에게 약간의 자금을 주어 국악진흥운동을 일으키게 한 것이 그 첫째 일이며, 동양방송 TBC

에 국악프로를 중요한 대목으로 넣게 하면서 삼성문화재단을 스폰서로 내세웠던 것이 그 다음의 일이었다.

이제 우리 국악이 국내는 물론 세계무대에서도 각광脚光을 받고 있어 그것이 큰 기쁨이 되기도 한다.

제3장

2백만 평의 대지주大地主로

산하山河로써 경계境界를 삼는다는 말이 있다. 그 정도까지는 아니더라도 곡물거래를 겸한 정미精米와 운수運輸의 두 가지 사업을 궤도에 올려놓은 나는 얼마 후 연수年收 1만 석, 2백만 평의 대지주大地主가 되었다. 그리고 그 모든 것이 하루아침에 수포水泡로 돌아가는 예기豫期치 못한 사태를 만나, 실패의 의미를 깊이 음미吟味하게 된다.

  세 번째 사업으로 나는 토지를 사 모으기 시작하였던 것이다. 정미와 미곡거래 등을 통해 지가地價의 동향에도 자연히 관심이 갔다. 당시의 토지가격은 평당坪當 25전, 한 두락斗落은 2백 평이다. 논 2백 평 한 두락의 쌀 생산량은 대두大斗로 26두斗인데, 소작료로 생산량의 반半인 13두를 제하더라도 13두의 소득이 있었다. 당시 13두의 쌀값은 15원이었으므로 관리비 1원, 지세地稅 1원, 기타 잡비 1원을 제한 실수입은 12원이 된다. 지가 50원의 논 한 두락에서 연 7푼 3리(7.3%)의 은행이자 3원 65전을 공제해도, 투자액의 16%인 8원 35전의 연간 순이익을 얻는 셈이 된다.

왜 이런 현상이 나타났을까? 세계적인 공황恐慌에다 일본 제국주의의 농민 수탈收奪정책이 극심하여 이농자離農者가 속출했기 때문이었다.

땅을 사 모으기 위해서 면밀한 수지계산서를 첨부하여 이미 오랫동안 거래실적을 쌓은 식산은행殖産銀行 마산지점에 융자 신청을 했다. 히라타 지점장은 토지를 담보로 감정가격의 8할(80%)까지 융자할 수 있고 이자는 7푼 3리라고 말했다.

김해金海평야의 경작이 가능한 전답은 한 평도 남기지 않고 사들이기로 작정하고, 매물로 나온 물건들을 조사했다. 40만 평의 논을 처분하려는 일본인이 있다는 말을 듣자 곧 계약을 하고 착수금으로 1만 원을 지불했다. 아마노天野농장이라는 큰 농장의 일부였으며 주인은 아마노라는 사람이었다.

다음 날 히라타 지점장을 만나 경위經緯를 설명하였다. 열흘쯤 지나 연락을 받고 다시 만났더니 그는 뜻밖의 말을 하는 것이었다.

"토지대금의 잔금 9만 원은 이미 아마노 씨에게 지불했고, 그러고도 2만 원이 남아 당신 구좌에 넣어 두었다"는 것이다.

이때 산 논은 평당 25전으로 40만 평이니까 총액은 10만 원, 1만 원을 착수금으로 지불했으므로, 은행에서 9만 원을 대부貸付 받을 작정이었다. 그런데 은행의 감정 결과는 평당 38전이므로 평당 27전, 총액으로는 11만 원을 융자할 수 있다는 것이다.

매입대금을 은행융자로 전액 지불하고도 돈이 남는다. 이렇게 손쉬운 돈벌이는 그리 흔하지 않을 것이다. 적당한 전답田畓을 찾아 계약하고 싶다는 의향을 은행에 통고하고 나면, 은행은 바로 감정鑑定하고 융자를 해준다. 그뿐이 아니다. 명의변경이나 담보권의 설정 등 복잡한 절차까지도 모두 은행이 대행代行해 주는 것이다.

토지투자사업은 순조로웠다. 식산은행의 금고가 마치 나의 금고로 착각錯覺될 정도였다. 1년이 지나자 나는 연수年收 1만 석거리, 2백만 평의 대지주가 되어 있었다. 가을 수확이 끝나면 소작료도 듬뿍 들어와 자금사정은 더욱 좋아진다.

그러나 재난災難은 갑자기 닥쳐오는 법이다.

토지에 대한 투자를 부산·대구의 주택용지에까지 확대하기 시작했던 때의 일이다. 어느 날 식산은행에서 일체의 대출貸出을 중단한다는 종이 한 조각의 통고가 왔다. 1937년 7월 중국의 노구교蘆溝橋사건이 일어나 중일中日전쟁으로 확대되는 가운데, 하루아침에 단행된 일본 정부의 비상조치였다.

청천靑天의 벽력霹靂이란 바로 이를 두고 하는 말이다. 전적全的으로 은행융자에 의지했던 토지투자는 늘어날 대로 늘어나 이미 나의 능력으로는 수습할 수 없는 실정이었다.

시세는 폭락하고 대출은 중단되어 일대혼란이 일어났다. 만부득이 모든 것을 정리하기로 결심했다. 시가時價보다 싸게 전답을 방매放賣하고, 정미소와 운수회사도 남에게 넘겨주고 모든 부채를 청산했다. 수중에 남은 것은 전답 10만 평과 현금 2만 원이었다. 이 현금을 공동 출자자인 정 씨와 함께 청산함으로써 모든 것이 출발시점으로 되돌아갔다. 30세가 채 못 된 청년의 가슴에 만감萬感이 스쳐갔다.

"3리三利가 있으면, 반드시 3해三害가 있다."
"교만한 자 치고 망하지 않은 자 아직 없다."
어릴 때 고향 우리 집 서당에서 배웠던 선인들의 가르침이 은행융자에 안주하여 기고만장氣高萬丈하기만 했던 인간으로서 신중치 못했던 것을 새삼 깨우치게 했다.

청천벽력 같은 충격 속에서도 그래도 다행스러웠던 것은, 그 엄청난 부채를 한 푼도 남기지 않고 정리할 수 있었다는 사실이다. 이때 비로소 경영經營의 어려운 의미를 깨닫게 되었고, 이 실패는 그 후의 사업경영에 다시없는 교훈이 되었다.

사업은 반드시 시기時期와 정세情勢에 맞추어야 한다. 이것부터 우선 인식하고 나서 사업을 운영할 때에는 첫째 국내외 정세의 변동을 적확的確하게 통찰해야 하며, 둘째 무모한 과욕을 버리고 자기 능력과 그 한계를 냉철하게 판단해야 하고, 셋째 요행僥倖을 바라는 투기投機는 절대로 피해야 하며, 넷째 직관력直觀力의 연마鍊磨를 중시하는 한편, 제 2, 제 3선의 대비책을 미리 강구講究함으로써, 대세가 기울어 이미 실패라고 판단이 서면 깨끗이 미련未練을 청산하고 차선次善의 길을 택해야 한다는 것을 절감切感했던 것이다.

제4장
삼성의 모체母體 삼성상회 설립

실패에 대하여 비스마르크 시대의 프로이센군軍의 원수元帥, 몰트케는 다음과 같은 명언을 남기고 있다.

"나는 항상 청년의 실패를 흥미롭게 지켜본다. 청년의 실패야말로 그 자신의 성공의 척도尺度다. 그는 실패를 어떻게 생각했는가, 그리고 어떻게 거기에 대처했는가, 낙담落膽했는가, 물러섰는가, 아니면 더욱 용기勇氣를 북돋아 전진했는가. 이것으로 그의 생애生涯는 결정되는 것이다."

한때 낙담은 했지만 물러서지는 않았다. 용기를 내어 전진했다고 하면 쑥스러운 생각도 들지만, 적어도 다른 새 길을 찾아 곧 행동을 일으킨 것만은 사실이다.

그것은 반년 후 대구에서 '삼성상회三星商會'라는 새로운 사업에 착수하는 것으로 실현되었다. 오늘의 '삼성'의 모체가 바로 그것이다.

1938년 3월 1일 설립한 무역회사 삼성상회(三星商會), 대구시 수동(竪洞)

　모든 사업을 정리하고 나서 나는 서울로 이주移住하기로 한 정씨와 하룻밤 요정 망월에서 주연을 베풀고, 지난 수년 동안의 동업의 우정을 새삼 다지고 석별惜別의 정情을 아쉬워했다. 그 길로 마산을 뒤로 하고 재출발을 위한 사업을 찾아 여행길에 올랐다.
　부산에서 시작하여 서울·평양·신의주·원산·흥남 등 북쪽 여러 도시를 두루 돌아보고, 이어 신경(창춘)·봉천(선양) 등 당시의 만주의 여러 도시를 거쳐 중국 대륙의 베이징北京·칭다오靑島·상하이上海에까지 발을 뻗쳤다. 여행의 목적은 무슨 사업을 어떤 규모로 어떻게 하느냐를 탐색하는 데 있었다.
　이 대륙大陸여행에서 무엇보다도 먼저 놀란 것은 상거래商去來

의 규모가 엄청나게 크다는 것이었다. 마산에서의 경험으로는, 고액高額어음이라는 것이 한 건에 20만 원이 고작이었다. 그러나 대륙에서는 3백만~4백만 원의 어음이 예사로이 교환되고 있었다. 그리고 자본금만 하더라도 백만 원이면 적은 편이라는 것이었다.

큰 상권商權은 만주는 물론 베이징·칭다오에서도 이미 일본인이 대개 장악하고 있었다. 얼핏 보아 점포의 규모가 대수롭지 않은 화상華商마저도, 점포 안쪽에는 트럭이 하루에 수백 대씩 드나드는 큰 창고가 몇 개씩 있었으며, 산더미처럼 상품을 쌓아 놓고 있었다.

공업 원재료·식품·의료衣料·농산물 등 그들의 상품은 그 종류도 많지만, 그중 어느 한 가지를 가지고서 무역貿易을 한다고 해도 도저히 감당할 수 있을 것 같지 않았다. 또한 나는 처음부터 만주나 중국에 가게를 차리고 사업할 생각도 없었던 것이다.

2개월에 걸친 조사여행의 결과 청과물青果物과 건어물乾魚物과 잡화雜貨 등의 무역이 적합하다는 것을 알게 되었다. 그러나 일상생활에 불가결不可缺한 것이므로 이것들은 언젠가는 반드시 소비도 늘어날 것이다. 그럼에도 불구하고 아직 여기에는 전문화된 업자 하나 제대로 없었다.

근거지를 경북 대구시 서문西門시장 근처의 수동壽洞으로 잡고, 250평 남짓한 점포를 사서 '삼성상회'의 간판을 걸었다. 자본금은 3만 원이었다. 1938년 3월 1일, 28세 때의 일이다.

'삼성'의 '삼三'은 큰 것, 많은 것, 강한 것을 나타내는 것으로 우리 민족이 가장 좋아하는 숫자다. '성星'은 밝고 높고 영원히 깨끗이 빛나는 것을 뜻한다.

크고 강력하고 영원하라.

재출발하는 사업에 이러한 소원을 담아 나 스스로 이 상호商號를 택했다. 지금 생각해봐도 의욕意慾에 넘치는 상호였다.

이리하여 대구 일대에서 생산되는 청과류와 포항浦項의 건어물 등을 만주滿洲와 중국으로 수출하는 일이 시작되었다. 마산의 곡물거래에서 얻은 교훈을 살려 청과물의 작황作況이나 어황漁況도 끊임없이 조사했다. 그 보람이 있었던지 가격의 급격한 등락騰落에도 당황하지 않았으며, 거래량도 점차로 늘어갔다. 마산에서 실패한 전철前轍을 또다시 밟지 않기 위해, 판매에 제조를 겸하기로 했다.

개업한 지 1개월쯤 지나 와세다 시절의 친구인 이순근李舜根씨를 지배인으로 맞이했다. 그는 와세다대학을 졸업한 후 귀국했으나 재학 중의 학생운동 탓으로 일경日警의 경계인물이 되어 계속 일자리를 얻지 못하고 있었다.

조그마한 신설회사에서 경영 일체를 지배인에게 맡긴다면, 뜻밖의 사태를 초래할지 모른다는 주위의 충고도 있었다. 그러나 은행의 거액융자나 대량의 자재구입과 수주受注 등 극히 일부의 중요한 문제를 제외하고는, 어음 발행이나 인감印鑑의 관리 등에 이르기까지 경상적經常的인 거의 모든 일을 이 씨에게 일임했다.

"疑人勿用(의인물용), 用人勿疑(용인물의)."

 의심이 가거든 사람을 고용 말라. 의심하면서 사람을 부리면 그 사람의 장점을 살릴 수 없다. 그리고 고용된 사람도 결코 제 역량을 발휘할 수는 없을 것이다. 사람을 채용할 때는 신중愼重을 기期하라. 그리고 일단 채용했으면 대담하게 일을 맡겨라.

 삼성상회의 출발과 함께 터득하고 실천했던 이 사람을 쓰는 원칙은, 그 후 일관하여 나의 경영철학經營哲學의 굵은 기둥의 하나가 되어왔다.

 삼성상회가 그 후 단기간에 급성장할 수 있었던 이면裏面에는 두터운 우정으로 보답해 준 이순근 씨의 힘이 컸다고 나는 믿는다.

 그는 5~6년 동안 함께 지내다가 해방을 계기로 본격적인 좌익左翼운동에 투신했다. 월북越北하여 농림상農林相이 되었다는 소문도 있었으나 확실한 소식은 듣지 못했다. 이상주의자理想主義者로 남달리 정의감正義感이 강한 사람이었으므로, 북한의 현실에는 결국 환멸幻滅을 느꼈을 것이다.

제5장

고향에서 해방 맞아

삼성상회의 업적은 순조롭게 신장해 갔다. 자금에 여유가 생겨 무엇인가 새로운 투자 대상이 없는가 찾던 끝에, 양조업釀造業에 착수했다.

대구에는 그 당시 규모가 큰 양조장이 여덟 군데 있었다. 한국인과 일본인이 경영하는 것이 각각 4개씩이었다. 청주淸酒의 상권商權은 일본인이, 막걸리나 약주藥酒의 상권은 한국인이 운영하고 있었다. 나의 목표는 청주에 있었다.

때마침 일본인이 경영하던 '조선양조朝鮮釀造'라는 회사가 매물로 나왔다. 연간 양조량釀造量 7천 석으로 대구에서 첫째, 둘째를 다투는 큰 규모의 것이었다. 경영자들 사이에 균열龜裂이 생겨 급히 팔려고 서두르고 있었다. 10만 원을 호가呼價하는데도 즉각 매수買受했다.

양조는 당시 허가가 제한되어 하나의 큰 이권利權이기도 했으므로, 매매賣買에는 시설평가액에 상당한 프리미엄이 붙는 것이 예사였다. 그것을 감안하면 헐값이라고 할 수 있었다. 삼성상회

대구(大邱)의 조선양조(朝鮮釀造)
경영 시절의 저자

개업 1년 후의 일이었다.

중일中日전쟁이 장기화됨에 따라 전시 체제는 강화되었고, 경제활동에도 갖가지 통제가 가해지면서 경제는 더욱 침체沈滯해 갔다. 그러나 유독 양조만은 봄을 구가謳歌할 수 있었다. 시장 개척에 부심腐心할 필요도 없고 할당량의 술을 빚기만 하면 절로 팔려 나갔다. 세수稅收 확보를 위해 밀주密酒 단속이 철저해지자, 양조업자는 도리어 재고在庫부족에 고민하는 형편이었다.

양조업에 대한 과세課稅는 이익의 3분의 1에 불과했다. 어느덧 대구에서도 굴지屈指의 고액 납세자가 되어 있었다.

항상 친구나 양조업자들과 어울려 요정으로 향하는 일이 잦았다. 돈과 시간을 주체 못하듯 밤마다 새벽 1시가 지나서야 귀가하고, 아침에는 10시가 넘어서야 겨우 일어나는 나태한 생활이 계속되었다. 그때는 하루 저녁 요릿값이 1인당 10원 정도였고, 기생 화대花代도 1시간 1원이면 후한 편이었다. 대구의 요정에 싫증이 나면 서울이나 동래 등지로 나들이를 했으며, 그래도 마음에 차지 않으면 일본의 벳푸別府나 교토京都 등지로 원정遠征까지도 했다.

8·15 해방까지 6~7년 동안은 마산의 대지주 시절보다도 훨씬 더 방일放逸했던 시기였다. 이러한 무절제한 일상에 대해 기회 있을 때마다 충고를 서슴지 않았던 분이 있었으니, 그가 바로 고故 채현병蔡鉉秉 씨였다.

벗이란 묘한 것인가 보다. 마산에서 사업을 시작했을 무렵에는 공동출자자 외에는 벗이라고 할 만한 사람이 별로 없었는데, 사업이 번창繁昌함에 따라 친구가 늘어갔다. 그러나 부동산에서 일단 큰 실패를 겪자 그렇게 많다고 생각했던 친구들이 한 사람 떠나고 두 사람 떠나고 하더니 대구에서 양조업에 착수하면서부터 또다시 한두 사람씩 모여들기 시작했다.

그러나 그 친구들과 격의隔意 없는 사이가 된 다음에도 나에게 분명히 충고忠告를 해주는 사람은 드물었다.

누구나 귀에 거슬리는 말은 듣기 싫어한다. 그러므로 사람들은 귀에 거슬리는 충언忠言을 삼가게 된다. 소원疎遠해질까 두려워하기 때문이다. 남의 일에 상관하지 않고, 편하게만 살면 된다고 생각하는 사람도 역시 충언을 하기 싫어한다.

그러나 그래서는 참다운 벗이 못 된다. 충언을 서슴지 않는 벗이 참된 벗이다. 참된 벗을 만나기란 여간 어렵지 않다. 나의 부덕不德을 자책自責하면서도 무척 한이 되지만, 채현병 씨야말로 아직 잊을 수 없는 참된 벗 중의 한 분이었다.

이야기가 엉뚱하게 빗나갔다. 어떻든 연락宴樂에 잠기는 나날이었지만, 원래 주량酒量은 적었고 망연히 취생몽사醉生夢死의 미망迷妄에 빠져 있었던 것만은 아니다. 암담한 정세 속에서 찾아드는 말할 수 없는 허전한 심정이 밤마다 발길을 주석酒席으로 돌리게 했을 뿐이다.

중국 대륙 깊숙이까지 군화軍靴로 유린했던 일본 군국주의는 되돌아올 길이 없는 험준한 산에 올라, 내려오려야 내려올 수 없는 지경에 이르고 있었다.

1941년 세모歲暮, 중일전쟁은 마침내 태평양전쟁으로 확대되었다. 자금·자재·설비·노동력 할 것 없이 모든 것이 군수산업에 동원되었다. 양조업에서도 업자가 자유재량으로 판매할 수 있는 것은 할당량의 5%뿐, 나머지 95%는 모두 군수용軍需用으로 납품해야 했다.

심각한 식량난食糧難이 닥쳐왔다. 만주에서 수입한 대두박大豆粕,콩깻묵마저 식량으로 배급되는 형편이었다. 술뿐 아니라 일상용품에도 암거래暗去來가 성행했다.

이른바 '성전聖戰 수행遂行'에 공헌한다는 일본 군인·관료 그리고 그 연고자들 사이에서는 온갖 구실을 단 특배特配라는 부정不正이 공공연히 자행恣行되고 있었다. 반면 한국인 경영자나 상인들은 걸핏하면 공정가격을 어겼다는 이유로 경제범經濟犯으로 적발되어 구속되는 일도 적지 않았다.

그러나 쌀 배급량이 줄고 부식副食인 어물이나 채소류도 얻기 어려워지자, 일본인 관료들까지도 나에게 서슴지 않고 도움을 간청하는 것이었다.

그 당시는 밀가루나 청과물, 건어물을 취급하는 회사들은 5%만은 자유판매가 허용되었다. 그 자유재량품을 나누어 달라는 일본인 관리들의 청탁請託을 들어주는 대신, 무고한 서민庶民을 경찰이나 감옥에서 석방되도록 한 일도 비일비재非一非再했다.

맨손으로 호랑이와 맞서고, 대하大河를 걸어서 건너려는 이른바 폭호빙하暴虎馮河의 무모한 짓을 일본은 자행하고 있었다. 이런 일본이 태평양전쟁에서 승리할 리는 없다고 생각했다.

국민의 생활은 갈수록 핍박해지고, 이른바 성전聖戰완수를 외치는 관료들마저 한국인인 나에게 곤경을 호소하는 이러한 생활 주변의 절박한 상황들이 그 확신을 심어주었다.

　국가의 가치가 그 국가를 구성하는 국민의 가치와 동일하다고 한다면, 군부의 압정壓政하에서 생활고에 허덕이고 몸과 마음이 지칠 대로 지친 일본 국민의 일상은 일본이라는 국가의 피폐한 모습을 그대로 반영하는 것이었다.

　대구 북쪽 교외 왜관倭館 근처의 신동新洞이라는 곳에 1만 평 남짓한 과수원을 사서 닥쳐올 식량난에 대비하는 한편, 삼성상회와 양조장의 운영 일체를 지배인인 이순근 씨에게 맡기고, 고향인 중교리에 들어앉았다. 이를테면 스스로의 소개疏開였다. 태평양전쟁 개전 이듬해인 1942년의 봄이었다.

　전장戰場으로, 군수공장으로, 그리고 일본의 탄광으로 강제 연행되는 한국인이 내 주위에서도 매일 늘어갔다. 갈수록 긴박해지는 정세로 보아 일본의 패색敗色이 날로 짙어가는 것을 역력히 알 수 있었다.

　그리하여 1945년 8월 14일 연합군 측의 방송으로 일본의 무조건 항복을 알았다. 그날 저녁 찾아온 친구 중에는 "주재소駐在所에서 비밀문서인지 뭔가 서류를 태우고 있다. 일본의 항복도 임박한 것 같다"고 들떠서 말하는 사람도 있었다.

　나는 그냥 침묵을 지키고 있었다. 이튿날인 15일 정오, 집에서 일본천황의 무조건 항복降伏 방송을 들었다. 방송이 끝나자 온 동리에 독립만세 소리가 터져 나왔다. 하루 만에 마을 길목마다 태극기가 물결쳤다.

  집집마다 몰래 간직하고 있던 우리 국기國旗다. 나라를 빼앗긴 지 36년, 그 눈부신 나부낌에 해방의 기쁨을 실감했다.

제6장
사업보국事業報國의 신념을 굳혀

역사의 커다란 변혁變革은 언제나 혼란混亂을 동반同伴하지만, 한편 사람들에게 새로운 기회나 희망을 안겨 주기도 한다. 일본으로부터의 해방도 그 예외는 아니었다.

8·15 해방은 일제의 압정壓政 밑에서 기업다운 기업 하나 일으킬 수 없었던 이 나라 경제인들에게, 국가경제의 건설에 이바지할 수 있는 기회를 가져왔으며 사업 의욕을 환기시켰다.

독립국가 한국의 기업가로서 과연 무엇을 해야 할까. 나라의 부강富强의 기초가 되는 민족자본民族資本의 형성이야말로 당면한 최우선의 과제다. 사회혼란의 소용돌이 속에서 사업보국事業報國의 결의決意를 몇 번이고 다졌고, 또 바꾸기도 여러 번 했다. 구태의연舊態依然한 표현이기는 하지만 나의 뜻을 이렇게밖에 표현하지 못한다.

26세 때, 무위도식無爲徒食의 방황 끝에, 사업에의 입지를 굳혔던 것을 제1의 각성覺醒이라고 한다면, 해방과 함께 결심한 사업보국의 신념은 제2의 각성인 셈이다. 꼭 10년 후인 36세 때의 일이다.

일본 항복 사흘째가 되는 8월 17일, 설레는 마음으로 대구로 나왔다. 시내는 해방된 환희歡喜에 넘쳐 있었다. 지배자로서 군림했던 일본군이나 경찰관의 모습은 거의 눈에 띄지 않았다. 그 대신 관공서官公署를 비롯하여 경찰과 군시설軍施設 등 모든 기관이 우리 시민에 의해서 점거되어 있었다.

한국인이 둘 모이면 정당政黨이 셋 생긴다는 말이 만들어진 것도 그 무렵이었다. 우리 국민이 정치를 좋아한다는 표현이지만, 말하기를 좋아하고 자칫하면 자제력自制力을 잃고 협조協調를 깨기 쉬운 일면一面을 경계하는 자성自省의 말이기도 하다.

대구에 나왔을 때는 이미 건국준비위원회建國準備委員會의 경북지부가 결성되어 활동을 개시하고 있었다. 또한 좌우左右로 갈린 정치단체들이 우후죽순雨後竹筍처럼 조직되어 사사건건 논쟁을 벌이고 있었다. 정치자금의 원조를 요청하는 각 단체의 간부들이 나의 양조장에도 줄을 이었다.

얼마 후 미군美軍이 진주進駐하여 군정軍政을 실시했다. 그러나 정치활동의 자유를 금과옥조金科玉條로 삼는 미군정 당국은 그 같은 정치적 소용돌이를 방관傍觀만 하는 듯했다. 좌우 정치세력의 대립對立은 급기야는 폭력사태로까지 번져갔지만, 어느 쪽도 확고한 정치철학政治哲學이나 국민이 당장 해야 할 일에 대해 뚜렷한 방향을 제시하지를 못했다. 일반 국민은 갈피를 못 잡고 우왕좌왕右往左往했다.

한편 공산당共産黨의 사주使嗾를 받아 공장에서는 태업怠業과 파업罷業이 횡행하더니 이듬해 가을에는 마침내 10월 폭동의 광풍狂風 속에 휘말려 들어갔다. 군경軍警 당국의 대응이 조금만 늦었더라도 대구 시내의 유력자有力者는 사업가를 포함하여 몰살되었을 것이다. 마치 좌익혁명左翼革命의 전야前夜와도 같은 상황에 놓여 있었던 것이다.

대구는 그 당시 공산당 세력이 가장 강한 곳이었다. 그러나 중앙정계도 무질서한 상황이라는 점에서는 비슷했다.

이러한 정세하에서 경제가 제대로 운행運行될 리 없다. 해방과 더불어 시장에는 한꺼번에 물자가 쏟아져 나와 자유거래가 이루어지게 되었다. 그러나 이들 물자는 곡류나 채소 등을 제외하고는 패전敗戰과 함께 철수하는 일본인들한테서 흘러나온 일용품류이거나, 구舊일본군의 피복과 군화 등 군수품軍需品 창고에서 흘러나온 것이 대부분이었다.

시장이 흥청거린 것은 일시적인 현상에 불과했고, 이내 심한 물자부족 상태에 빠졌다. 통화通貨의 남발로 악성 인플레가 되었다. 농가는 쌀 내기를 꺼렸고 악덕상인들의 매점매석買占賣惜이 성행했다. 쌀값은 계속 치솟을 수밖에 없었다.

미군정美軍政 당국은 속수무책束手無策으로 수수방관袖手傍觀만

했다. 그 무렵의 군정 당국의 웃지 못할 다음과 같은 코멘트는 정책의 빈곤을 그대로 드러내고 있었다.

"쌀값이 폭등하는 것은 한국 사람이 쌀만 선호選好하기 때문이다. 왜 고기나 과일을 주식主食으로 하지 않는가."

군정 당국의 시책은 너무나 실정을 외면한 것이어서 대구의 지도층 인사 30여 명을 대표하여 군정하의 경북지사이던 최희송崔熙松 씨를 만났다. 치안治安의 원리원칙과 대구의 지방적 특수성을 설명함과 아울러, 시급한 식량대책 등 경제시책經濟施策의 개선을 진정陳情했다.

최희송 지사는 "미군정은 한국 실정을 잘 알고 있으니 모든 것을 이해하고 무조건 협력해 주기 바란다"는 의외의 대답을 했다.

정치도 경제도 혼미昏迷하기만 했다. 이러한 상황 속에서 대구의 사업가들로 구성된 '을유회乙酉會'라는 이름의 친목단체가 결성되었다. 명칭은 해방된 해의 간지干支를 딴 것이었다.

미군정의 경북 민정관이었던 장인환張仁煥 씨를 비롯하여 채현병蔡鉉秉·여상원呂相源·이흥로李興魯·이근채李根采·박용식朴龍植·김재소金在炤·이창업李昌業 씨 등 8명에 나를 보탠 9명이 그 멤버였다.

해방의 환희歡喜를 지역사회 발전을 위해 승화昇華시켜 보자는 마음으로 우리는 매주 한 번씩 만나 사업의 자세나 국가·사회의 장래를 진지하게 논의하곤 했다. 해방 전에 일본인이 경영하던

조선양조 공장 앞의 임직원과 가족들.
앞줄 오른쪽부터 이창업 지배인, 김재소 부사장, 그다음이 저자

대구의 지방지 〈조선민보朝鮮民報〉를 함께 인수하여, 〈대구민보大邱民報〉로 개칭하고 언론사업言論事業을 전개하기로 했다.

이 모임은 결코 무익無益하지 않았다. 사업이나 인간으로서의 생활방식에 대하여 깊이 반성하는 기회가 되었기 때문이다.

해방 후의 혼란과 미군정 당국의 현실을 무시한 식량정책 등으로 쌀을 구하기가 어려워 한동안 폐쇄했던 양조장釀造場을 공산당의 '10월 폭동暴動'이 있은 후, 시설을 확충하고 다시 영업을 시작했다.

청주의 상표는 '월계관月桂冠'이라 정하고, 영남 일대를 비롯하

여 서울까지 시장을 확대했다. 정계에 투신한 이순근 씨 대신에 지배인에는 이창업 씨, 부사장에는 김재소 씨를 맞이했다. 새 경영진에 의한 재출범이었다.

공급이 절대적으로 부족한 상황이었기 때문에 '월계관'은 날개 돋친 듯 팔렸다. 삼성상회도 중국이나 북한의 판로販路는 두절되었지만, 국내판로가 계속 신장하였다. 그러나 마음은 뭔가 흡족하지 못하였다.

자문자답自問自答했다. 정치도 경제도 갈피를 잡지 못하고, 심한 물자부족으로 국민생활은 빈궁하기 그지없다. 과연 모든 사업은 이것으로 만족해도 좋은가.

이제부터는 자주독립국가의 경제건설에 응분應分의 소임所任을 다해야 한다. 민생民生의 안정에는 경제질서 확립이 선행되어야 하고, 정상적인 경제활동의 보장을 위해서는 정치의 안정이 불가결하다. 그 정치의 안정을 확고하게 만드는 기반은 우선 경제의 안정에 있고, 거기에 수반하여 민생도 안정된다. 민생과 경제와 정치는 삼위일체三位一體의 것이어서 서로 적절하게 보완 결합되어야 국가·사회의 발전이 비로소 약속되는 것이다.

참으로 당연하고도 평범한, 그러나 매우 중요한 이 진리眞理를 깊이 터득하게 되었다. 무릇 사람에게는 저마다 능력과 장점이 있다. 그것을 최대한으로 발휘할 수 있는 일을 찾는 것이 국가와 사회에 대한 봉사이자 책임이 아닐 수 없다. 나의 국가적 봉사와 책임은 사업의 길에 투신하는 것이다.

　이와 같은 각성은 그 후 기업을 일으키고 그것을 경영하는 데 있어서 일관된 나의 기업관企業觀이 되어 왔다. 그러나 사회일반의 이해를 제대로 얻지 못하고, 때로는 돈벌이주의자主義者라는 비난까지 사면서 고난苦難의 길을 가는 출발점이기도 했다.

제7장

이승만李承晚 박사의 추억

해방 후의 혼란기에서 감회感懷가 깊었던 추억이 있다면, 정부 수립 후 초대 대통령이 된 이승만李承晚 박사와의 만남이다.

열렬한 민족주의자였던 이 박사는 일본 제국주의의 박해迫害를 피해 미국으로 망명했으며, 상해 임시정부에 가담하여 항일민족운동을 선도했던 민족의 지도자이다. 그 이 박사가 '10월 폭동'이 진압되고 얼마 안 되어 대구를 방문했다.

시내 유력자로 구성된 환영위원회의 조경규趙瓊奎 씨 등 30여 명이 왜관倭館까지 이 박사를 출영出迎했다. 이 박사는 한 사람 한 사람 악수를 나누면서 매우 소탈하게 말을 걸어 왔다. 위엄威嚴이 있으면서도 친근감을 주었다. 사람에 따라 각기 다른 적절한 화제로 일일이 격려激勵하는 것이었다.

앞서 말한 바 있는 〈대구민보〉의 사장이었던 장인환 씨의 명함을 보고는 "미국에 살고 있던 내 선배 이름과 똑같군. 그러니 당신도 애국자임에 틀림없을 것이오"하고 말하였다. 미국 오클랜드역의 어느 회합會合에서 일본의 한국 통치를 정당화하고 찬양하는 연설을 한 미국인 스티븐스를 사살射殺한 장인환 의사義士를 가리킨 것이리라.

이 박사와 선친 사이에 교분交分이 있었던 것을 알고 있었으므로, 선친 함자銜字를 들어 자기소개를 했다. 이 박사는 희색이 만면하여 집안일 등을 두루 물은 뒤, 양조업을 하고 있다는 이야기를 듣고는 이렇게 말하는 것이었다.

"서양 술은 오래된 것일수록 좋다고 하는데, 우리나라의 것은 그렇지 못한 것 같다. 만일 우리나라가 서양에 술을 수출하려고 한다면, 우선 장기간 보존할 수 있는 우리나라 고유의 좋은 술을 만드는 방법을 연구해야 할 것이다."

임기응변臨機應變, 사통팔달四通八達이라고밖에 할 수 없었다. 화제가 풍부하고 폭도 넓었다. 어딘가 과연 큰 그릇이라는 강한 인상印象을 받았다.

독일과 더불어 일본의 패전이 결정적이었던 1943년 12월 1일의 카이로 선언宣言에는 '적절한 과정을 거쳐 조선을 자유 독립된 국가로 만든다'는 대목이 있었다. 이 '적절한 과정을 거친다'는 어구語句 이면裏面에는 '일본으로부터 해방된 직후의 조선은 자치自治능력을 갖추지 못할 것이라는 점을 감안하여, 일정기간 미·영·중·소 4개국에 의한 신탁통치信託統治를 실시한 후에 독립시킨다'는 것이 함축含蓄되어 있었음이 후일에 밝혀진다.

그러나 역사의 수레바퀴는 자꾸만 엉뚱한 방향으로 움직였다.

소련군이 진주한 북한에서는 모스크바의 뜻을 따르는 방향에서 인민人民정부 수립樹立을 급히 서두르고 있었다.

한편 남한에서는 좌우의 정치세력이 대결, 혼란된 정세가 계속되는 가운데 여전히 미국은 당초에 구상했던 좌우합작, 남북협상의 노선을 버리지 않고 있었다. 남한만이라도 민주정부를 세우자고 주장하는 이 박사가 당시의 미군사령관 하지 중장으로부터 언동言動을 삼가라는 권고勸告를 받았다는 소문도 나돌고 있었다.

그럴 무렵 회사 일로 상경한 나는, 이 박사가 대구에 왔을 때 상경하면 들르라고 당부한 일이 있었으므로, 당시 대구신탁은행 임원이었던 오위영吳緯泳 씨와 함께 이화장梨花莊으로 이 박사를 방문했다.

사전 연락이 없었음에도 불구하고 이 박사는 흔쾌히 맞이해 주었다. 거기서 나는 평생 잊기 어려운 일을 체험했다.

방금 배달되었다는 한 통의 국제전보를 우리에게 보이면서 이 박사는 다음과 같이 말했다.

"미국에 있는 임병직林炳稷 군의 전보인데, 신탁통치信託統治는 모면할 수 있게 되었다는 거야. 머지않아 우리나라에도 독립의 날이 오지."

정치가도 아니며 그다지 깊은 친분도 없는 나에게, 이런 비밀

전보를 선뜻 내보이는 것이었다. 참으로 대인大人은 생각하는 것이 다른 것 같았다. 놀란 나에게 이 박사의 이야기는 계속되었다.

"남쪽만이라도 선거를 하는 것이 옳다고 생각하지 않는가. 분단된 채로 정부를 수립한다는 것은 몸을 베는 것보다 더 괴로운 일이지만, 공산당과의 협상에 구애받아 시기를 잃기라도 한다면 그야말로 그들 계략計略에 빠지고 말게 된다. 민족의 운명에 관계되는 일이야. 기필코 남한에만이라도 민주정부를 수립해야 한다.…"

남한에서 선거를 하면, 대통령으로 선출될 것이 틀림없을 이 박사의 입에서 나온 말이다. 그 말의 무게와 큰 뜻에 깊은 감동을 받았다. 온 국민이 갈피를 잡지 못하고 우왕좌왕하는 상황에서, 확고한 신념에 사는 지도자가 있다는 것은 얼마나 다행한 일인가 하고 생각했다.

국민 한 사람 한 사람의 생존이 국가를 떠나서 있을 수 없듯이, 사업 또한 마찬가지다. 사업을 통해서 국가·사회의 발전에 기여하고 싶다. 그것 없이는 나의 인생은 뜻이 없다.

사업보국事業報國의 신념은 이날의 이 박사와의 만남을 계기로 더욱 더 확고하게 굳었다.

이날 이 박사의 모습은 지금도 내 기억에 역력하게 남아 있는데 마치 큰 불덩이를 솜으로 싼 것같이 느껴졌다. 만고풍상萬古風霜을 겪은 애국지사愛國志士요 민족지도자였던 그분의 인상은 일생동안 잊을 길이 없다.

대한민국이 탄생하고 이 박사가 대통령에 취임한 것은 약 1년 후인 1948년 8월의 일이었다. 민족의 독립에 이 박사는 한평생을 바쳤다. 민주주의 체제에 대한 불요불굴不撓不屈의 신념, 60만 국군의 창설, 한·미 방위조약의 체결, 능숙한 대미對美·대일對日 외교 등 탁월한 정치가로서의 역량과 공적은 일일이 매거枚擧할 필요가 없지만, 특히 6·25 동란에서 백척간두百尺竿頭에 선 조국을 구한 이 박사의 공적은 우리나라 현대사에 길이 그 이름을 남기고도 남을 것이다.

　그러한 이 박사가 4·19 혁명으로 실의失意의 망명길에 다시 오르게 되지만, 그 망명을 당시의 과도정부 수반首班 허정許政 씨가 도운 것을 알고 나는 깊은 감명感銘을 받은 바 있다.

　어떻든, 소상한 기록이 없는 신라·고려시대는 접어 두더라도, 근세에 와서 세종대왕이나 충무공 이순신 장군을 국민들은 한결같이 숭앙崇仰하지만, 그분들 못지않게 이 박사도 민족의 역사에 크나큰 발자취를 남겼다.

제8장

삼성물산공사의 설립

대구에서의 양조업은 그 후에도 순조롭게 신장했다. 그러나 국가와 사회발전에 크게 기여할 수 있어야 한다는 견지見地에 서면, 양조업에는 그 한계가 있다. 다시 새로운 사업을 모색했다.

당시의 한국경제는 참담하기 그지없었다. 일본의 식민지 수탈收奪, 거기에다 설상가상雪上加霜으로 조국의 남북분단, 많은 국민이 굶주림에 허덕이고 그나마 미국 원조로 최저한의 국민생활을 간신히 지탱해가는 형편이었다. 아마 생활수준은 제 2차 세계대전 전의 절반 정도로 떨어진 것 같았다.

새로 생산시설을 만들려고 해도 자본과 기술이 거의 없는 상태였고, 무엇보다도 전력 공급마저 절대적으로 부족했다. 단기간 내에 물자 생산이 확대될 전망은 전혀 없었다.

무역貿易이야말로 국가의 급선무다. 이렇게 판단한 나는 서울을 본거지로 하여 본격적인 국제무역을 시작하기로 결심하고 각계각층에서 유능한 인재를 모으면서 회사 간부들을 모아 놓고 다음과 같이 나의 계획을 피력披瀝하였다.

"우리 양조업이 오늘과 같이 발전하게 된 것은 우리가 단결하여 열심히 일한 덕분이다. 여러분의 협동과 단결심이 살아 있는 한, 이 분야에서 경쟁競爭에 지는 일은 절대로 있을 수 없다. 그동안 축적蓄積된 이익을 이 기회에 국가와 사회의 급선무急先務인 새 사업에 투자하고 싶다. 현 사업의 경영은 모두 여러분에게 일임一任한다."

위험이 너무 크다고 간부들은 한결같이 반대했으나, 거듭 설득한 결과 모두 나의 구상構想을 이해하게 되었다.

1947년 5월, 가족과 함께 거처를 서울로 옮겼다. 혜화동 125번지에 당시로서는 상당히 큰 집을 마련했다. 5백만 원을 조금 넘었던 것으로 기억되는데, 당시의 환율이 달러당 15원 정도였으므로 30만 달러를 훨씬 넘었을 것이다.

먼저 국제무역의 동향과 아울러 신생국가인 한국의 산업이나 국민생활에 긴급 불가결한 것은 무엇인가를 면밀히 조사·검토했다. 그리고 물자 부족에 대처하기 위한 무역업貿易業이 무엇보다 긴급하다는 결론을 얻었다.

상경한 지 1년 반이 지난 1948년 11월 종로 2가 영보빌딩 근처에 이길수李吉秀 씨 소유 2층 건물 1백여 평을 빌려 '삼성물산공사三星物産公司'의 간판을 걸었다. 그때 나이 38세였다.

내가 75%, 김생기金生基·이오석李五錫·문철호文哲浩·김일옥金

一玉·조홍제趙洪濟 씨 등이 나머지 25%를 출자出資했는데 전무는 조홍제 씨, 상무는 김생기 씨였다.

사원은 사장인 나를 포함하여 20여 명에 불과했지만, 참여의식을 높이자는 뜻에서 조금씩이나마 그들에게도 출자를 시켜 하루라도 빨리 한국에서 가장 이익 배당률이 높은 회사로 만들자고 다짐했다.

홍콩·싱가포르 등 동남아시아에 오징어·한천寒天 등을 수출하고, 면사綿絲를 수입하는 것부터 시작했다.

사업은 금세 확대되어 수입을 위주로 한 취급상품은 강재鋼材 등의 원자재까지 포함하여 수백 종에 이르렀다. 무역상대국도 미국 등 선진국으로 확산되어 갔다.

수입한 상품은 일용 잡화와 같은 자질구레한 것이라도, 통관通關이 되기가 무섭게 사는 사람 손으로 넘어갔다. 긴급 불가결한 상품을 사전에 적확하게 파악했던 결과였다. 당시는 상품의 발주發注에서 입하入荷까지 거의 2개월 정도나 걸렸다. 그 기간을 가급적 단축시켜 자금 회전을 빠르게 해야 했다. 그러기 위해서는 유동적인 내외시장의 동향을 계속 정확하게 파악하고 있어야 했다.

당시 회사운영의 기본방침은 대략 다음과 같은 것이었다.

첫째, 일정한 자본금의 규모를 정하지 않고, 사원이면 누구나 응분의 투자를 하고, 이익의 배당配當을 투자액에 비례해서 모두 공평하게 받을 수 있는 제도를 채택하였다.

둘째, 사장이거나 평사원이거나 공존공영共存共榮의 정신으로 일에 몰두하는 것은 물론, 능력에 따른 대우와 신상필벌信賞必罰의 기풍氣風을 확립했다.

셋째, 사원의 생활안정을 도모하기 위하여 운영에 지장이 없는 범위 내에서 가능한 한 우대해서 가족적 분위기가 항상 유지되도록 했다.

그래서 발족 당시의 삼성물산공사는 무명無名 회사였지만, 대우도 좋고 배당도 상당히 높은 수준이었다.

설립 다음해인 1949년의 거래액은 무역업 랭킹의 7위를 차지하여 동업자들의 주목을 끌었다. 당시의 대무역회사였던 천우사天友社·동아상사東亞商事·대한물산大韓物産·화신산업和信産業·경향실업京鄕實業 등과 불과 1년 만에 어깨를 견주게 되었고, 1년 반 만에 최선두最先頭에 서게 되었다.

사업이란 우연히 이루어지는 것이 아니다. 의욕만으로 되는 것도 아니다. 제아무리 수익성이 높은 사업일지라도, 그것을 발전·확장시켜 나갈 능력이 없으면 성공할 수 없다. 시기時期와 사람, 거기에 자금資金의 3박자가 갖추어지지 않으면 성공을 기약할 수 없다.

제9장

해방 후의 첫 일본방문

1950년 2월, 패전의 상처가 아직 채 가시지 않은 도쿄를 방문했다. 전택보全澤珤·설경동薛卿東 씨 등 일행 15명으로 구성된 일본 경제시찰단視察團의 일원으로서였다. GHQ(점령군 총사령부)의 초청에 의한 것인데, 한국과의 교역을 통해 경제부흥을 도모하려는 일본경제계의 제안으로 시찰단 초청이 이루어지게 되었다고 한다.

물론 해방 후 최초의 일본 시찰단이기도 했지만, 20여 년 만의 도쿄 방문이었고, 한때 피지배국의 국민이던 처지에서 독립국獨立國의 국민으로 바뀐 후의 첫 방문이었다.

나중에 다시 말할 기회가 있겠지만, 이승만 대통령의 반일反日 감정은 철저했다. 일본과의 교역·친선을 서두르는 것은 민족정기民族精氣에 위배된다 – 이것이 이 대통령은 물론 한국민 모두의 감출 수 없는 심정이기도 했다.

그런 마음은 나 역시 다를 바 없었다. 그러나 일본 열도列島를 태평양 저쪽으로 밀어붙일 수는 없는 노릇이 아니겠는가. 현실은 직시直視해야 한다. 하물며 무역과 같은 경제관계는 싫다 좋다 하는 감정으로 좌우되어야 할 문제는 아니다.

머지않은 장래에 일본과의 무역이 반드시 활발해진다고 확신하고 있던 나는, 이 기회에 일본경제계의 실정을 가능한 한 면밀히 살펴보리라 생각했다.

하네다羽田공항에서 우리를 출영出迎해 준 사람 가운데에는 조선총독부의 수석 총무국장이었던 호즈미穗積 씨, 조선신탁회 사장이었던 다다이賛井 씨를 비롯하여, 마산에서 토지 매입을 확대했을 때 융자 일을 도와주었던 전前 식산은행 마산지점장 히라타平田 씨와 경북지사를 지낸 노다野田 씨도 있었다. 그밖에도 몇몇 지면知面의 사람이 있었지만, 그렇게 봐서 그런지 그들에게서 옛날의 위풍威風 같은 것은 찾아볼 수 없었다.

하네다에서 도심에 이르는 연도沿道에는 판잣집이 즐비할 뿐, 천황이 사는 황거皇居 앞의 석조石造빌딩에 휘날리는 성조기星條旗만이 유난히 눈에 띄었다.

시찰단은 5월까지 3개월 동안 각지를 정력적精力的으로 돌아보았다. '제국帝國일본'의 중무기重武器를 생산하던 가와사키川崎 중공업은 공장 건물의 골격만 남아 있을 뿐, 내부시설이라고는 거의 아무것도 없어 폐허廢墟나 다를 바 없었다.

어느 날 저녁 가로등도 없는 도쿄 아카사카赤坂의 뒷길을 걷다가, 길가 이발소에 들어갔다. 허술한 가게 입구에 '森田'(모리타)

라는 문패가 붙어 있었다. 가위질을 하고 있는 40세 전후로 보이는 주인에게 별다른 생각 없이 말을 건넸다.

"이발 일은 언제부터요?"

"제가 3대째니까 가업家業이 된 지 이럭저럭 한 60년쯤 되나 봅니다. 자식놈도 이어 주었으면 합니다만…."

특별한 뜻이 없는 잡담이었지만, 예삿말로 들리지 않았다.

패전敗戰으로 완전히 좌절되어 있어야 할 일본인인데, 참으로 담담하게 대代를 이은 외길을 살아가고 있다. 그 투철한 직업의식職業意識에 놀랐다.

사실 일본인의 직업의식은 경탄할 만하다. 직업의 귀천貴賤을 가리지 않고 무슨 일이든 대를 이어 그것을 계승繼承하고 기술을 전승傳承한다. 튀김가게 5대째, 과자가게 4대째, 여관 16대째라는 식의 노포老鋪가 각 분야에 고루 있다. 몇 대를 이어 같은 일에 종사하므로 자연히 기술도 축적되고 개발되게 마련이다.

때마침 영국으로부터 학계와 재계의 대표들로 구성된 시찰단 40여 명도 도쿄에 와 있었는데, 그들이 일본인 기자들과의 회견 석상에서 "일본인들의 의리義理와 신의信義는 여전히 살아 있어, 결코 망하지 않고 재기再起할 것이다"라고 표명했다.

내 생각과 꼭 같았다.

이 무렵만 해도 일본 국민의 생활상生活相은 아직도 어려웠다.

혹독한 가난에 시달리면서 그들은 제 2차 세계대전에서의 패망을 가져온 군부軍部를 원망하고 있었고, 정부에 대한 불신不信도 컸으며, 내일을 바라보는 희망의 갈피를 제대로 잡지 못하고 있는 것 같았다.

도쿄 어느 바의 여급女給들은 내가 입은 양복 깃을 손으로 만져보며 '순모선생純毛先生'이라고 수다를 부렸다. 일본의 전통적인 예의니 조심성이니 하는 것을 다 잊어버린 듯 수다스러웠다.

백화점의 상품들도 하찮은 것뿐이었고, 그나마 일반 서민들의 백화점 출입은 여의치 않은 것 같았다. 그러나 오래지 않아서 한국동란이 일어나자 이것을 계기로 그들은 유엔군의 군수품 조달로 특수特需붐이 일어나 경제부흥의 토대土臺를 만들 수 있었다.

그러나 패망의 잿더미 속에서 그들이 다시 재기한 데에는 일본인 특유의 백절불굴百折不屈의 국민성이 그 저력底力이 되었다고 생각한다.

교토·오사카大阪·나고야名古屋 등의 주요 도시와 생산공장 등 50여 곳을 현지시찰하고, 여러 가지 감회感懷를 간직한 채 서울로 돌아왔다. 그러나 그로부터 2개월도 채 못 되어, 저 동족상잔同族相殘의 6·25 동란이 발발했던 것이다.

제10장

6·25 동란動亂 발발勃發

38선은 한민족의 가장 비극적이고 운명적인 경계로서 역사에 길이 기록될 것이다. 이 경계선境界線은 또한 나의 인생이나 사업력事業歷에도 원천적源泉的인 영향을 주었다.

일찍 일어나는 습관이 있는 나는 그날 새벽 충격적인 뉴스를 라디오에서 들었다. 1950년 6월 25일 새벽이었다.

"공산군이 38도선 전역에 걸쳐서 남침南侵을 개시했으며, 우리 국군은 이것을 격퇴擊退 중"이라는 것이었다.

38도선이 긴박한 정세에 놓여 있다는 것은 이미 알고 있었다. 미군이 그 전 해의 6월까지 5백 명의 군사고문단만을 남기고 철수한 뒤였다. 이듬해 그러니까 1950년 초에는 애치슨 미 국무장관이 상원외교위원회 비밀회의에서 미국의 방위선은 일본·오키나와沖繩·대만臺灣의 동부와 필리핀으로 이어져 있다고, 한국에는 극히 충격적인 증언證言을 했다. 중中·소蘇를 배경으로 한 북한의 도발적인 군비 강화의 동향도 들려오고 있었다.

불퇴전不退轉의 결의로 서울에 이주하여 동분서주하면서 무역업貿易業을 겨우 궤도에 올려놓은 무렵이었다. 기업경영을 다소 알게 되고, 개인적인 축재에서 벗어나 국가에 기여할 수 있는 기업 활동의 참뜻과 기쁨을 되새기고 다짐하면서, 포부抱負에 부풀어 있던 바로 그때 동란動亂의 발발勃發은 충격적이었다.

'사업은 어떻게 되며, 그보다도 생명은…….'

정오를 지나면서 저녁까지 줄을 이어 병사들을 가득 태운 트럭들이 북쪽을 향해 서울 시가市街를 쉴 새 없이 달려갔다. 시민들은 연도에서 승리와 무운武運을 빌면서 이들에게 박수를 보내고 있었다.

국방부 발표는 아군我軍이 적을 격퇴 중이니 시민은 안심하라는 것이었으나, 아군 불리不利의 양상으로 변해갔다. 이틀 후인 27일 저녁의 라디오 뉴스는, 수원을 임시수도로 한다는 정부 발표를 보도했다. 포격砲擊이 귓전에서 울리기 시작했고, 남하南下하는 피난민이 한꺼번에 거리를 메웠다.

회사 간부들과 대응책을 의논해 봤지만 별다른 묘안妙案이 있을 수 없었다. 시가전市街戰이 벌어질지도 모르는 상황이었으므로, 안전을 위해서 각자가 회사를 중심으로 해서 서로 어려운 일이 있을 때 연락하기로 했다.

그날 밤, 갑자기 날카로운 사이렌 소리가 무거운 정적靜寂을 깨뜨렸다. 휴전休戰신호일까, 아니면 무슨 군사신호일까. 이것저것 골똘히 생각하고 있는 사이에 포성砲聲이 멎었다. 밖에 나가 상황을 살피고 싶은 충동도 느꼈지만, 바깥은 한 치 앞도 볼 수 없는 칠흑漆黑 같은 암흑이었다. 발이 떨어지지 않았다.

가족과 함께 꼬박 뜬눈으로 밤을 새운 다음날 28일 새벽, 땅이 흔들리는 듯 요란한 소리가 정적을 깨트렸다. 낯선 전차의 포탑砲塔에 적기敵旗가 나부끼고 있는 것이 아닌가. 공산군共産軍이 입성入城한 것이다.

대부분의 서울시민이 다 그랬듯이 나도 정부 발표만 믿고 있다가 서울을 서둘러 벗어나지 못하고 만 것이다. 북한이 남침을 개시한 지 불과 나흘, 천하는 완전히 일변하고 말았다. 망연자실茫然自失한 나는 두문불출杜門不出했다.

다음날인 29일 인민위원회에서 왔다는 자를 필두로 하여, 내무서 등 여러 기관이라고 하면서 번갈아 드나들며 재산과 사상에 관한 신문訊問·조사를 했다. 큰 집에 살고 있었기 때문에 주목은 받으리라 생각했지만, 그들에게 해害를 당해야 할 특별한 이유는 없다고 마음을 달래기로 하였다.

서울이 공산군에 유린된 지 2주일쯤 지난 7월 10일경의 일이라고 기억한다. 집에서 가까운 혜화동 로터리를 낯익은 승용차가 달리고 있었다. 자세히 보니 나의 자동차, 미국제 신형 시보레였다.

동란 이틀 전인 6월 23일 주한 미국 공사公使로부터 사들여 등록을 갓 마친 것이었다. 뒷자리에 버젓이 타고 있던 사람은, 한

때 남로당 위원장을 지내다가 대한민국의 정부 수립을 전후하여 월북越北했다고 알려진 박헌영朴憲永이었다. 그때의 나의 분한 마음은 이루 다 표현할 길이 없었다.

  공산 치하에서 공산당의 온갖 약탈掠奪과 만행蠻行을 목격했고, 자유라곤 한 줌도 없는 암흑의 세계를 사무치게 경험했다.

제3편

수입 대체 산업

제1장 빈손으로 대구에 피란
제2장 제조업을 결의
제3장 제일제당 설립
제4장 국내기술로 공장 완성
제5장 제일모직 설립
제6장 모든 것을 우리 손으로
제7장 유니언 잭 고지에 태극기를
제8장 산업자본의 형성

제1장
빈손으로 대구에 피란避難

 서울을 점령한 공산군은 한강을 건너 남진南進을 계속하여, 8월에는 대전大田 남쪽까지 밀고 내려갔다. 그러나 미국 본토 등에서 급파된 미군과 함께 국군은 낙동강洛東江을 따라 구축한 교두보橋頭堡 진지를 고수함으로써, 더 이상의 남하南下를 저지하였다.
 그러다가 맥아더 장군의 9월 15일의 인천仁川 상륙작전으로 공산군은 드디어 북으로 후퇴했다. 9월 28일, 서울은 3개월 만에 적으로부터 완전히 탈환奪還되었다.
 인천 상륙작전이 없었더라면 서울 수복은 훨씬 늦어져, 인적·물적 손실이 더욱 컸을 것이다. 동란 초기에 신속히 미군美軍을 파견하여 화급한 우리 위기를 구한 것이나, 어려움이 많았던 인천 상륙작전을 성공리에 수행한 것이나, 이 모두가 맥아더 장군의 뛰어난 용기와 지략智略의 소치였다. 나는 맥아더 장군을 세계사상 위대한 군인, 한국의 은인으로서 각별히 존경한다.
 나중 일이지만 1982년 봄 방미訪美했을 때, 버지니아 주州 노포크 시市의 맥아더 장군 기념관을 찾았다. 뒤에서도 다시 언급하겠지만 미망인도 만나 오찬을 나누며 장군을 새삼 추모한 바 있다.

　지금 호암미술관湖巖美術館 앞뜰에는 맥아더 장군 동상銅像이 있고, 인천 상륙작전을 진두지휘하는 부조浮彫도 있다.

　6·25동란으로 삼성물산공사는 무無로 돌아가 버렸다. 인천과 용산의 보세保稅창고에 보관되어 있던 수입상품도 깨끗이 없어졌다. 용산창고의 것은 공산군이 약취掠取해 갔고, 인천창고의 것은 공산군이 미처 약취하기 전에 국군이 서울을 탈환했을 때, 혼란의 틈을 타서 한국의 어느 유력자가 가로채 착복着服했다는 것이 판명되었다.

　전란의 와중에서 그런 따위 일들은 일체 잊어버리는 것이 상책上策이라고 생각했다. 그러나 김생기金生基 상무는 가만히 있을 수 없다고, 그 유력자를 상대로 소송을 제기하는 등 갖은 노력을 다했다. 그러나 공산군의 서울 재침再侵으로 법정은 한 번도 개정되지 못했다. 흑백은 분명히 가려야 한다고, 피란지 부산에서도 김 상무는 다시 제소提訴하는 한편, 서상환徐相懽 법무부 장관에게 진정서를 제출했지만, 상대가 완강히 부인을 거듭하고 물적 증거도 이미 없어져버려 흐지부지되고 말았다.

　1년 남짓한 짧은 동안에 기존 대회사와 비견할 만큼 천신만고千辛萬苦 끝에 키워놓은 삼성물산공사였다. 그것이 일조一朝에 무산되다니 참으로 가슴 아픈 일이었다. 그러나 그보다 더 실망을 금할 수 없었던 일이 있었다.

　정부가 환도還都하게 되자, 수사기관은 맨 먼저 공산치하 3개월 동안 북한에 협력했던 이른바 부역자附逆者 검색에 착수했다. 그 일 자체에 이론異論은 없었지만 당국은 미처 피란을 못 가고 서울에 잔류했던 시민 전체에 혐의를 거는 듯했고, 내 주위에서도 부당한 고초를 당한 사람이 적지 않았다는 사실은 왠지 석연치 못했다.

　부득이한 긴급사태였다고는 하나, 말하자면 정부는 국민을 버리고 도망한 격인데, 그러한 정부가 피란할 기회조차 얻지 못했던 시민을 잔류파殘留派라 하여 죄인시罪人視하는 것이었다. 정부의 떳떳하지 못한 서울 포기 때문에 미처 피란갈 수가 없었던 각계의 지도자들이 얼마나 고초를 겪고 희생되었던가. 정부란 과연 무엇인가를 새삼 생각하지 않을 수 없었다.

　서울에 잔류했던 시민은 꿈에도 생각할 수 없었던 공산치하에서 국가와 정부의 소중함을 뼈저리게 인식했으므로, 순수한 애국심愛國心에 꽉 차 있었다. 온 국민이 일치단결할 수 있는 천재일우千載一遇의 기회였던 것이다.

　국군과 유엔군은 파죽지세破竹之勢로 북진北進을 계속하여 국군의 선두부대는 꿈에 그리던 압록강안鴨綠江岸까지 진격했으나, 중공군中共軍의 참전으로 전황戰況은 역전되어 공산군이 다시 서울을 공격했다. 전황은 남하南下가 부득이할 만큼 긴박했고, 정부도 이번에는 남하를 권했다.

　12월 초순, 트럭 5대를 구하여 김생기 상무 등 사원과 그 가족을 빽빽이 싣고, 한강의 결빙結氷이 시작되는 엄동嚴冬의 서울을 뒤로 했다.
　당시 트럭 한 대 임차賃借값은 2백만 원이 넘었다. 약취掠取당하고 남은 삼성물산공사의 전재산을 처분하여, 가까스로 피란 트럭을 구할 수 있었다. 이로써 내가 그 주식의 75%를, 김생기 상무 이하 다른 임원들이 나머지 25%를 갖고 있던 삼성물산공사는 완전히 무無로 돌아가 버렸다.
　병력과 군수물자를 실은 군용軍用차량에 길을 비켜 주면서 꼬박 사흘이나 걸려 가까스로 대구에 도착했다. 연고緣故를 찾아 사원들은 뿔뿔이 흩어지고, 나는 바로 조선양조장으로 가서 사장 김재소, 지배인 이창업, 공장장 김재명 씨를 만나 신세를 지게 되었다고 부탁했다. 그러나 그 부탁에 대한 그들의 대답에 나는 깜짝 놀랐다.
　"사장님, 걱정하실 것 없습니다. 3억 원 가량의 비축이 있습니다. 이것으로 하시고 싶은 사업을 다시 시작하시기 바랍니다."
　뜻밖의 구원이었다. 공산군의 남침으로 한때는 전화戰火가 바로 눈앞에 다가왔던 대구였다. 비상전시하에서 경영에 말할 수 없는 장애와 고생이 뒤따랐을 것이다. 그럼에도 불구하고 양조장을 굳건히 지켜 주었을뿐더러, 3억 원이나 되는 자금을 비축해 두었던 것이다. 참으로 고마운 일이었다.

전란戰亂으로 인심이 자못 황폐해진 때가 아니던가. 이렇게 정직하고 믿음직한 사람들이 세상에 또 있을까. 감동되어 가슴이 메었다.

익자삼우益者三友요, 손자삼우損者三友라 했다.

정직한 자를 벗으로 하고 미더운 자를 벗으로 하고 견문見聞 많은 자를 벗으로 함은 익益이요, 아첨하는 자를 벗으로 하고 성실치 못한 자를 벗으로 하고 말만 앞세우고 실實이 없는 자를 벗으로 함은 손損이라 했다. 또는 순경順境은 벗을 만들고, 역경逆境은 벗을 시험한다는 말도 있다.

선인先人들의 가르침을 새삼 되씹게 되었다.

제2장

제조업을 결의

38선에 의한 한반도의 분단이 한국경제에 치명적인 타격을 준 것은, 새삼스럽게 말할 필요도 없다. 일본 식민지 시대부터 수력水力발전이나 철광석·석탄 등 광물자원을 가진 북쪽은 중화학공업기지, 남쪽은 방적紡績 등 일부 경공업과 식량기지로 구분되는 것이 한반도의 경제지리經濟地理였다.

  그것이 국제정치의 타율他律로 인해 38선을 경계로 하여 남북이 양단되었던 것이다. 거기에 동란마저 겹쳤다. 본래 빈약했던 남한의 산업시설은, 그나마 북한의 남침으로 모두 파괴되어버렸다.

  1951년 1월, 서울은 또다시 공산군의 수중에 들어갔다. 이 무렵 미8군사령관 워커 중장이 의정부 근방에서 사고사事故死를 당하는 불행도 있었지만, 신임사령관 리지웨이 장군 지휘하의 국군과 유엔군은 맹반격을 펴서 2개월 후인 3월 중순에는 서울을 재탈환하였다.

  그 후에는 38선 이북의 철원·평강·김화를 잇는 이른바 철鐵의 삼각지대三角地帶를 중심으로 격렬한 국지局地전투가 계속되었

부산 피란 시절, 당시의 자택 앞에서.
뒷줄 왼쪽부터 김생기 상무, 저자, 이건무, 이상홍, 딸 숙희, 인희, 부인 박두을,
앞줄 왼쪽부터 딸 명희, 순희

다. 일진일퇴一進一退의 전황 속에서 동란 1주년을 맞이하여 휴전 교섭이 시작되었다. 1953년 7월, 휴전협정休戰協定이 체결되고 전화戰火는 겨우 멎었다.

그러나 물자부족이 심각해서 식량이나 일용잡화까지도 몹시 궁핍했다. 전비戰費조달을 위한 통화팽창通貨膨脹은 전시戰時 인플레를 가속화시켰다.

대구로 피란하여 동지들의 덕택으로 3억 원의 자금을 마련한 나는, 임시수도 부산으로 가서 삼성三星의 재건을 서둘렀다.

제일 먼저 김생기 상무가 합류하고, 이어 서문규徐文圭·도인환都仁煥·김일옥金一玉 씨 등이 참집參集하여, 1951년 1월 10일 마침내 '삼성물산주식회사三星物産株式會社'를 새로 설립했다.

앞에서도 말했듯이, 삼성물산공사의 재산은 이미 오유烏有로 돌아갔으므로, 부산에서의 삼성 재건은 그야말로 무無에서 다시 출범한 것이었다.

대구의 조선양조가 비축해 놓았던 3억 원이 명실공히 삼성물산 자금의 전부였고, 그것이 새 사업의 기초를 이루었다.

이 무렵 가족의 피란지였던 마산에 들렀다가 조병진曺秉珍 부산지검 마산지청장으로부터 조홍제趙洪濟 씨의 소식을 듣고, 그곳에서 조 씨를 만나 삼성물산에 와서 일하기를 권했더니 반색을 하였다. 그와의 인연은 이렇게 해서 다시 맺어졌다.

삼성물산의 사업은 급진전하여, 설립 1년 후의 결산에서는 3억 원의 출자금이 그 20배인 60억 원으로 늘어났다. 그러나 운영비와 세금 등을 제하고 전시戰時하의 악성 인플레를 감안하면 큰 이득이라고만 할 수는 없는 현실이었다.

무언가 형언할 수 없는 허전한 마음에 사로잡혀 있었다. 비상시국非常時局하의 국민경제에 다소나마 공헌한다고 느끼고 있었으며, 기업으로서의 업적도 충분하리만큼 높았다. 그런데도 마음은 무겁기만 했다.

결산상의 수치는 전시 인플레에 의한 명목상의 팽창임을 생각할 때 고수익의 즐거움보다는 오히려 인플레의 무서움을 알게 했다.

"스스로 택한 사업의 길이지만, 과연 무역업貿易業에만 만족하고 있을 것인가. 달리 더 중요한 일은 없다는 말인가."

무역이 당시 한국의 국가적인 급선무였던 것은 오늘과 다를 바 없었다. 특히 당시는 극도의 물자부족 시대였던 만큼, 수입輸入이야말로 시급하고도 필수적인 것이었다.

"그러나…" 하고 생각했다.

"국민이 일상적으로 사용하는 소비물자를 수입에만 의존하다가는, 언제까지나 거기에서 벗어날 수 없다. 외화外貨는 귀중하다. 우리 국민이 소비하는 것은 우리나라에서 만들어야 한다. 그뿐만 아니다. 인적 자원 외에는 자원다운 자원을 갖지 못한 한국으로서는, 원자재를 수입하여 그것을 다양한 상품으로 가공하여 수출輸出해야 한다. 이것이야말로 한국이 사는 유일한 길이다. 그러기 위해서는 우수한 기술과 가공·생산시설을 갖춘 제조업製造業이야말로 불가결의 것이 아니겠는가."

1년간에 걸친 격렬한 전투가 일단 소강상태에 접어들고, 판문점板門店에서는 휴전 교섭이 진행되고 있었다. 그 진척 상황에 마음을 죄면서 제조업에 투신投身하기로 결의를 굳혀가고 있었다.

그러나 이러한 구상에 대하여, 삼성물산의 경영진은 물론 정부관계당국의 의견도 거의가 부정적이었다.

휴전 교섭의 향방을 예측할 수는 없었으므로 시국時局은 여전히 불안정했으며, 인플레도 쉽게 수습될 기미는 없었다. 이런 상황에서 자금의 회임懷妊기간이 긴 생산공장에 막대한 자금을 투입한다는 것은 무모한 일이다. 게다가 공장의 건설과 그 운영이 제대로 된다고 하더라도, 거기에서 생산되는 상품의 질은 외국제품에 뒤떨어질 것이 분명하므로 판로販路가 걱정이라는 것이었다.

긴 안목으로 보면 고려할 가치가 있다고 하는 찬의贊意도 물론 있기는 했지만, 그러한 의견마저 지금은 시기상조時機尙早라는 것이었다. 사면초가四面楚歌라고밖에 할 수 없는 상황 속에서도, 제조업에 대한 나의 결의는 오히려 굳어져 가기만 했다.

회사의 흥망興亡이 걸린 중대한 문제였으므로 사내社內에서도 회의를 거듭했지만, 적극적으로 명확한 의견을 말하는 사람은 드물었다. 모든 책임을 지고 최종적인 결단을 내리는 것은 최고책임자의 임무다. 이때 깊은 고독감에 사로잡히면서도 숙려熟慮 끝에 일대 용기를 내어 제조업製造業 투자에 대한 최종 결단을 내렸다.

제3장

제일제당 설립

왜 전재戰災의 폐허廢墟 속에서도 제조업을 결의하게 되었는지, 그 본뜻을 다시 한 번 밝혀 두고자 한다.

완제품完製品의 수입은, 당장 긴요한 물자를 국민에게 공급함으로써 국가·사회에 공헌할 수가 있다. 그러나 거기에는 귀중한 외화外貨가 소요된다. 또한 국민의 일상적인 필수품을 언제까지나 수입에만 의존하고 있으면, 해외의존海外依存의 국민생활이나 경제 체질을 영원히 탈피할 수 없을 뿐 아니라, 국가 경제의 자립적인 형성이나 그 발전은 기대할 수 없다. 경제의 기반 없이 국가의 존립이나 국방·문화·사회의 발전은 생각할 수 없다.

국민의 생활에 꼭 필요한 것은 국산으로 그것을 충족시켜야 한다. 그래야만 국내산업이 이룩되어 보다 값싼 상품을 안정적으로 공급할 수 있을뿐더러, 보다 많은 일자리를 국민에게 제공할 수 있으며, 기술의 축적蓄積과 산업활동의 확대擴大에 이바지할 수 있다.

사업이 무역업에만 머무르는 데서 오는 한계를 터득함과 아울러, 한국의 당면과제로서 수입대체輸入代替의 생산부문에 우선 주력하는 것이야말로 한국경제 부흥復興의 첫길이라는 확신을 얻었다. 전란戰亂이 채 가시지도 않은 상황에서 자본과 기술의 축적이 없는 채로 생산공장을 세운다는 것은, 문자 그대로 개척정신開拓精神과 확고한 사명감使命感 없이는 불가능하다는 것을 절감했다.

제조업에 대한 여러 가지 조사결과, 제지製紙, 항생물질抗生物質 등 제약製藥, 설탕의 국내 생산능력은 거의 전무한 상태여서, 국민생활이나 산업활동에 긴요한 중요 물자이면서도 수입에만 의존하는 실정임을 알았다. 이러한 품목의 수입대체가 무엇보다 시급하다고 생각했다.

먼저 제지 분야는 해방 전에는 남북한에 걸쳐 몇몇 공장이 있었으나, 그 규모는 모두 작았다. 남한에 있던 공장도 군산 한 곳을 제외하면 매우 영세零細하여 보잘 것 없었다. 그것마저 동란으로 파괴되어 수요의 대부분을 미국의 원조물자援助物資로 메우고 있었다.

제약製藥 분야도 사정은 비슷했다. 해방 전에는 일본제 약품이 시장을 거의 독점했으며, 민족계 제약회사가 만들던 것이라고는 외상약外傷藥이나 대수롭지 않은 내복약內服藥 등 초보적인 대증약對症藥이 고작이었다.

해방 후 군수軍需 약품 등 구미歐美 약품이 일본 약품에 대체되어 범람하였고, 동란 중에는 유행성 질환 등이 심해 페니실린 등 항생물질에 대한 수요가 급증했지만, 국내 제약사업은 싹틀 징조微兆조차 보이지 않고 있었다.

제당製糖 분야는 해방 전에는 첨채甛菜, 사탕수수를 원료로 하는 대일본 제당공장이 평양에 있었을 뿐, 남한의 설탕생산은 전무했다. 따라서 설탕의 국내가격은 세계시장 가격의 3배나 되는 비싼 값이어서, 국민의 일상생활에 큰 손실을 미치고 있었다.

종이 소비량은 문화 수준의 바로미터라고 한다. 설탕 역시 오늘날에 와서는 수요 패턴이 달라지고는 있지만, 식생활이나 문화 수준의 척도임에 틀림없다. 약藥의 경우도 마찬가지라고 할 수 있다.

어느 것을 선택하느냐의 기로에서 거듭 분석과 검토를 한 끝에, 일본 미쓰이三井물산에 제약·제지·제당에 관한 기획企劃과 견적見積을 의뢰했다. 제당은 3개월 만에 입수했는데 제약은 6개월, 제지는 8개월이 걸린다고 했다. 3가지가 모두 긴요하고 수입대체 효과가 큰 것이지만 당시로서는 1개월이라는 시간이 더없이 귀중했으므로 제당으로 정했다.

정부는 1953년 2월 15일, 원圓을 환圜으로 바꾸면서 100 대 1로 그 명목名目단위를 절하切下하는 화폐개혁貨幣改革을 단행했다. 다행히 예금동결 등의 조치는 없었으므로 사업 추진에는 별 지장이 없었다.

제일제당(第一製糖) 부산공장

그해 4월 부산 대교로大橋路의 삼성물산 사무실 내에 제당회사의 창립사무소를 설치하고, 2개월 후인 6월에 발기인 총회를 열었다. 휴전협정이 성립되기 1개월 전이었다.

자본금은 신화新貨로 2천만 환, 주주株主는 대구 시대의 구우舊友 여상원呂相源 씨를 제외하면, 나와 구영회具英會·허정구許鼎九·김생기金生基 씨 등 삼성물산의 임원들이었다. 43세 때의 일이다.

사명을 '제일제당第一製糖공업주식회사'로 하였다. 알기 쉽고 부르기 쉽다는 이유에서였지만, 은근히 다짐한 결의決意와 큰 기개氣慨를 이 사명社名에 담았다.

1971년 9월 18일 제일제당 김포공장을 방문, 생산제품
을 살펴보는 저자

"무슨 일에나 제일의 기개로 임하자. 제일제당은 해방 후 우리 나라에 건설된 최초의 현대적 대규모 생산시설이다. 앞으로 항상 한국경제의 제일주자第一走者로서 국가와 민족의 번영에 크게 기여해 나가자."

회사 설립 후의 첫 일은 공장용지工場用地의 확보였다. 임시수도 부산 시내를 샅샅이 뒤져보았으나, 쓸 만한 곳은 모두 군용지軍用地로 수용되어 있었다.

전포동田浦洞 부산고무공업사의 공지 1천 5백 평을 겨우 찾아냈으나, 사장인 이동인李東仁 씨는 고집이 대단한 사람인 듯 많은 원매자가 다투어 값을 올리며 교섭을 벌였지만 응하지 않는다고 했다. 어떻든 임원에게 교섭해 보도록 했더니 응답이 뜻밖이었다.

"팔지요. 다만 사람과 사업 취지趣旨와 용도用途에 반했기 때문이지, 돈 욕심이 나서 파는 것이 아니라는 것만은 분명히 알아주시오."

곧바로 찾아가서 인사를 하려고 하던 차에 그가 먼저 찾아 주었다. 이것을 계기로 그와는 벗으로 사귀게 되었다. 그의 호의好意에 보답할 기회를 찾았지만, 서울 환도 후 얼마 안 가서 그는 타계他界하고 말았다. 보답할 기회조차 잃어 지금껏 안타깝다.

제4장

국내기술로 공장 완성

미쓰이물산과 다나카田中기계의 견적서에 의하면, 원심분리기遠心分離機 4기와 결정관結品罐 1기의 플랜트는 15만 달러, 도입에 수반되는 모든 경비 3만 달러, 도합 18만 달러가 필요했다.

당시 한국의 외환外換 사정으로는 큰 금액이었다. 그러나 사업 취지에 대한 상공부 등 관계당국의 이해와 지지로 18만 달러의 외환배정을 받을 수 있었다. 한편 내자內資의 부족분은 상공은행商工銀行의 이상실李相實 행장이 선뜻 2천만 환의 융자를 쾌락해 주어, 자금문제는 모두 해결되었다.

일본제 플랜트는 가격이 비교적 저렴한 데다가 거리가 가깝기 때문에, 설비 가동 후의 부품部品 조달 등도 사뭇 편리할 것 같았다. 다나카 기계 플랜트의 도입을 결정하여 기계는 부산항에 도착했는데, 기계의 조립·설치·시운전試運轉 등에 필요한 일본인 기술자는 단 한 사람도 입국시킬 수 없다는 것이었다. 이승만 대통령의 배일排日정책 때문이었다.

만약 이러한 사태를 미리 예측할 수 있었다면, 일본제 플랜트의 도입은 처음부터 생각하지 않았을 것이다. 할 수 없이 기계류 조립組立을 하는 국내회사에 문의했더니, 설계도만 있으면 가능할 것 같다는 대답이었다. 그들에게 플랜트 조립을 맡기기로 했다.

그런데 이번에는 일본 측이 난색을 나타냈다. 플랜트를 수출하는 것은 좋으나, 성능대로 기계가 움직이고 규격대로 제품이 생산되지 않으면 일본 측이 책임져야 하므로, 반드시 일본인 기술자를 파견해야 한다는 것이었다.

당연한 말이다. 그러나 한편으로는 한국의 기술로 제당공장의 건설이 가능하겠는가 하는 말로도 들렸으므로, 나는 무슨 일이 있더라도 한국인 기술진으로 꼭 해보이고 싶었다. 김재명金再明 공장장工場長은 국내 기술진만으로 공장을 완성할 수 있다는 확고한 자신을 가지고 있었다.

일단 마음을 정하고 나니 자신과 용기가 솟아났다. 나는 하루도 건설현장을 떠나지 않았다. 만일 여기서 좌절挫折한다면 제일제당의 손실은 고사固辭하고라도, 앞으로 한국의 생산공장건설은 이것으로 말미암아 더욱 늦어질 것이 틀림없다. 무거운 책임감責任感에 사로잡히기도 했다.

작업은 고난苦難의 연속이었다.

어려운 일에 부딪치면 국제전화로 다나카 기계에 문의했다. 당시의 국제전화 사정은 아침에 신청하면 오후 혹은 다음날 아침에나 간신히 연결이 되었고, 감도感度도 아주 나빠서 싸움이라도 하듯 고함을 지르기 일쑤였다. 전문적인 기술용어가 많아 더욱 성가셨다. 서신書信문의는 왕복에 2주일이나 걸렸으므로, 작업을 중단한 채 기다리는 일도 허다했다.

원심분리기와 결정관 등 플랜트 본체를 제외한 일부 기계는 외화절약을 위해 국산품으로 충당했다. 이것도 대단한 일이어서 철판이나 철관 등의 중고품을 찾아 전국의 철물상을 수없이 찾아다녀야 했다.

악전고투惡戰苦鬪의 6개월이 지나 공장은 완성되었다. 공기工期는 당초 예정보다 2개월이나 단축된 것이었다.

시운전의 날이 왔다. 완성된 공장을 바라보면서 나는 감개무량하였다. 이 공장은 연건평 800평, 일산日産 25톤 규모였다. 지금으로서는 작은 공장이지만 당시로서는 파격적으로 크고 또한 최신식의 공장이었다. 인근에 구경꾼이 매일같이 몰려왔다. 흥분을 억누르며 시동始動 스위치를 넣었다.

대만臺灣에서 수입한 원당原糖을 기계에 넣자마자 원심분리기가 크게 동요하면서 균형이 잡히지 않았다. 1분간에 1,800회나 회전하는 기계이다. 그 진동은 다른 기계에도 나쁜 영향을 미칠 뿐만 아니라 가끔 희생자犧牲者를 내기도 한다.

기계를 세우고 총점검을 해봐도 고장난 곳을 찾아내지 못했고, 원인을 알 수가 없다. 다나카기계에 국제전화로 조회했다. 직접 보지 않고는 확언할 수 없지만, 이렇다 할 결함을 지적할 수 없다는 것이었다.

다음날도 전직원이 매달려 점검했으나 결과는 마찬가지였다. 다시 다나카기계에 문의해도 회답은 같았다. 우리는 당황했다. 나는 기계에 매달리다시피 하여 며칠 밤낮을 보냈다.

3일째의 일이었다. 공장의 한 용접공이 "원당을 한꺼번에 너무 많이 넣어 균형을 잃은 것 같다"고 말했다. 그의 말대로 균형을 맞추어가면서 원당을 넣었더니, 순백純白의 정제당精製糖이 쏟아져 나오기 시작했다. 드디어 성공한 것이다.

이날 1953년 11월 5일을 나는 제일제당의 창립기념일로 정했다.

시제품試製品으로 당일 생산된 1만 458근(6,300kg)은 부산시 부평동의 총판에 근당 100환에 판매했다. 우리 손으로 만든 설탕이 처음으로 국내시장에 선보였던 것이다. 당시 설탕의 수입가격은 근당 300환 정도였으므로, 외국제 값의 3분의 1에 불과했다.

부산 지방에서는 신일상회(金達璃)가, 그 밖의 지역에서는 동양제당판매회사(李洋球)가 총판總販을 담당했다. 그러나 소비자의 반응은 별로 좋지 않았다.

품질은 외국산과 다름이 없이 당도糖度 99.9%이며 색도色度 또한 동일한데, 값이 파격적으로 싼 것이 기이했던 것 같았다. 국산품國產品이기 때문에 믿어주지 않았다. 국산품은 싸고 나쁜 것으로 철저한 불신不信을 받던 때였다.

그러나 싸고 좋은 상품이 팔리지 않을 까닭이 없다. 반半개월이 지나자 우리는 판매를 걱정할 필요가 없게 되었다. 생산에 박차를 가했으나 도저히 수요를 따라갈 수 없었다. 2년 만에 일산日産 50톤으로 시설능력을 배가倍加하였다. 국민생활도 차츰 안정을 되찾고 설탕의 소비가 늘기 시작했다. 동시에 원당原糖도입을 위한 외환外換배정도 많아져, 제당은 공전의 호황을 누렸다.

외국산과 같은 품질의 것을 그 3분의 1에 해당하는 싼값으로 제공하여 소비자에게 이익을 주면서도, 초기의 회사이익은 매우 컸으며 수입대체효과도 컸다.

제일제당이 창설되던 1953년의 우리나라 설탕수입량은 2만 3천 8백 톤이었다. 수입가격은 톤당 35달러 선이었다고 기억된다. 그때까지 수입의존도 100%였던 설탕은, 제일제당의 가동으로 수입의존도가 1954년에 51%, 1955년에는 27%, 1956년에는 불과 7%로 떨어졌다. 수입을 국내생산으로 대체하자는 당초 목표는, 제일제당 창설 3년 만에 완전히 달성되었다.

제일제당은 수요증대에 따라 시설을 계속 확장하고, 원가절감原價節減을 위해 최신시설을 도입했다. 제일제당의 성공은 삼성이 근대적 생산자로서의 면모를 갖춘 첫걸음이었던 동시에, 상업자본商業資本을 탈피하여 산업자본産業資本으로 전환한 한국 최초의 선구자본先驅資本이라고 할 수 있을 것이다.

제일제당이 큰 성과를 거두자, 동양·삼양·대한 등 7개 제당업체가 연이어 난립하게 되었다. 당시 국내의 수요량은 연간 5

만 톤이었으나, 시설능력은 15만 톤에 이르러 투매전投賣戰까지 벌어져 제당 전국시대戰國時代의 양상을 띠게 되었다. 그러나 제일제당은 선발기업으로서의 기반이 있고, 경영합리화를 과감히 추진하여, 국내시장의 70%를 점유하고 있었다.

  1957년 10월, 제일제당에다 제분공장製粉工場을 병설竝設키로 했다. 이번에는 공장설비 일체가 국산이었다. 고된 작업 끝에 반년 후인 1958년 4월에 준공하여, 그 한 달 후부터 제품을 내게 되었다.

  후일 한때, 삼성은 소비재消費財 생산으로 치부했다는 비난 섞인 말을 듣기도 했지만, 한 나라의 산업발전에는 역사에서 보듯이 단계적으로 굳혀가는 발전의 과정이 있다. 초기에는 일상생활의 필수품을 자급자족하는 소비재산업·경공업輕工業을 육성함으로써 기술(인적 능력)과 경험과 자본을 축적하고, 그 기반 위에 고도의 기술과 거대한 자본이 소요되는 중화학공업重化學工業이나 전자電子 등 고도기술高度技術산업으로 점차 이행해 가야 한다.

  제일제당 창립 당시 우리나라에는 전자공업이나 제철製鐵공업 등 중화학공업에 착수할 수 있는 사회·경제적 그리고 기술적 요건이 전혀 갖추어지지 않았던 것이다.

  경공업의 기반 없이 산업의 발전단계를 뛰어넘어 제철 등 중화학공업에 편중했던 인도印度는, 품질이나 원가原價면에서 대외경쟁력對外競爭力을 상실하였으며, 국내 시판도 되지 못하여 급기야는 외채상환外債償還조차 지연되고, 국가 위신威信마저 떨어뜨리는 결과를 야기惹起하고 말았다. 이와 비슷한 사례는 인도 이외에도 브라질·칠레·멕시코 등에서 허다하게 찾아볼 수 있다.

제일제당의 경영을 통해서, 그리고 경쟁에 패敗하여 도산倒産의 불운不運을 겪는 기업을 볼 때마다, 양질의 상품이나 정성스러운 서비스를 소비자에게 제공하면서, 동시에 고용과 소득의 기회를 국민에게 제공하는 것이야말로 기업의 막중한 사회적 책임이며, 기업을 통하여 국가와 민족의 번영繁榮에 기여할 수 있는 대도大道라고 확신했다.

오늘의 제일제당은 설탕·소맥분小麥粉등 초기제품 외에 조미료·식용유·육가공제품 등 30여 종의 기간基幹식품·가공加工식품 그리고 배합사료配合飼料와 유기질비료有機質肥料까지 생산하는 종합식품 메이커로 발전하였다.

1978년에는 국제 수준의 식품연구소를 설립하여 미래식량未來食糧의 개발과 유전공학遺傳工學의 산업화에 도전하면서, 미생물微生物발효·식품가공 등의 신기술, 항생抗生·항암제抗癌劑를 포함한 기초의약품 원료의 국산화, 인터페론의 제조 등 고도高度첨단기술尖端技術의 최전선最前線을 달리고 있다.

제5장

제일모직 설립

제당製糖 설립 불과 2년 만에 나는 거부巨富 칭호를 받았다. 일신一身의 안락을 위해서는 그것으로 충분했을 것이나, 언제나 축재蓄財가 목적이기보다는 신생조국新生祖國에 기여할 수 있는 새로운 사업을 모색하고 있었다.

기업가企業家는 기업을 구상하여 그것을 실현시키고 합리적으로 운영하면서, 국가가 무엇을 필요로 하는가를 발전적으로 파악하여, 하나하나 새로운 기업을 단계적으로 일으켜 갈 때, 더없는 창조創造의 기쁨을 가지는 것 같다. 그 과정에서의 흥분과 긴장과 보람 그리고 가끔 겪는 좌절감挫折感은 기업을 해본 사람이 아니고서는 절실하게 그것을 알 수 없을 것이다.

황무지荒蕪地에 공장이 들어서고 수많은 종업원이 활기에 넘쳐 일에 몰두한다. 쏟아져 나오는 제품의 산더미가 화차貨車와 트럭에 만재滿載되어 실려 나간다. 기업가에게는 이러한 창조와 혁신감革新感에 생동生動하는 광경을 바라볼 때야말로 바로 살고 있다는 것을 다시금 확인할 수 있게 하는 더없이 소중한 순간인 것이다. 기업가의 이러한 끊임없는 도전挑戰과 의욕意慾이, 국가경제 발전에 하나하나 초석礎石이 되고 원동력原動力이 되는 것이 아닐까.

그러나 우리 사회의 일각에는 기업가를 색다른 시각視角으로 바라보려는 사람들이 있다. 기업가가 큰 뜻을 세워 사업보국의 사명감을 갖고 새 일을 착수해도 한쪽에선 사시斜視의 눈으로만 보고자 한다. 기업가들은 탐욕貪慾에 빠져 부도덕한 일을 한다고 헐뜯으며 비판하려 드는 것이다.

예술가의 사명감使命感이나 정진精進에는 격려의 박수를 아끼지 않으면서, 기업가에 대한 사회의 눈이 왜 그렇게 인색한지 모르겠다. 인간이 '무한탐구無限探究', '무한정진無限精進'을 추구하는 데는 기업가도 예술가도 다를 바가 없다. 무한한 정진은 문명의 원동력이다. 그런데 기업가들의 정진하려는 의지는 번번이 꺾으려고만 든다. 인간에게 정진이라는 높은 의지意志가 없었다면, 예술이나 기업은 물론 문명 자체가 소멸되고 말았을 것이다.

이렇게 염원하면서 새로 착수할 사업으로 모직毛織을 구상하고 있었다. 모직은 설탕과 함께 당시의 시대적 요청이었던 수입대체산업으로서, 초미焦眉의 급선무急先務였다.

동양에는 고래古來로 '의식衣食이 족해야 예절을 안다'는 명언名言이 있다. 예절은 접어둔다고 치더라도 의衣의 충족이 식食·주住와 함께 인간생활의 기본이 되는 것임에는 동서고금에 차이가 있을 수 없다. 의衣생활의 수준은 식·주 생활의 수준과 더불어 문화의 척도尺度가 된다.

당시 우리나라의 섬유산업纖維産業이라고 하면 화학섬유化學纖維는 아직 싹도 트기 전이었고, 면방綿紡공장이 몇 개 있기는 했으나 수요에 훨씬 미치지 못했으며 품질 또한 좋지 못했다. 모직 역시 설비라고는 일제시대의 구식기계를 수리한 것이 고작이어서 수공업手工業의 영역을 벗어나지 못했다. 말이 모직물毛織物이지 군용모포나 다를 바 없는 제품밖에는 생산할 수 없었다.

양복洋服이라고는 대개 미군 군복을 염색한 것이었다. 이른바 마카오 복지는 한 벌에 웬만한 봉급생활자의 월급 석 달분이 넘었다.

이러한 상황 속에서 외제外製에 못지않은 값싸고 질이 좋은 복지服地를 생산하여, 국민 모두가 손쉽게 양복을 입을 수 있게 됐으면 하는 소망에서 나온 것이 모직공장毛織工場 건설안이었다.

그러나 사내 임원들은 회의적이었다. 자본·기술·시장 등 어느 모로 보나 위험危險부담이 너무 크므로 굳이 섬유를 택할 바에는 차라리 면방이 안정성이 있다는 것이었다.

모직과 면방의 병행조사를 지시했다. 그 결과 만일 임원들 의견대로 대규모의 최신 면방공장을 세우면 기존공장들은 대부분 문을 닫게 된다는 것이 드러났다.

강성태姜聲邰 상공부장관을 만나 의견을 물었더니, 그는 다음과 같이 대답했다.

제일모직(第一毛織) 대구공장

"긴 안목에서 보면 역시 면방보다 모방毛紡입니다. 수출이 가능할 정도의 자동식 최신 방적紡績이라면 면방도 기업성이 있을 겁니다. 그러나 면방의 기술은 이미 한계에 이르렀습니다. 새로 착수하는 대규모 사업이라면 모방이 훨씬 장래성이 있습니다. 우리에게는 아직 불모지인 모방은 이 사장만이 하실 수 있다고 믿습니다. 이 사장이 모처럼 하신다면 남이 못하는 모방을 개척하셔야죠. 정부에서도 적극 후원하겠습니다."

그리고 이어 이렇게 덧붙였다.

"세관국장을 지낸 경험에서 말씀 드리는데, 모직물의 밀수입密

輸入이 그치지를 않고 있습니다. 소모사梳毛絲의 수입할당을 크게 늘려 보았으나 질 좋은 직물을 생산 못하고 있습니다. 모직공장은 국가적으로 시급합니다."

결심을 굳히고, 1954년 9월 15일 납입자본금 1천만 환의 제일모직第一毛織공업주식회사를 설립하였다. 경영진은 삼성물산, 제일제당의 그것과 비슷한 진용이었다.

그때 모직공장을 짓는다는 소문이 퍼지자 경제계의 반응은 제당製糖 때보다 더 냉랭했다.

"400년의 전통을 가진 영국 모직과 경쟁한다는 발상부터가 어리석다"느니, "제당에서 요행으로 성공하더니 세상만사를 너무나 손쉽게 생각하고 있다"느니 하였다. 이러한 내외內外의 냉시冷視를 아랑곳하지 않고 공장건설에 착수했다.

먼저 결정할 것은 공장의 규모規模였다. 사내 의견은 대체로 만일의 경우도 고려하여 우선은 자그마하게 시작하는 것이 안전하다는 쪽이 우세했다.

어떤 사업이건 실패의 위험은 뒤따른다. 그러나 가장 위험한 것은 처음부터 실패의 여지가 있다는 불안을 안고 착수하는 것이다. 100%의 자신이 없으면 애초에 착수하지 말아야 한다. 마음속에 불안을 품은 채 착수하면 주저하여 전력투구全力投球를 못하게 된다. 배수진背水陣을 치고 백척간두百尺竿頭에서 단호히 결행해도 예기치 못한 장애障碍에 부딪치거늘, 하물며 출발부터

의심하고 망설이면 될 일도 안 되는 법이다.

우리나라 최초의 모직공장이기 때문에 국제경쟁 면에서 손색이 없는 최신·최고시설의 대규모 공장을 건설하지 않으면 안 된다. 그래야만 생산원가生産原價를 낮출 수 있고, 품질 좋은 상품을 염가로 공급할 수 있다.

막상 대규모 최신식 공장의 건설방침은 세웠지만 전혀 무無의 상태에서 출발했던 것이다. 일본 모직업계에 협조를 구해 봤지만 시장상실市場喪失을 두려워한 나머지 반응은 대체로 냉담冷淡했다.

직접 도일渡日하여 일본모방협회에 교섭한 결과 '대일본모직大日本毛織'의 기술담당이사 하야시 고헤이林耕平 씨의 협조를 얻게 되어, 그에게 공장의 마스터플랜을 의뢰하였다. 그러나 그의 플랜은 일본제日本製 기계의 사용을 전제로 했고, 건설공정 역시 일본인 기술자의 감독을 전제로 하는 것이었다.

하야시 씨의 마스터플랜에 의거한 모직공장의 건설허가를 정부에 신청했다. 이승만 대통령의 재가裁可에는 일본제 기계 대신 독일제獨逸製를 도입하라는 조건이 붙어 있었다. 그리고 또 한 가지 조건으로 정부가 이미 발주해 놓은 서독 함부르크의 스핀바우 사社 방직기紡織機 5천 추錘를 인수할 사람이 없고, 정부 직영直營도 어려운 실정이므로 그것을 인수하라는 것이었다.

매년 막대한 양의 모직물 수입에 정부가 부심한 나머지, 국영기업으로 모직물공장의 건설을 계획하여 이미 기계를 발주했

제일모직 복지의 품질을 결정하는 제직공정. 초고속 슐저(Sulzer)직기를 이용하여 직물을 생산하고 있는 제작실 내부

지만, 계획의 진척이 없고 전후戰後인 당시 사정으로서는 국영기업國營企業으로 그것을 추진하기도 어려운 상황인 것 같았다.

  정부 의향에 따라 서독제 기계를 도입하기로 하고, 스핀바우사에 공장설계를 의뢰했다. 학수고대鶴首苦待하던 청사진靑寫眞이 2개월 후에 왔다. 그러나 자세히 검토해본 결과 입지·기상조건 등 여러 항목이 우리 실정에 맞지 않는 점이 많다는 것을 발견했다. 결국 스핀바우 사의 설계를 세밀하게 수정하여 주요 기계는 서독제로 하되, 부속기계는 영국·이탈리아·프랑스 등 여러 나라에서 세계최고의 성능을 자랑하는 것만을 골라 별도로 도입하기로 했다.

한마디로 모직공장이라고 하지만 서구 선진국에서는 제사製絲·염색染色·가공加工·직포織布 등 공정별工程別로 각기 전문화專門化·분업화分業化되어 있다. 그러나 제일모직은 이들 공정을 하나로 묶은 일관생산一貫生産을 실현시키지 않으면 안 되었다. 제사·염색 등의 산업이 한국에서는 아직 뿌리를 내리지 못하고 있었기 때문이다.

뿐만 아니라 능률·경제성·제품의 균질성均質性 등을 생각할 때 일관생산이 불가피했다. 이 때문에 기계의 발주·도입·조립에서 매우 어려운 조건을 극복하지 않으면 안 되었다.

정부 발주의 5천 추錘를 합하여 도합 1만 추의 주요 기계를 FOA 자금 100만 달러로 스핀바우 사에 발주했는데, 이것이 우리나라로서는 최초의 대對서독 민간 L/C의 개설이었다.

이 무렵 미국의 유명한 모직기계 메이커인 화이팅 사社 임원이 미국 대사관의 소개로 나를 찾아왔다.

"당신은 미국의 원조달러로 왜 유럽 기계를 사려고 하는가. 성능이 우수한 화이팅 사의 기계가 있는데…"라는 것이었다.

나는 대답했다.

"당신 회사 기계가 좋은 것은 나도 잘 듣고 있다. 그러나 그것은 한 종류의 제품을 대량생산할 경우에 한한다. 우리나라처럼 품질·디자인 등이 다양한 제품을 한 공장에서 만들기 위해서는, 유럽의 각종 기계를 안배按配해서 쓰려는 나의 방식이 좋다."

그는 그날은 그냥 돌아가더니 다음날 또다시 찾아와서 나를 설득하려고 했다.

"화이팅 사는 지난 50여 년 동안 동남아시아, 라틴아메리카 등 세계 여러 나라에 모직기계를 판매하여 60개 소 이상의 모직공장을 세웠지만, 한 번도 실패한 적이 없다. 한국 최초의 당신 모직공장도 꼭 화이팅 사 기계를 사용하여야 될 줄로 생각한다."

기계의 조립이나 설치를 포함하여, 공장건설은 모두 우리 자신의 손으로 할 계획이라고 말하자, 그는 무례하게도 새가 퍼덕이는 시늉을 하면서, "한국 자력自力으로 건설한 공장에서 3년 이내에 제대로 제품이 생산된다면, 하늘을 날겠소" 하고 호언豪言하는 것이었다.

결심은 더욱 굳어졌다.

"제당공장을 지을 때에는 일본인들이 같은 말을 했지만 건설에 성공했다. 이번에도 제조기술만 도입하고, 그 밖의 것은 모두 우리 손으로 건설해서 당신들을 놀라게 해 줄 결심"이라고 말하였다.

그는 모직은 어려운 사업이고, 입지立地·기상氣象·수질水質 등 적어도 24개 항목에 걸쳐 우수한 전문기술자가 동원되지 않으면 완전한 모직제품은 생산할 수 없고, 경험이 풍부한 많은 전문가들의 적확한 직접 지도가 절대 필요하다고 끈질기게 설득하려 들었다.

그래도 별다른 반응을 보이지 않자 아주 실망하고 돌아간 줄 알았더니, 며칠 후에 또다시 찾아와서, "다시 생각해 보셨느냐" 하며 접근해 왔다.

심사숙고深思熟考한 끝에 내린 결론이라고 분명하게 그러나 친절하게 거절했다. 그리고 책상 서랍에서 상세한 메모를 꺼내 보여주었다. 이 메모에는 모직공장건설에 필수불가결必須不可缺의 조건이라고 생각되는 온도·습도 등 기상조건에서부터, 전력·노동력·교통·용수用水·수질水質은 물론 종업원에 대한 기술지도·훈련 등에 이르기까지, 모두 48개 항목에 걸친 문제점과 대응책對應策이 하나 하나 적혀 있었던 것이다.

나의 메모 버릇은 이때 이미 몸에 배어 있었다. 한 번으로 끝나는 것은 버려버리지만, 오래 계속되는 일이나 장차 언젠가는 쓰일 것은 가끔 정리하여 다른 수첩에 옮겨 적어 놓는다. 사내社內회의나 국제전화를 할 때 이용하면 참으로 편리하고 능률적이기도 하다.

화이팅 사 임원은 내가 보여준 메모에 놀라는 것 같았다. 그리고 또다시 찾아오지는 않았다.

제6장

모든 것을 우리 손으로

기계발주 다음의 일은 공장 입지선정^{立地選定}이었다. 여러 곳을 물색한 끝에 대구시 북부 침산동^{砧山洞}에 7만 평을 확보했다. 당시로서는 7만 평의 공장부지라고 하면 해방 후 처음 있는 엄청난 크기의 것이었다. 자금을 절약한다는 점에서 좀더 줄이자는 의견도 있었지만 방침을 바꾸지 않았다.

그 무렵의 침산동은 모두 논밭이었지만, 지금은 양상이 일변하여 시내 중심부가 되었다. 그 후 부지를 약 20만 평으로 확장했으나, 공장시설의 연이은 증설로 지금은 오히려 협소^{狹小}한 형편이다.

모직공장의 입지조건이 여러모로 어렵고 또한 엄밀히 지켜져야 한다는 것은 앞에서도 말한 바 있지만, 무엇보다도 기온·습도·수질^{水質}이 중요한 체크 포인트이다. 대구는 4계절의 기온차가 유난히 심하므로 시공^{施工}과정에서 특히 공장 안의 온도·습도에 세심하게 신경을 써야 했다. 용수는 수^數 킬로미터의 거리를 파이프를 묻어 끌어오기로 했다.

1955년 초에 지진제地鎭祭를 올리고 정지整地공사에 들어갔다. 얼마 후 스핀바우 사의 공사현장 책임자가 내한來韓했는데, 이 사람과도 역시 우리 자체의 기술로 공장을 건설한다는 것을 에워싸고 많은 의견차意見差가 있었다.

그는 발주한 기계는 이미 완성되었으므로 도착하는 대로 곧 설치공사에 들어가야 하는데, 거기에는 모두 60명의 독일인 기술자技術者가 필요할뿐더러 건설기간을 적어도 1년은 잡아야 한다는 것이었다.

60명의 독일기술자의 연간 인건비를 대충 계산해 보니 약 30만 달러였다. 당시 웬만한 공장 하나쯤은 훌륭히 세울 수 있는 금액이다. 이 30만 달러에 공장의 성패成敗가 달려 있다면 모르지만 우리 손으로 완성시킬 수 있는 일이라면, 이토록 큰 낭비는 있을 수 없다.

제당공장을 자력으로 건설한 경험도 있고 국내기술만으로 이런 정도의 기계의 조립과 설치는 모두 가능하므로, 독일 기술자는 핵심부문의 몇 사람이면 족하다고 했다.

그 제안에 공사책임자는 대경실색大驚失色했다.

"스핀바우 사는 지금까지 세계 각국에서 많은 경험과 실적을 쌓아 왔다. 최근만 하더라도 인도와 터키에서 이 공장과 비슷한 규모의 공장을 건설했는데, 두 공장 다 60명의 기술자와 1년의 공기工期가 소요되었다"고 설명했다.

"인도나 터키는 한국과는 사정이 다르다. 우리나라에는 유능한 기술자가 많으므로 제사·염색·가공·공조空調 분야에 4명만 파견해 주면 충분하다. 그 밖의 것은 그때 가서 상의하자"고 했다.

내 결의가 확고한 것을 안 그는, "공장 완성 후에 사양대로 제품이 나오지 않아도 그에 대하여 스핀바우 사는 책임을 지지 않는다"는 조건 아래, 끝내는 나의 제의에 동의하였다.

이렇게 하여 건설공사는 우리 주도하에 추진하게 되었다. 나는 현장에 자주 갔다. 기술자를 비롯한 건설요원들에게는 우리가 왜 모직공장을 지어야 하는지를 설명했다. 우리 자신의 손으로 완성한 공장이 혹시라도 잘못된 데가 있을 경우에는, 우리나라 기술자의 체면은 땅에 떨어진다고 독려督勵했다.

각 부문의 기술책임자에게는 기술문제는 전폭적으로 일임한다고 당부하면서, 모직공장에 거는 나의 꿈과 이상理想을 털어 놓았다. 그리고 "우리나라 최초의 모직공장이긴 하지만 결코 국제 수준에 떨어져서는 안 된다"고 거듭 당부하기도 하였다.

꿈과 이상의 일환一環이지만 여자종업원의 기숙사寄宿舍 건설에도 심혈을 기울였다. 공장이 가동되면 1천 명이 넘는 젊은 여성들이 이 공장에서 일하게 된다. 도쿄 유학시절에 읽었던 《여공애사女工哀史》는 비참한 노동조건 아래에서 일하는 방적공장紡績工場의 참담한 여공생활을 그린 것이었는데, 그 당시 큰 충격을 받았었다.

나의 공장이 그래서는 결코 안 되겠다고 생각하였다. 우선 그들이 숙식할 기숙사에는 최상급의 쾌적한 시설을 갖추도록 하자. 이렇게 굳게 마음먹고 전관全館에 스팀난방煖房을 설치했다. 요즘은 흔하지만 공장 내의 스팀난방은 우리나라에서는 처음 있는 일이었다.

목욕실·세탁실·다리미실·휴게실 등에도 경비를 아끼지 않았다. 사치스럽다는 생각도 들었지만 복도에는 회檜나무를 깔아 차분한 안정감이 나도록 하였다.

공장 내의 환경미화環境美化에도 큰 관심을 쏟았다. 식수植樹에 돈을 아끼지 않았고 연못과 분수도 마련하였으며, 공장부지 전체를 잘 다듬어진 정원으로 생각하는, 말하자면 정원공장庭園工場이라고 할 만한 것으로 꾸미고 싶었던 것이다. 그때 심었던 갖가지 수목樹木은 지금 공장 건물을 거의 뒤덮을 만큼 훌륭하게 자랐고 잔디도 곱게 자라, 대구시민들 사이에서는 우리 공장을 제일공원第一公園이라고 부르기까지 한다.

숙사宿舍나 조경造景에 그토록 마음을 쓴 것은, 여자종업원을 포함하여 모든 종업원을 가족적으로 대우하고자 했기 때문이다. 동시에 쾌적한 환경 속에서 일하면 작업능률作業能率도 반드시 향상되리라는 확신確信이 있었기 때문이기도 했다.

기술자·종업원 할 것 없이 한마음이 되어 불철주야不撤晝夜 분발奮發한 결과, 공사는 급진전하였고 예정보다도 반년이나 앞당겨 6개월 만에 소모梳毛공장이 완공되었다. 다음해인 1956년 초까지 방모紡毛·직포織布·염색·가공 등의 공장도 차례로 완공되었다.

공익성公益性과 합리성合理性, 기술의 우위성優位性, 국제적인 경쟁력, 종업원의 복리시설福利施設 등 기업에 담은 나의 꿈과, 그것을 전폭적으로 이해하여 헌신적인 노력을 아끼지 않았던 수많은 사원·기술자·현장 작업원들의 정열情熱이 훌륭하게 응축凝縮되어 제일모직의 일관생산공장의 완성을 보게 되었다.

제7장

유니언 잭 고지高地에 태극기를

모든 일에는 면밀한 계획과 그 계획의 수행을 뒷받침하는 준비가 불가결하다는 것은 새삼 말할 필요가 없다. 1956년 5월 2일, 완성된 공장 각 부문의 마지막 점검을 마치고 드디어 시운전에 들어갔다. 원모原毛염색·가공·방직·기계 등 여러 분야에 걸쳐 영국·프랑스·독일·이탈리아 등 각국에서 6개월간 기술을 익힌 연수생들도 이때는 이미 전원이 귀국하여, 만반의 태세를 갖추고 있었다.

전원이 복지服地가 짜여 나오는 것을 숨을 죽이고 기다렸다.

복지가 짜여 나오기 시작했다. 디자인·색조色調 등 겉보기에는 전혀 나무랄 데가 없었으나, 손으로 만져보니 어딘가 모르게 힘이 없는 감촉感觸이었다. 영국제英國製에 못지않은 것이 처음부터 나오리라고는 기대하지 않았지만, 예상과는 거리가 멀었다. 서독인 기술자들도 고개를 갸웃거릴 뿐이었다.

원인은 가깝고도 사소한 데 있을 것으로 보고 총점검總點檢을 시켜보았더니, 아니나 다를까 모직의 최종 공정인 압착壓搾, 즉

프레스가 불완전했던 것이다.

　프레스의 조정調整으로 축 늘어지는 문제는 해결되었다. 그러나 모직제품 특유의 폭신하고도 부드러운 감촉은 여전히 살아나지 않았다. 영국제와 견줄 수 있는 제품을 만들 수 있을 때까지 연구개발비를 아끼지 않기로 하고 적합한 양모羊毛의 선정과 계속적인 공정工程의 합리화를 추진해 나갔다.

　제일모직의 복지를 시장에 처음 내놓자 소비자의 반응은 설탕의 경우와 마찬가지였다. 당시 영국제 복지 한 벌값은 웬만한 봉급생활자의 석 달분 급료와 맞먹는 6만 환이 넘었다. 일모一毛제일모직 복지는 그 5분의 1값인 1만 2천 환에 불과한데도 수요가 제대로 형성되지 않았다. 국산품國産品, 즉 조악품粗惡品이라는 뿌리 깊은 불신不信 탓이었다.

　시간이 지남에 따라 품질은 점차 개선되어 갔고 외국제와 맞먹는다는 평판評判이 퍼지기 시작하여, 소비자들의 선호가 우리 복지에 몰렸다. 얼마 안 가서 외국인 기술자들 입에서 이제 더 이상 지도할 것이 없다는 말이 나왔지만, 고급기술자를 계속 초빙招聘하여 자문諮問을 받도록 했다.

　제일모직이 탄생한 지 이제 30년, 누구나 어려운 일이라고 만류했고 갖은 고초를 겪으면서 건설한 공장이었지만, 이제는 당초에 목표한 대로 국제 수준의 세계 기업이 되었다.

제일합섬(第一合纖) 경산공장

    제일모직의 '골덴텍스'가 국민의 신뢰를 얻어 영국제와 일본제를 국내시장에서 완전히 구축驅逐한 것은 이미 오래 전의 일이며, 제일모직의 제품은 이제 모직의 본고장인 영국에까지 역상륙逆上陸하여 인기를 끌게 되었다.

    공장다운 공장 하나 없던 시대였던 만큼, 제일모직 공장에는 정부 고관을 비롯하여 외국의 귀빈貴賓들도 많이 찾아 왔다. 외교관들이 해외에 나갈 때에는 반드시 제일모직을 시찰하도록 국내산업의 견학코스로 지정되어 있었다. 우리나라에도 이런 일류의 현대적 공장이 있다는 인식과 자부심自負心을 심어주기 위한

제일합섬 구미공장

것이라 했다.

　공장의 조경造景이라는 것은 단순노동의 반복에서 오는 작업능률의 저하를 막아주는 한편, 무미건조한 공장생활을 윤택潤澤하게 만든다. 봄과 함께 초목草木에 싹이 트고 꽃이 피고 그리고 잎으로 옮겨지는 자연의 변화는 종업원들에게 정신적인 위안을 준다.

　조경은 하찮은 일이 아니다. 그것은 생산활동의 일부인 것이다. 제일모직 공장을 세울 때 몇십 원씩에 사다 심은 나무들이, 지금은 몇백만 원씩 하는 훌륭한 거목巨木으로 자랐다. 삼성그룹의 새 공장을 지을 때마다 반드시 그것을 옮겨 심는다. 자란 나

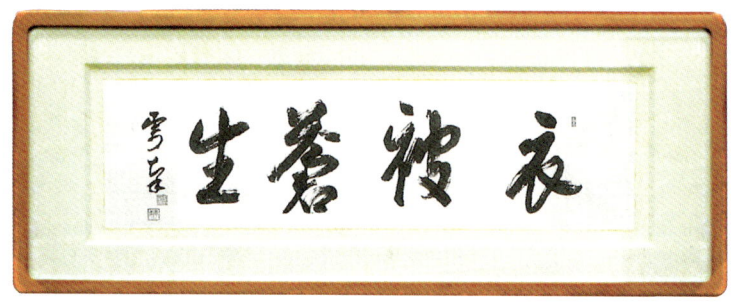

이승만(李承晩) 박사가 1957년 10월 26일 제일모직 대구공장에서 쓴 휘호

무들을 솎아 옮겨 심음으로써 제일모직의 정원이 좋아질뿐더러, 새로운 정원이 하나씩 확산되어 간다.

1957년 10월 26일, 이승만 대통령 부처夫妻가 데카 유엔군 사령관과 함께 공장을 찾아 주었다. 이 대통령의 국내공장 시찰視察은 이것이 처음이라고 기억하고 있다.

이 대통령은 공장과 기숙사를 두루 살피면서, 이것저것 질문도 하고 기술자나 여공들의 어깨를 어루만지며 자상하게 격려하기도 했다.

시찰을 마친 다음, 매우 흡족한 표정으로 "애국적 사업이야. 이처럼 자랑스러운 공장을 세워 주어서 감사해. 제일모직의 노력으로 온 국민이 좋은 국산 양복을 입게 되었구먼"하면서, '衣被蒼生'(의피창생)이라는 휘호揮毫를 남겨주었다. 그 휘호는 지금도 일모一毛 대구공장 사장실에 걸려 있다.

"무슨 도움이 필요한 일은 없느냐"고 이 대통령이 물었다.

이 대통령의 지시로 일본 기계보다 우수한 유럽 기계를 도입할 수 있었다고 대답하고, 특히 서독西獨기계가 우수하다고 구체적인 예증例證을 들어 설명했다. 이 대통령은 앞으로도 일본 기계는 가급적 사용하지 말도록 당부했다.

서독 기계와 부분적으로 도입한 일본제 기계의 부품部品 소모율消耗率을 비교해 보면, 연평균 0.3%, 26%라는 현격한 차이를 나타내고 있어, 요즘도 이 대통령의 그때 당부를 재삼 확인하게 된다.

전란의 폐허 속에서 경제부흥의 일익一翼을 담당하고자 출발했던 제일모직은, 1950년대 후반에 소모방공업梳毛紡工業을 본격적으로 일으켜 수입대체의 기반을 굳히면서, 동시에 수출을 확대하여 1960년대 이후의 수출입국에 크게 기여할 수 있게 되었다.

그리고 우리나라 경제가 중화학공업 단계로 도약한 1970년대에는 화학섬유化學纖維, 석유화학石油化學 등의 분야에도 진출하였다.

제8장

산업자본의 형성

제일제당과 제일모직의 존재가 널리 부각됨에 따라, 내 이름 석 자는 경제계는 물론 일반시민들의 화제에도 오르내리게 되었다. 심지어는 농촌의 초등학교 어린이들 사이에서도 내 이름을 모르는 사람이 없을 정도였다. 그리고 뒤에 말하겠지만, 시중은행이나 타이어·비료기업 등의 대주주大株主가 되자 한국 최초의 재벌財閥, 한국 제일의 기업가企業家로 불리게 되었다.

나이도 이미 50 고개를 바라보고 있었다. 지난날의 일들을 회고回顧하면서 공수래공수거空手來空手去라는 말에 어떤 공감共感 같은 것을 느끼기도 했다.

당시 재벌에 대한 이해가 부족한 것 같았다. 인내忍耐는 일을 지탱하는 자본資本이며 희망을 갖는 기술技術이라던가. 인고忍苦의 용기를 스스로 환기喚起시키면서 언젠가는 기업에 쏟는 의도를 반드시 이해받을 날이 올 것이라고 혼자 다짐하곤 하였다.

기업을 통해서 자기 뜻을 세우고, 그 뜻을 실현함으로써 국가나 사회에 공헌貢獻한다. 공헌이란 재화財貨와 서비스의 풍족한 제공이며, 고용·소득기회의 더욱 더한 확대이며, 국가경영의 재원財源을 이루는 납세納稅의 세원稅源 조성이다. 기업 수익을 축적하여 계속 새로운 기업에 투자하고 새로운 기술개발을 추진한다. 이 모든 것은 한마디로 국민의 행복, 나아가 인류복지人類福祉의 향상에 공헌하는 길인 것이다.

바로 이 목표와 가치가 기업에 있기 때문에, 기업의 사회적 기능이 제고되고, 기업가의 창조적 직능職能이 높이 평가받게 되는 것이다.

설탕과 모직물의 수요는 날로 늘어 대량생산, 대량공급의 체제를 갖추게 되고, 나와 나의 기업이 납부納付하는 조세租稅만도 국가 세수稅收의 4%를 차지하게 되었다.

제일모직과 제일제당이 당시의 한국에서는 분명히 큰 존재였는지 모른다. 그러나 다른 선진국의 산업계와 견주어 보면 고작 중소기업의 수준을 넘지 못한다. 우리나라 경제가 발전하기 위해서는 이 정도의 공장이 수천, 수만 개가 있어야 한다.

솔직히 말해서 국내에서의 소성小成에 만족할 생각은 전혀 없었다. 국내에서 제일第一이 된다든지, 국내 경쟁에서 이긴다든지 하는 것은 안중眼中에도 없었다.

"자본을 축적하여 차례차례 새로운 기업을 개척함으로써, 선진 외국과 당당히 맞서서 이긴다. 그것이 내가 나아갈 길이다."

이렇게 스스로 다짐했다.

삼성물산이 출범한 지 30여 년, 그동안의 삼성그룹의 발자취를 되돌아보면 물산物産·제당製糖·모직毛織의 세 기업은 삼성그룹 사史의 서장序章에 지나지 않는다.

그러나 나는 제일제당과 제일모직의 완성에 각별한 큰 의의를 찾고 있다. 내 나름으로는 역사를 선도先導했다는 자부심自負心을 간직하고 있다면 오만傲慢일까.

그것은 이 두 기업의 경영이 잘되어 부富를 얻었기 때문이 아니다. 나의 성공이 우리나라 기업가들에게 적어도 생산공장건설 의욕을 불러일으켜, 오늘의 한국경제를 지탱하는 산업 발전의 계기가 되었다는 뜻에서이다.

제4편

사회의 격동

제1장 시은의 대주주로
제2장 한국비료의 건설 추진
제3장 차관도입 교섭에 성공
제4장 120%의 세제
제5장 5·16 혁명 최고회의에 서한
제6장 박정희 부의장과의 첫 대면

제1장

시은市銀의 대주주로

내가 재벌財閥로 불리던 1956년, 57년경에는 6·25 동란의 후유증後遺症인 악성惡性 인플레도 서서히 수습되고 있었다. 생활필수품을 주로 한 경공업 생산도 동란 전의 수준을 간신히 회복해가고 있었고, 미국의 원조를 재원財源으로 하여 동란으로 파괴된 사회자본社會資本의 복구도 활기를 띠고 있었다.

'한국경제의 부흥復興과 발전發展'이라는 의욕적인 주장이 정부당국자나 기업인들의 입에 오르내리게 되었다.

그 무렵 이승만 대통령은 은행銀行의 민영화民營化를 강력히 지시했다. 미국에서 오래 생활했던 이 박사로서는 정부가 시중은행市中銀行을 소유한다는 것에 의문을 갖고 있었다. 금융기관을 경제적 기준에 입각하여 운영하는 데 지장을 준다는 판단에서였다.

당시의 금융·자본시장은 전혀 미성숙未成熟인 채로 전근대적인 상황에 머물고 있었다. 증권시장은 아직 형성 이전이었고, 시중은행이 4개 있었으나 그 주식의 태반은 정부가 소유하고 있었다. 해방과 더불어 일본인이 소유했던 민간은행 주식이 우리정부에 귀속되면서 자동으로 정부 소유주가 되어버려 은행은 사실상 국영國營이 된 것이다. 한편 시중市中에는 연리 20%의 고리사채高利私債가 횡행하여, 금융의 후진성後進性을 그대로 드러내고 있었다.

은행에 민간의 개척적인 지혜知慧와 경쟁적인 활력活力을 도입하여, 사채私債나 귀금속 등에 쏠리는 시중의 자금을 예금으로 흡수함으로써 산업자금産業資金의 공급을 원활히 하는 금융기능의 정상화定常化야말로 한국경제 발전의 대전제大前提가 된다는 것이 이 박사의 신념이었다.

경제관료들 사이에는 이론異論도 있었던 것 같았지만, 대통령의 강력한 지시에 따라 재무부는 은행주銀行株의 공매公賣 불하拂下를 결정했다. 이 공개입찰公開入札에 참가하였다.

은행 '귀속주歸屬株'의 공매公賣는 여러 차례에 걸쳐서 실시되었다. 우선 뒤에 '한일은행'으로 개칭된 '흥업은행'주株 36만3천5백 주를 주당 2,866환으로 응찰했다. 나를 포함하여 18명의 응찰자 중에는 주당 4,400환의 최고가를 비롯하여 3,300환으로 입찰한 사람이 있어, 나의 응찰가는 제 3위였다. 그러나 1위와 2위 응찰자의 주수는 불과 50주와 100주였다. 다른 응찰자에 대한 짓궂은 행동으로밖에는 생각할 수 없었.

주株가 분산되면 금융시장金融市場의 정비를 기할 수 없으므로, 묶어서 불하拂下하려는 것이 정부의 의도인 것 같았다. 입찰가격

제 2위인 주당 3,300환으로 사주기 바란다는 정부의 요청이 있어, 낙찰에서 빠진 잔여주殘餘株까지 합해서 전부 그 가격으로 사들이게 되었다. 총액 11억9천만 환 상당의 규모였다. 이리하여 흥업은행주의 83%를 가진 대주주大株主가 되었다.

이어 조흥은행주의 55%를 매입했고, 흥은興銀신탁부에서 상은商銀주를 33%가량 갖고 있었으므로, 결국 4개 시중은행주의 거의 절반이 삼성 소유가 되었다.

어느 개인이 전全시중은행주의 절반을 소유한다는 것은, 지금 생각하면 예외例外의 일 같지만 당시로서는 그것이 가능했다. 이미 산업계에서 차지하는 삼성의 비중이 큰 터에, 금융기관까지 장악했으니 삼성의 우위優位는 절대적이었다.

그러나 이 입장을 이용하여 임의로 금융기관을 운영하고자 했던 것은 결코 아니다. 시중은행주市中銀行株를 매수買受한 것은 이 나라 금융의 근대화를 기필코 실현하자는 일념一念에서였다.

우선 소유와 경영을 분리分離하여, 유능하고 신뢰할 만한 은행가들이 충분히 그들의 창의創意를 발휘할 수 있게 하였다. 주주총회 등에서 "인사를 포함하여 일상적인 은행 운영은, 전적으로 행장을 중심으로 한 경영진에 맡긴다"고 밝히고, "경영진이든 행원行員이든 관료의식官僚意識을 말끔히 씻어버리고 경영을 능률적으로 할 것, 서비스를 개선하여 시민의 금고金庫로서 널리 친근감을 주는 은행이 되게 할 것, 그리고 재원財源, 즉 예금을 많이 유치해서 산업발전을 위한 금융기능을 뒷받침할 것"을 강조했다.

은행주銀行株 외에도 몇몇 기업의 주식株式을 샀다. 호남비료의 45%, 한국타이어의 50%, 삼척시멘트의 70% 등이 그것이다. 이들 사업체는 한국경제의 장래를 위해서는 모두 빼놓을 수 없는 업종이지만, 경영난에 허덕이고 있었다. 합리적인 경영을 할 수 있는 진용이 갖추어지지 않아, 경영진經營陣을 일신一新할 필요성을 느껴 단행했더니 그 기업들은 얼마 가지 않아 모두 궤도에 올랐다.

은행이나 기존 회사의 주식을 취득하여 대주주가 되는 것이 본뜻은 아니었다. 이러한 가운데서도 새로 착수할 사업을 계속 구상·조사·연구하고 있었다.

"더욱 크고, 국민경제國民經濟로 봐서 더 한층 유익有益한 것을…" 하는 것이 나의 목표였다.

그리하여 선택한 것이 비료공장肥料工場의 건설이었다. 나의 사업력事業歷과 인생은 이 결단을 계기로 깊은 음영陰影을 새기게 된다.

제2장

한국비료의 건설 추진

결론부터 먼저 말한다면, 비료공장을 한국비료韓國肥料라는 이름으로 울산蔚山에 완성시키는 데는 10년 가까운 세월이 걸렸다.

4·19 혁명에 의한 이승만 정권의 붕괴, 장면張勉 정권하에서의 정치·사회의 혼란은 5·16 군사혁명으로 이어진다. 이 나라의 역사는 걷잡을 수 없는 격랑激浪 속에 있었다. 그리고 나는 부정축재자不正蓄財者라는 낙인烙印이 찍히고, 세금 추징追徵이라는 명목의 재산몰수財産沒收도 경험했다. 실의失意와 재기再起에서의 갈등, 이 10년은 바늘방석이나 다름없었다.

당시 한국경제는 계속 미국 원조援助에 거의 의존하고 있었다. 그러나 당연한 일이지만 원조가 영원히 계속될 수는 없다. 원조가 중단되었을 경우 우리 자력自力으로 살아갈 수 있는 방도를 서둘러 찾아서 확립해야 한다. 이 생각에만 골몰하였다. 제당과 모직의 두 새로운 생산공장은 건설되었지만, 그것으로 국민경제의 모든 문제가 해결되는 것은 아니었다.

중지衆智를 모으기 위하여 1958년에 '한국경제재건연구소'를 설립했다. 내가 소장을, 홍성하洪性夏 씨가 간사장직을 맡았다. 삼화빌딩에 150평 남짓한 사무실도 마련하였다.

이기붕李起鵬·김영선金永善·김유택金裕澤·임문환任文桓·주요한朱耀翰·송방용宋邦鏞 씨 등을 위시하여 정치·경제·학계의 중진들이 거의 빠짐없이 여기에 참여하여, 한국경제의 앞날을 놓고 서로 진지하게 의견을 나누었다.

외교구락부를 중심으로 오찬이나 만찬을 함께 하면서, 외국원조 없이 지탱할 수 있는 한국경제의 재건再建, 자립自立방안을 토의했다. 그러나 1959년까지 2년에 걸쳐 논의를 거듭했으나, 뚜렷한 결론을 얻지 못했다.

이때 나는 이미 사업에 종사하는 한 기업인의 입장을 넘어, 이 나라 경제 전체의 장래를 걱정하는 처지에 놓여 있다는 것을 자각自覺하게 되었다. 그러나 국가의 경제정책의 방향이 모호하고 경제전망이 불투명하여, 참으로 우울한 나날을 보낼 수밖에 없었다.

당시 우리나라는 비료 공급의 거의 전량을 수입에 의존하고 있었다. 연간 원조자금 2억 5천만 달러 중 1억 달러 내외를 비료 도입에 쓰는 실정이었다. 물론 원조자금에 의한 수입품목 중 가장 큰 것이었다. 게다가 도입 적기適期를 놓쳐 농사를 그르치는 일이 한두 번이 아니었다.

비료의 자급자족自給自足이야말로 농촌의 사활死活을 좌우하는 문제였을 뿐만 아니라, 곡물의 증산을 위한 초미焦眉의 과제였다.

비료에 각별한 관심을 가져온 것은 바로 이 때문이었다.

그 무렵 ICA 자금으로 1955년에 착공했던 충주비료공장이 거의 완성 단계에 있었다. 두 번째로 계획되었던 나주비료공장은 미국 측의 난색 표명으로 부득이 정부보유 달러로 서독에 플랜트를 발주, 1958년 5월에야 겨우 착공했다. 그러나 이 두 공장이 모두 가동稼動되더라도 연간 생산량은 합계 6만 톤에 불과하다. 반면 비료 수요는 해마다 늘어 1961년에는 30만 톤, 그 5년 후인 1966년에는 40만 톤에 이를 것으로 추계推計되고 있었다.

이런 사정을 감안한 비료공장 구상構想은 다음과 같았다.

증가일로增加一路인 국내 수요를 충족시키기 위해서는 세계 굴지의 최신식 대규모 공장을 건설해야 하며, 그 규모는 35만 톤으로 한다. 이 규모라면 장차 수출을 할 경우도 국제경쟁력을 지닐 수 있다. 비료의 종류는 암모니아 비료가 아닌 한국 토양에 적합한 요소尿素비료와 복합複合비료로 한다는 것이 그것이다.

무엇보다도 어려운 문제는 자금, 즉 외화外貨였다. 줄잡아 제1차로 5천만 달러는 소요될 터인데 이것을 어떻게 마련할 것인가. 지금에 와서는 4천만~5천만 달러 규모의 공장은 별반 신기할 것이 못 되지만, 당시로서는 그야말로 세계적인 거대규모였다. 이 거대한 공장을 삼성 혼자만의 힘으로는 실로 힘겨운 일이었다.

암담한 한국경제의 상황과, 그것을 타개打開하기에는 아직 역부족力不足인 한계를 분명히 느꼈다.

해외에 나가면 어떤 활로活路를 발견할 수 있을지도 모른다는 기대를 안고 여행길에 올랐다. 1959년의 늦은 가을이었다.

미국을 거쳐 도쿄에 들렀을 때는 마침 폭설이 내린 세모歲暮여서 새해를 도쿄에서 맞기로 하였다. 이것이 습관이 되다시피 하여, 지금도 가끔 새해를 도쿄의 호텔에서 맞곤 한다. 혼자서 조용히 지난해를 되돌아보기도 하고 새로운 사업을 구상構想하기도 한다. 그리고 될수록 여러 분야의 전문가들과 만나 그들의 축적된 정보와 의견을 들어보기도 한다.

1960년의 신정新正을 도쿄 데이코쿠帝國 호텔에서 한가로이 보내고 있었다. TV들은 정초正初특집을 방영하고 있었다. 마침 1960년의 세계정치·경제·사회·군사를 전망하는 각 분야 전문가들의 좌담이 있었다.

군사 문제에서는 핵무기核武器가 사용될 것인가의 여부에 화제가 모아졌고, 경제 문제에서는 미美·소蘇 간의 경쟁, 과연 소련의 경제가 미국 경제를 능가할 수 있나 없나 하는 것이 토론의 중심이었다. 당시 미국 경제는 연 3% 정도의 성장이었는데 소련은 7% 정도의 성장이어서, 언젠가는 미·소의 경제력이 역전逆轉될지도 모른다는 우려를 자아내기도 했던 무렵이었다.

그때 미국의 경제력은 세계 GNP(국민총생산)의 45%를 넘을 정도로 비대해 있어 더 이상 신장하기는 어렵고 도리어 기울기 시작할 것이라는 얘기도 있었다. 실제로 흐루시초프 수상은 소련이 1970년까지 미국경제를 능가하고 1980년에는 이상적인 공산주의 사회를 완성한다고 호언豪言했었다.

그 토론에서 어느 전문가는 자유自由 진영과 공산共産 진영과의 대결에서 자유 진영이 승리하려면 서방 측의 단결이 불가결한데, 빈곤과 정치 불안에서 오는 쿠데타나 내부 분열에 시달리는 나라들이 많아 염려된다고 말했다. 그리고 자유 진영의 단결을 위해서는 선진국의 원조로 후진국 경제의 안정과 발전을 도모해야 하는데, 미국 단독의 힘만으로는 벌써 한계에 직면하고 있다고 했다.

이 대목은 우리나라 실정과도 관련이 있는 것 같았다.

"이제 미국 단독의 힘만으로는 도저히 자유 진영을 구할 수 없게 되었다. 종전 이래 미국의 원조로 전재戰災에서 부흥한 여러 선진국이 각기 GNP의 1%를 원조援助나 차관借款 등의 여러 가지 형태로 개발의 가능성이 있는 후진국에 제공함으로써 미국의 원조 부담을 분담分擔해야 한다. 미국의 발의發議로 그 첫 회의가 작년(1959년) 워싱턴에서 개최되어, 이미 몇몇 나라가 차관을 얻어 공장을 건설했고, 금년(1960년)에는 서독에서 그 2차 회의가 열릴 예정이다. 여기에는 미국 외에 영국·서독·프랑스·이탈리아·캐나다·호주·포르투갈 등 10개국이 참여한다"는 대목에 나는 바짝 귀를 기울였다. 일본은 나중에 추가로 이 그룹에 가입했다.

나중에 알게 된 일이지만, 이것은 OECD(경제협력개발기구) 산하의 DAG(개발원조그룹)를 가리키는 말이었다. DAG는 1961년 가을 DAC(개발원조위원회)로 개편되어, 참여국가도 해마다 확대되어 갔다.

답답하던 가슴이 트이는 듯했다. 궁窮하면 통通한다고, 막막하던 비료공장 계획은 물론, 한국경제에도 서광曙光이 비치는 것 같은 느낌이 들었다. 도쿄에서 자세히 조사해 본 결과, 정부 원조 아니고도 민간 기반의 상업차관商業借款이 있어, 사업계획만 타당하면 장기저리長期低利의 자금 대여를 받을 수 있다는 것을 알게 되었다.

귀국하자 바로 이기붕李起鵬 국회의장을 만나, 외국 차관으로 대규모 비료공장을 세울 구상을 이야기했다.

"훌륭한 착상입니다. 우리나라로서는 처음이라 장담은 할 수 없지만, 삼성三星의 수용능력이라면 가능할 것입니다. 최대한 지원하겠습니다."

이 의장은 이렇게 격려해 주었다.

그다음 날, 경무대를 방문했다. 사업의 일로 이 대통령을 찾기는 이것이 처음이었다. 비료공장건설에 관한 계획과 기본 구상을 솔직히 말했다.

"우리나라에서도 점차 근대산업이 일어나고 있지만, 아직도 많은 물자를 국산화하지 못하고 수입에 막대한 외화를 소비하고 있습니다. 지금 우리 기업가가 해야 할 일은, 수입대체輸入代替 산업을 하나라도 더 진흥시켜 달러를 절약하는 일입니다. 그래서 비료공장을 세우고자 합니다. 단일 수입품목으로는 지금 가장 많이 외화를 쓰고 있는 것이 비료입니다."

"장차 우리나라가 비료를 자급자족하려면 소규모 공장으로는 불가능하고, 4천만~5천만 달러를 투자하는 국제 수준의 현대적인 대규모 공장을 여러 개 건설할 필요가 있다"고 역설했다.

"뭐, 4천만~5천만 달러?"

약간 놀란 듯한 대통령의 반문反問에, "유럽으로부터 차관을 도입할 계획"이라고 대답하자 훌륭한 생각이라고 하면서 매우 만족한 표정으로 꼭 성취시키라고 격려해 주었다.

이 대통령은 달러를 쓰는 일이라면 극히 적은 액수이더라도 직접 결재決裁한다고 했다. 그럼에도 불구하고 당시로서는 거액인 4천만~5천만 달러의 차관계획을 선뜻 승낙해 주었던 것이다.

사실은 많은 염려를 했는데 의외로 간단하게 대통령의 승낙을 얻게 되었다. 기쁨과 함께 무거운 책임감을 느꼈다. 한국경제는 미국 원조로 지탱되고 있다는 인식이 해외에도 널리 퍼져 있던 당시의 상황에서 유럽을 상대로 거액의 차관을 도입하여 공장을 세우겠다는 발상은 그 자체가 분수分數를 잊은 황당무계荒唐無稽한 일로 비쳤을지 모른다.

제3장

차관도입 교섭에 성공

비료공장건설의 구체적인 계획에 착수했다. 전문가들의 의견도 듣고 많은 관계자료도 두루 살폈다. 그러는 중에 차츰 자신이 일기 시작했지만, 한편으로는 허황된 공상空想에 사로잡혀 있는 것이나 아닐까 하는 불안不安과 주저躊躇가 교착交錯되었다.

"전화戰火는 일단 멎고 휴전은 되었다고 하지만, 유럽 사람들 눈에는 한국은 아직도 불안정하게 비칠 것이다. 그 한국의 한 기업을 상대로 거액의 차관을 제공할 자가 과연 있을까."

이런저런 생각을 가슴에 간직한 채 정·부통령 선거를 목전目前에 둔 1960년 2월 1일, 유럽 여행길에 올랐다.

당시의 주한駐韓 서독대사 헤르츠 씨는 비료공장건설에 각별한 이해와 호의를 가져 주었다. 친교親交가 있는 본국의 에르하르트 경제상經濟相에게 장문長文의 서한書翰을 보내어 차관 교섭에 대한 협조를 부탁했고, 내가 출국하기 전에 회견會見시간 약속까지 얻어 주었다.

이런 노고勞苦로 당초에는 에르하르트 경제상을 만날 예정이었으나, 그는 급한 용무로 미국 여행 중이었다. 대신 만난 8척 장신長身의 차관次官은 "당신과 당신 비료공장 이야기는 잘 알고 있다. 크루프 측에는 장관이 이미 지시를 해 두었다. 서독 정부로서도 적극 협조하겠다"고 했다.

당시 일본의 외환보유액外換保有額은 10억 달러 정도였는데, 서독은 80억 달러가 넘었다. 전후戰後 15년 남짓한 짧은 동안에, 서독 경제가 그처럼 부흥할 수 있었던 이유를 차관에게 물었더니, 그 대답은 간단했다. 통제경제統制經濟를 완전한 자유경제自由經濟 체제로 전환시켰기 때문이라는 것이었다.

에르하르트 경제상은 국민 다수가 지지하는 경제학자 출신의 정치가로서, 취임하자 곧 경제통제를 해제하기 시작했다. 물론 당초에는 정부 안에서도 저항이 이만저만이 아니었으나, 그의 탁월한 지도력으로 하나하나 실천해 갔던 것이다. 통제 대상으로 남은 것은 세율·외환율·기차운임 정도였다고 한다.

관리들이 통제해제에 굳이 반대했던 까닭을 차관에게 물었더니, "통제경제에서는 생산 수량이나 가격을 관리들이 책정한다. 소비수요에 미흡한 양을 생산시키면서 가격을 자의恣意로 정해 간다면, 그 비즈니스는 간단하다. 돈도 생기고 관권官權은 만능萬能이 된다. 밑천 안 드는 비즈니스가 아니겠는가" 하고 자신의 호주머니를 만져 보이며 짓궂게 웃어버렸다.

이어 크루프 본사를 찾았다. 미국 여행 중인 사장을 대신하여

36세의 패기에 넘치는 부사장이 나를 맞으면서 "당신의 비료공장 계획은 사장이 잘 알고 있으며, 에르하르트 장관의 자세한 지시도 있었다. 급한 용무로 미국 여행 중인 사장은 당신과의 협의에 관한 권한을 모두 나에게 일임했다. 기탄忌憚없이 말해 주기 바란다"고 서글서글하게 말했다.

상담商談에 앞서 부사장은 크루프 사社의 소개부터 했다. 즉, 크루프 재벌은 현現사장의 5대조 알프레트 크루프가 창설한 이래 150년의 역사를 이어왔지만, 제2차 대전 중에 히틀러에게 협력했다는 이유로, 연합군은 크루프 재벌의 전재산을 압수하고 사장을 구속했다. 그때 사장은 태연자약泰然自若하게 정장正裝으로 갈아입고 연행에 응했다고 한다. 연합군은 크루프 산하 각 업체를 분할分割경매競賣에 부치려 했지만 원매자가 나서지를 않았다.

옥중에서 사장은, "경매에서 얻어지는 돈은 전부 우리 회사 노동자들에게 나누어 주기 바란다. 나는 그 돈이 없어도 살 수 있다. 노동자들은 모두 17~18세 때부터 40여 년간 일생을 회사를 위해서 일해 온 사람들이다. 크루프는 나 개인의 소유가 아닌 노동자의 소유나 다름없다"고 호소했었다고 한다.

아데나워 수상은 크루프 사를 해산하면 서독 경제의 부흥에 지장이 있을 뿐만 아니라, 반공反共을 위해서도 경제자유의 원칙에 입각한 경제재건이 긴요하다는 것을 연합국 측에 강조하여, 크루프 해체解體 위기를 간신히 모면謀免했다는 것이었다.

그 후에도 크루프는 숱한 어려움을 겪었지만, 한국동란으로 인한 군수軍需경기로 그룹의 재건이 가능했다. 그러므로 이제는 거꾸로 한국 부흥에 이바지할 수 있다면 기꺼이 힘이 되겠다고 말하였다. 그는 사회의 안정은 경제 부흥을 전제로 하는 것이라고 말하면서, 크루프 사도 그룹 전체의 복구·발전과 더불어, 한때 메이데이 때면 휘날리던 적기赤旗가, 지금은 가족과 함께 나들이를 즐기는 종업원들의 폭스바겐 행렬로 바뀌었다고 덧붙였다.

상담에 들어가 단도직입으로 "연산 35만 톤 규모의 비료공장을 건설하기 위해서 귀사의 차관借款을 얻으러 왔다"고 토로했다. 이에 대하여 부사장은 한마디로 "좋다"고 하면서, "정부의 지급보증支給保證은 시간이 걸리니, 당신이 대주주로 있는 은행의 지급보증만 있으면 충분하다"고 시원스럽게 말했다. 그는 이어 한국의 비료 수급需給사정, 회사의 수익收益전망, 원리금元利金 상환계획 등에 대한 나의 설명을 듣고는, 상세한 것은 견적서가 나오는 대로 다시 협의하자고 했다.

크루프 측의 예상외의 시원스러운 응낙에 솔직히 어리둥절했다. 그래서 그 이유를 물었더니 부사장의 대답은 참으로 이로理路 정연整然했다.

"서독과 한국은 똑같이 민족분단民族分斷의 비운을 겪고 있다. 반공反共의 입장도 같다. 그 반공의 원동력은 경제적 번영에 있다고 믿고 있지만, 서독 한 나라나 선진국 몇 나라의 번영만으로는 자유 진영을 지킬 수 없다. 개발도상의 자유국가들이 함께 번영할 수 있어야 공산 침략을 막을 수 있다. 다행히 서독은 80억 달러가 넘는 외화를 보유하게 되었으므로, 이 중에서 금년은 3억 달러 정도는 개발도상국에 대한 원조援助로 지원할 수 있다. 이미 인도印度에는 차관을 제공했다. 아직 약속대로 상환은 이행되지 않고 있지만 걱정하지 않는다. 언젠가는 상환될 것이다. 은행에 잠재워 두느니 자유우방自由友邦의 경제발전에 이바지할 수 있다면, 이보다 더 의의 있는 일이 또 있겠는가."

깊은 감명을 받지 않을 수 없었다. 한 달 안에 사업계획서를 보내주기로 약속하고, 이 꿈만 같은 상담을 끝냈다.

대사관에 가서 손원일孫元一 대사를 만났다. 그는 "이번 서독 방문은 대성공입니다. 큰일을 하셨습니다. 우리나라 기업도 이제 국제사회에 참여할 수 있는 계기를 마련하셨습니다"라고 하면서, 마치 자신의 일처럼 기뻐했다. 손 대사에게 협조에 대한 인사와 함께 계속적인 조력助力을 부탁하고, 다음 방문지인 이탈리아로 떠났다.

세계의 유명 비료회사 중에서 어느 공장의 시설이 가장 우수한가, 생산원가生産原價 면에서 어느 공장 제품이 가장 저렴한가를 미리 조사했던 기록이 있어서 이탈리아 몬테카티니 재벌 계열의 비료회사를 찾은 것이다. 몬테카티니는 유럽 각처에 화학공장·비료공장·발전소·광산 등 100여 개의 사업체를 거느리는 국제적인 대재벌이다.

그 비료회사의 사장은 나를 만나자, "한국은 아주 아름다운 나라라고 들었습니다. 꼭 한 번 가보고 싶군요" 하며 반겨 주었다.

크루프 사의 경우와 마찬가지로 비료공장의 건설계획을 설명하고 차관을 요청했다. 사장의 대답은 크루프 사와 똑같은 것이었다. "좋습니다. 가급적 빨리 사업계획서·수지예산서收支豫算書·은행의 지급보증서를 보내 주십시오."

그는 이야기를 이렇게 이었다.

"우리 회사는 한국과 오랜 인연이 있습니다. 1930년대에 우리 회사 기술진이 질소室素암모니아 공법을 세계에서 최초로 발명했는데, 당시는 아무도 그 사실을 믿어 주지 않았습니다. 공중에서 질소를 추출한다는 것을 모두 의심했던 것입니다. 그때 일본의 노구치野口라는 사람이 거금 100만 달러를 지불하고 특허를 사서 지은 공장이 지금은 북한에 있지만, 다름 아닌 귀국의 흥남 비료 공장입니다. 이것을 계기로 매수인들이 늘어났습니다. 우리 회사로서는 한국을 결코 잊을 수 없습니다. 이처럼 깊은 인연이 있는 한국의 비료공장건설에 우리는 마땅히 협력해야 합니다."

고국을 떠나기 전에는 이것저것 무척 불안했던 우리나라 최초의 차관借款교섭이 한 군데도 아닌 두 군데서 성공한 것이다. 홀가분한 마음으로 로마 관광을 즐겼다.

책을 통해서만 알았던 수많은 유적을 두루 돌아보면서, 오랜 역사에 이끼가 낀 그 웅장하고 정교한 호화찬란한 르네상스 문화에 압도당하고 말았다. 신라 천 년의 예술이 유연柔軟·우아優雅하다면, 르네상스 예술은 자유분방하고 거침이 없다. 그러나 역사적 유물의 보존이라는 점에서는 경주와 로마의 차이는 컸다. 이런저런 것을 생각하면서 로마 거리를 걸었다.

그러나 한가한 시간은 오래가지 않았다.

한국에서 대규모의 학생데모가 발발勃發했다는 소식이 나를 놀라게 했다. 불안한 마음으로 파리에 가서 정일권丁一權 대사로부터 자세한 전말顚末을 들었다. 유럽으로 떠날 때에 이미 국내에서는 심상치 않은 분위기가 감돌고 있었지만, 사태가 이토록 급전急轉할 줄은 상상조차 못했었다.

불과 몇 달 전에 비료공장을 직접 재가했던 이 대통령이 하야下野했다는 사실은 거짓말만 같았다. 제행무상諸行無常의 감회感懷뿐이었다. 그러나 이 대통령의 하야로 유혈流血을 막을 수 있었다는 것은 불행 중의 다행이었다.

모처럼 차관의 약속을 얻어 건설의 실마리가 풀린 비료공장 계획이 수포水泡로 돌아가지나 않을까 그지없이 염려되었다. 사회혼란 속에서는 경제안정을 기대할 수 없다. 혼란이 단기간에 수습되기만을 간절히 기원했다.

바로 귀국할까 하다가 당초 예정대로 미국으로 건너갔다. 미국에서의 차관 교섭이 남아 있었다.

워싱턴에서는 양유찬梁裕燦 대사의 주선으로 국무성과 상무성의 당국자와 세계은행世界銀行의 부총재 등을 만났다. 그러나 반응은 냉담했다. 세계은행 부총재는 "한국의 차관 신청은 당신이 처음이다. 참으로 반갑다"고 반겼다. 그러나 그는 한국은 지금 4·19로 혼란을 겪고 있으며, 자원이 없어 상환償還능력도 의심스럽다고 잘라 말했다.

정치적 혼란이 대출을 꺼리는 이유가 되는 것은 짐작이 가지만, 자원이 없는 것이 능력을 의심받는 구실이 되는 것은 납득이 가지 않았다. 자원 없는 나라의 경제개발을 돕는 일이 세계은행의 본분本分이 아니냐고 엄중히 항의하였다. 당시 세계은행에는 인도인 직원이 많았으며 인도와 파키스탄에는 벌써 4억 달러가 넘는 편중偏重 대출이 있었으므로 인도만을 위한 세계은행이냐고 이 점도 함께 지적하였다.

이때의 항의는 그 기록이 세계은행에 그대로 남아 있어, 후일 전주제지全州製紙의 차관도입 때 많은 도움을 받은 일이 있다.

체미滯美 중에 이 박사가 하와이에 은거隱居하고 있다는 소식을 들었다. 귀국길에 하와이에 들러 비료공장의 차관교섭에 관하여 그 경과를 보고할까 생각하였다. 계획에 진척進陟이 있는 것을 알면 기뻐해 주리라는 생각에서였다. 그러나 공연히 충격을 주어 건강을 해치게 될지도 모른다는 주위 사람들의 만류가 있어 그냥 도쿄로 직행했다.

도쿄에서 듣는 한국 정세는 혼란이 점점 심화되고 있다는 것이었다. 간신히 활기를 보이기 시작했던 한국경제가 또다시 침체의 늪으로 빠져 들어버린다고 생각하니 울적하기만 했다.

도쿄에 체류하면서 별로 할 일도 없이 골프만 자주 치게 되니, 핸디는 17에서 10으로 올라갔다. 고국의 사정을 외면한 채 골프 삼매三昧라니…, 하는 말을 들을지 모르지만 결코 단순한 놀이는 아니었다. 정政·재財·관官·문화 등 각계의 일본인 지도층과 폭넓게 교환交歡하여, 깊은 친교를 맺게 된 것도 바로 이때였다.

그때 친교를 나누었던 많은 분들 중에서 도코 도시오土光敏夫 경단련經團連 명예회장·이나야마 요시히로稻山嘉寬 경단련 회장·안도 도요로쿠安藤豊祿 오노다小野田시멘트 상담역·고토 노보루五島昇 일본상의商議 회두會頭·신토 히사시眞藤恒 일본 전신전화공사 사장 등은 지금도 계속 각계에서 활약 중이며, 이시자카 다이조石坂泰三 전 경단련 회장·우에무라 우마고로植村午五郎 전 경단련 회장·나가노 시게오永野重雄 전 일본상의 회두·이마사토 히로키今里廣記 전 일본정공 사장 등은 이미 작고作故했다.

이때 일본 재계의 중진들과 교유交遊하면서 깊은 감명을 받았다. 그들은 한결같이 의리義理를 존중하고, 소아小我보다는 대아大我를, 사私보다는 공公을 늘 염두에 두고 있었다. 일본인의 단결력團結力이나 근면성실勤勉誠實도 그러한 대의를 소중히 하는 애국적인 마음가짐에서 비롯되는 것일 것이다.

전후戰後 일본의 재기再起는 한국동란 때의 군수품 생산이 계기가 되었다고는 하지만, 일본인의 그런 애국애족愛國愛族의 정신자세가 밑거름이 된 것만은 부인할 수 없는 사실이다. 정치적으로는 요시다 시게루吉田茂와 같은 그릇이 큰 정치인이 안정을 도모했고, 경제적으로는 이시자카 다이조, 도코 도시오, 이나야마 요시히로와 같은 애국적 기업인들이 그 번영의 기반을 닦는 데 많이 기여했다.

일본만 해도 기업인들은 사회적으로 깊은 존경과 신뢰를 국민들로부터 받고 있으므로, 이런 기풍氣風 속에서 기업경영의 전통이 이어지고, 경제의 성장과 발전이 더욱 다져지는 것이다. '전후 일본을 부흥시킨 것은 재계 100인의 힘이었다'고 기업가들에게 찬사를 아끼지 않는 것도 그 때문이다.

물론 우리민족도 부지런하고 강인하고 창의적인 면에서는 어느 민족 못지않다. 요즘 의리義理라는 것이 덕목으로 부상浮上하고, 단결력·사회봉사의 기풍이 사회의 여기저기서 싹트기 시작한 것은 반가운 일이다.

제4장
120%의 세제稅制

언제까지 이국異國에 머물 수도 없어 총선거 전일前日인 7월 26일 귀국하였다.

서울에 돌아와서 직접 접한 우리 사회의 혼란상混亂相은 형언形言을 절絶하는 것이었다. 데모로 해가 뜨고 데모로 해가 지는 나날이 계속되었다. 세상은 온통 데모병病에 걸려 사회질서를 지키는 파수꾼인 경찰관마저 데모에 나서는 판국이었다.

일부 정치인과 학생들이 판문점板門店에서 남북 대좌對坐를 하자고 들고 나오고, 이에 동조하거나 이를 방조하는 정치세력이 점차 정계 일각에서 대두하기 시작했다. 그러나 정부는 갈피를 못 잡고 우왕좌왕右往左往할 뿐이었다.

이러한 상황에서 정상적인 경제활동이 이루어질 리 없다. 사회 혼란의 근인根因은 빈곤에 있는데 경제활동의 마비로 그 빈곤이 더욱 심화되고, 그것은 사회불안을 더욱 확대시켜 간다. 이렇게 사태의 인과因果를 생각하는 나로서는 좌불안석坐不安席의 하루하루였다. 새로 사업을 구상한다는 것은 엄두도 낼 수 없는 실정이었다.

그러한 가운데 삼성 산하의 15개 전全기업체가 모두 탈세脫稅 혐의로 조사받게 되었다.

검찰에 출두했다. 물론 평생 처음이다. 부장검사실에 들어섰더니 젊은 검사와 서기 등 10여 명이 호기심에서인지 한자리에 모여 있었다.

부장검사의 신문訊問이 시작되었다.

먼저 "그동안 탈세로 모은 재산이 얼마나 되느냐?"고 물었다. "아직 자세히 계산해 보지를 못했다"고 대답했다. 솔직한 대답이었지만 듣기에 따라서는 이상했는지 모른다.

부장검사는 말을 바꾸어 이번에는 "왜 탈세를 했느냐?"고 물었다.

나는 평소의 소견을 다음과 같이 털어 놓았다.

"아직도 전시재정戰時財政을 위해 세수稅收의 증대만을 꾀했던 1950년대의 세제稅制가 그대로 답습되고 있다. 법인세·사업소득세·물품세 등 그 세법稅法체계 자체에 기본적인 모순이 있는데, 영업세나 부과附課 제세까지 부가되므로 그것을 전부 합치면 결국 세율稅率이 수익의 120%에 이르게 된다. 이 모순을 정부도 알고 있었기에 세법개정안이 국회에 제출되었던 것으로 안다. 많은 기업이 탈세했다고 하지만 근원적인 문제는 다른 데 있다. 기업을 존속시키는 것이 국가를 위하는 일이라는 것은 누구나 인정하는 사실이다. 불합리한 세제는 덮어 두고 그에 희생되었던 기업만 부정축재不正蓄財로 몰아 단죄斷罪하는 것은 사리에 어긋난다. 처벌에 앞서 세제稅制를 개정하는 것이 일의 순서일 줄 안다."

잇달아 부장검사는 탈세한다는 것을 사장도 알고 있었느냐고 물었다. 사장 모르게 어떻게 임직원들이 임의로 탈세 같은 것을 할 수 있겠는가고 말했다. 검사의 어조가 다소 누그러지면서 "많은 삼성사원들을 조사했는데, 그들은 모두 한결같이 자기 생각에서 한 일이므로 책임은 전적으로 자기에게 있다고 서로 물러서지를 않으니, 훈련이 잘된 회사라고밖에 할 말이 없군요"하고 비꼬는 듯했다.

그러면서 부장검사는 밖에서 대기하던 삼성 간부들을 불러들였다. 대질신문對質訊問을 한다고 했다. 그러나 사원들은 한결같이 자기 책임이라고 끝까지 서로 우기는 것이었다. 검사도 어이가 없었는지 결국은 웃고 말았다.

부정축재 문제는 이미 정치문제화되고 있었으므로, 기소起訴되면 유죄 선고를 받을 수도 있는 상황이었다. 그럼에도 불구하고 사원들은 스스로 죄를 뒤집어쓰려고 했던 것이다.

애사심愛社心에서는 결코 남에게 뒤지지 않는 삼성의 사원들이다. 그러나 그들은 삼성의 사원이기 전에 한국의 국민이고, 한국민으로서의 자각과 책임감도 남 못지않게 왕성했을 것이다. 사원들의 신념과 용기 있는 처신에 깊은 감명感銘을 받았다.

9월에 들어 50여 개 사에 대하여 벌금이 아닌 추징금 200억 환의 통고처분이 있었다. 삼성 관계만도 6개 업체, 50여억 환의 추징금 통고가 있었다.

삼성 간부들은 일당一堂에 모여서 다음과 같은 상의를 하였다. "정부의 요구에 무리가 있더라도 따르도록 하자. 해방 후 오늘에 이르기까지 매점매석買占賣惜·귀속재산歸屬財産 불하拂下·정치권력과의 결탁 등으로 졸부猝富가 된 사람도 있고, 은행 돈으로 손쉽게 사업가가 되어 기업은 파산 직전에 있으면서도 애국적인 기업가企業家연然하는 사람도 있지만, 우리는 그런 횡재橫財기업과는 달리 경제성과 경쟁력을 근간으로 하여 기업을 일으키고 운영하여 왔다. 지금과 같은 혼란 속에서 쉽게 동요함으로써, 우리가 지켜온 큰 것까지 잃게 된다면 국가를 위하는 길이 아니다."

허정許政 임시정부가 민주당 정권으로 바뀐 후에도 사회의 혼란은 여전히 계속되었다. 본시 정치에 깊이 관여할 생각은 없었지만, 경제활동의 위축을 좌시할 수 없어 민주당의 유력 정치인들을 붙들고는 정치가로서의 책임을 묻고, 강력한 정책을 수행하도록 건의도 해보았다. 그러나 사태는 조금도 달라지지 않았다.

심지어는 나의 면회 신청에 "부정축재자不正蓄財者와는 대면하지 못하겠다"는 장관도 있었다.

김영선金永善 재무부 장관은 임명장을 받은 그날 저녁 돌연히 사저私邸로 찾아왔다. 김 장관은 사회의 혼란과 경제의 침체를 이대로 방치하면 국가 장래가 큰일이라면서, 경제 면에서 삼성의 적극적인 협력을 바란다는 부탁을 했다.

김 장관은 서독과 이탈리아에서 비료공장의 차관 교섭이 성사된 것을 알고 있었다. 이야기가 여기에 미쳤을 때 "이 사업은 국가적 차원에서 중요한 것이므로 누가 하든지 반드시 완성시켜야 한다"고 강조했다. 그러나 현재의 사회 분위기에서는 내 자신이 공장건설의 책임을 맡을 수는 없다는 의사도 밝혔다.

김 장관은 비료공장 계획은 자기도 절대 찬성하는 것은 물론이고 구체적인 문제는 다시 의논하자고 했다. 얼마 후 다시 만난 자리에서 김 장관은, "아무리 생각해 보아도 그만한 일을 할 사람은 삼성밖에 없다. 이 사장의 심중은 짐작하고도 남음이 있지만 기업은 아무나 하는 것이 아니다. 국가를 위한다는 높은 견지에서 모든 것을 참고 맡아 주기 바란다"고 간청하는 것이었다.

"현재 부정축재자의 낙인이 찍힌 몸이다. 아무리 나라를 위해서라지만 그런 공장을 세울 재력도 없고 기력도 없다"고 사양했다.

"부정축재 문제는 재무장관의 자리를 걸고 3개월 이내에 기필코 해결할 터이니, 그때까지만 참고 꼭…."

김 장관은 거듭 간청했다. 그는 지금은 무엇보다도 민생고民生苦를 해결하기 위한 경제활동의 정상화가 가장 시급한 국면인데, 그걸 인식하지 못하고 엉뚱한 일에 정신을 파는 사람이 많아 걱정이라고 고충苦衷을 털어 놓기도 했다. 대부분의 정부 요인들이 정치문제에 급급한 나머지 경제활동의 중요성을 미처 인식 못하고 있는 터에, 유독 비료공장 문제 등 경제에 특별한 관심을 쏟는 김 장관의 식견識見에 감명을 받았다.

그러나 부정축재 문제는 김 장관의 의도와는 달리, 3개월이 지나도 아무런 결말이 나지 않았다. 국회를 포함하여 당국자들은 경제인을 책망責望만 했지 경제문제를 해결하는 방향으로 경제인의 힘을 유도하는 일에는 전혀 관심이 없었다.

평소 가까이 지냈던 어느 재계 출신 의원이 재무부 등 관계당국을 찾아다니면서 일벌백계一罰百戒로 삼성만을 엄단嚴斷해야 한다고 주장했다는 말을 듣고 아연실색啞然失色했던 것도 이 무렵의 일이었다. 이처럼 신의와 의리가 없고 시비是非분별을 모르는 지도자의 수가 적지 않으니, 나라의 장래를 염려하지 않을 수 없었다.

비료공장 관계의 서류 일체를 김영선 장관에게 넘겨주었다. 이 계획이 잠자게 되면 국가 장래의 큰 손실이므로, 충분히 검토하여 나 아닌 다른 적임자를 찾아 추진시켜 주기 바란다는 뜻도 아울러 전했다.

나중에 드러난 일이지만 이 서류는 행방불명이 되고 말았다. 결국 비료공장 계획은 결말을 보지 못하고 말았던 것이다.

세상 돌아가는 양상이 안타깝고 한국경제의 장래가 염려되어 하루하루가 그지없이 우울했다. 여행이나 하려고 여권을 신청했더니 부정축재자에게는 교부할 수 없다는 것이었다.

어느 날 김 장관을 만나 무슨 죄인이라고 해외여행까지 막느냐고 했더니, 금시초문今時初聞이라고 하면서 여권교부를 주선해 주었다.

도쿄로 가는 비행기 창 너머로 황량한 조국의 산하를 침통한 심정으로 내려다보았다. 절망은 어리석은 자의 결론이라고 한다. 또는 죽도록 슬픈 마음도 또 다른 슬픔으로 다스릴 수 있다고도 한다. 마음속 깊은 곳에 비탄悲嘆을 지그시 억누르고 있을 뿐이었다.

"가노라 삼각산아, 다시 보자 한강수야.
고국산천을 떠나고자 하랴마는
시절이 하 수상하니 올동말동하여라."

병자호란 때 서울을 떠나면서 청음淸陰 김상헌金尙憲이 읊은 시조가 문득 떠올랐다.

제5장
5·16 혁명 최고회의에 서한書翰

도쿄에서는 데이코쿠 호텔 방에서 두문불출杜門不出하다시피 하였다. 친지들의 권유에 못 이겨 고작 골프장에 나가는 것이 유일한 외출이었다.

그날 1961년 5월 16일 아침 7시경, 모처럼 이른 아침 골프를 즐기려고 호텔 현관에서 차에 올랐더니 일본인 구와바라桑原 운전기사가 말했다.

"한국에서 군사혁명이 일어났다는 뉴스를 들으셨습니까?"

동승했던 친지가 골프를 중지하자고 했지만, 그럴 필요는 없다고 차를 몰게 했다. 사회의 변혁이 있더라도 미군이 주둔하고 있는 한 적화赤化의 우려는 없을 것이다. 혁명이 일어남으로써 도리어 정국이 안정될지 모른다. 그러나 한편으로는 착잡한 심정을 가눌 길이 없었다.

혁명의 주체세력은, 그리고 우리나라가 나갈 길은, 하고 그지없는 생각에 잠기면서, 민주주의가 정상적으로 발전하지 못하고, 정치적인 격변激變을 되풀이해야 하는 조국의 운명이 서글펐다.

서울 발신의 뉴스에 의하면 '반공反共을 국시國是로 한다'는 혁명공약革命公約이 있어 우선 안도는 했다. 그러나 군사혁명이라는 비상수단에 의한 변혁에는 반드시 큰 사회적 진통陣痛이 수반될 것이고, 부정축재 처리의 후유증을 간신히 탈피하려던 기업활동이 다시금 타격을 입게 될 것이 염려스러웠다.

2~3일 후 군사혁명의 윤곽이 대체로 밝혀지고, 유혈 없이 전국의 치안이 회복되었다는 것이 알려졌다. 무엇보다도 혼란과 무질서가 조속히 바로잡혀, 모든 사람이 안심하고 생업生業에 종사하게 되기를 기원하였다.

인간사人間事의 화복禍福은 무상無常하다고 하지만, 우리 민족의 운명은 또 한 번 크게 요동했다. 민주당 정권의 정치력政治力 부족은 결국 사회의 동요動搖를 다스리는 데 실패했다.

5월 29일에는 경제인 11명이 부정축재 혐의로 구속되었다는 신문보도가 있었다. 그리고 그중의 한 사람이 "부정축재의 1호는 도쿄에 있는데, 우리들 조무래기만 체포하는 것은 불공평하다"고 옥중獄中에서 불평했다는 말이 전해졌다.

빈곤 때문에 사회혼란이 야기되고 있다. 그 빈곤 추방의 앞장을 서야 할 경제인들을 차제에 잘 활용해야 할 터인데, 근본적인 해결책은 등한시等閑視하고 무슨 목적으로 구속한 것일까.

6월 4일이었던가, 재일거류민 단장인 권일權逸 씨가 찾아와서, 귀국을 재촉해 달라는 국가재건최고회의國家再建最高會議 당국의 말을 전하면서 귀국을 권했다. 며칠 후에는 다시 혁명정부가 파견했다는 청년 2명이 호텔에 나타나더니, 즉시 귀국하는 편이 신상에 이로울 것이라는 협박이나 다름없는 말을 남겨놓고 사라졌다.

열흘이 지난 6월 13일 이번에는 '마루노우치丸ノ内' 서署의 경부警部 두 사람이 찾아왔다. 신변보호身邊保護 때문이라고 했다. "당신들은 한국인을 나에 대한 가해자로 가상하는 것 같지만, 그런 일이 있을 리 없다. 또한 만일 그런 일이 있다 하더라도 일본 경찰에 책임은 없다"고 거절하였다. 그러나 경시청警視廳의 명령이라고 하면서 형사를 배치해 놓고 떠나갔다.

그날 저녁 때마침 박준규朴浚圭 군이 호텔로 찾아왔다. 민주당 의원으로 해외여행 중 5·16을 만나 귀로歸路에 도쿄에 와 있다고 했다. 일본 경찰의 달갑지 않은 보호도 피할 겸, 그와 함께 어디 멀리 온천溫泉에나 가자고, 도쿄에서 차로 6시간 거리에 있는 깊은 산속의 시모베下部라는 온천으로 갔다.

그러나 이튿날 일본인 형사가 우리 뒤를 따라와서 우리를 감시한다는 것을 여관 주인이 귀띔해 주었다. 또다시 하코네箱根로 차를 몰아 나라야奈良屋 호텔에 투숙했으나, 거기에도 어느새 형사들이 와 있었다.

하코네에서 삼성 도쿄지사에 연락을 했더니, 본국에서는 내가 귀국하지 않아 모든 일이 수습이 안 되므로 구속된 경제인들도 내 귀국을 바라고 있다는 것이었다.

귀국에 앞서 나의 솔직한 소신을 피력해 두고자, 국가재건최고회의의 이주일李周一 장군 앞으로 서한書翰을 보냈다. 우선 조국의 적화赤化를 방지하고 국민의 생명과 재산 보호에 진력하는 혁명정부革命政府에 사의謝意를 표하고, 이어 부정축재자 처벌에 대한 의견을 대략 다음과 같이 밝혔다.

"부정축재자를 처벌한다는 혁명정부 방침 그 자체에는 이의가 없다. 그러나 백해무익百害無益한 악덕惡德기업인들과 변칙적이고 불합리한 세제稅制하에서도 국가경제 재건에 기여하면서 국민에게 일자리를 주어 생활을 안정시키고 세금稅金을 납부하여 국가 운영을 뒷받침해 온 기업인들과는 엄격히 구별되어야 한다고 생각한다.

염려하는 바는 오직 오늘날의 혼란의 근인根因은 국민의 빈곤貧困에 있는데 그것을 어떻게 하면 제거하느냐 하는 의문에 대해 달리 대안代案이 없다는 것이다. 경제의 안정 없이 빈곤을 추방할 수는 없다. 경제인을 처벌하여 경제활동이 위축된다면, 빈곤 추방이라는 소기의 목적에 오히려 역행하는 결과가 되고 말 것이다. 이것은 나를 비롯한 많은 기업인들의 처벌을 모면하기 위한 궤변詭辯이 결코 아니다. 나는 전재산을 헌납獻納하는 한이 있더라도, 그것이 국민의 빈곤을 해결하는 방법이 된다면 다행이라고 생각하는 바다."

이 서한이 6월 11일 한국 신문에 공표되자, 그 진의眞意 여부를 확인하려고 일본의 각 보도기관 기자 수십 명이 번갈아 찾아왔다.

6월 24일 오전 10시 데이코쿠 호텔에서 AP, UPI 등의 기자들과 회견會見했다. "타의他意 아닌 본의本意에서 나온 일이다. 빈곤 제거를 위해서 전재산을 국가에 헌납할 용의가 있다. 귀국하는 대로 이에 필요한 절차를 밟고 정부의 조치를 기다리겠다"고 밝혔다.

기자들은 혹시 강요된 것은 아니냐 하고 신랄하게 질문을 해 왔지만, 나 자신의 숨김없는 본심本心임을 분명히 했다. 이 내용이 한국 통신에 보도되고, 그것이 다시 일본으로 돌아와서 그날 밤 안으로 일본 신문에 그대로 전재轉載되었다.

나의 기자회견을 알고 주일대사 류태하柳泰夏 씨가 전화를 걸어왔다. 류 씨도 군사혁명으로 미묘한 처지에 놓이게 된 사람이었다. 수화기에서 흘러나오는 그의 목소리에는 석별惜別의 정情이 어려 있었다.

"나는 귀국하지만 당신은 좀더 기다려 보는 것이 좋을 듯하다"고 담담하게 말했다. 나로서는 다른 말이 얼른 생각나지 않았다.

6월 26일 귀국하기로 했다. 박준규 군과 지방출신의 서徐모라는 국회의원도 같은 비행기였다. 기내에서 한담閑談으로 귀국하면 구속拘束당할지 어떨지 한번 점쳐 보라고 박 군에게 농弄을 했다.

"한국 제일의 재산가財産家이시니 구속은 당연하겠지요"라는 것이 박 군의 대답이었다. 그러나 옆자리의 서 의원은 "혁명정부는 경제제일주의經濟第一主義를 공약했는데, 이 사장을 구속하면 누가 경제 재건을 한다는 말입니까. 이 사장께서 하실 일이 오히려 많아질 것입니다"라고 말했다.

비행기가 연착되어 김포공항에 도착한 것은 한밤중이었다. 칠흑 같은 밤하늘에는 구성진 여름비가 억수같이 쏟아지고 있을 뿐, 지상地上은 너무도 고요했다.

기체가 정지하자 한 청년이 트랩을 뛰어 올라왔다. 내 이름을 부르더니 먼저 내리게 하였다. 대기시켜 놓은 지프차에 올랐다.

차는 급속력急速力으로 형무소刑務所 방면이 아닌 신세계백화점 쪽으로 달려갔다. 구속된 경제인은 대개 서대문 형무소나 혹은 육군 형무소(마포 형무소인 줄 나중에 알았지만)에 수용된 것으로 알고 있었으므로, 어디로 가느냐고 물었다.

그 청년은 엉뚱하게도 자기도 아는 바 없다고 대답했다. 부정축재자 제 1호인 나는 특별히 격리隔離수용收容한단 말인가….

다다른 곳은 명동의 메트로 호텔이었다. 군인이 삼엄하게 경계하고 있었다. 2층에 올라가니 거기에도 헌병이 있었다. 방에 들어서자 "집에 연락할 일은 없느냐?"고 그 청년이 물었다.

"전화를 하고 싶다"고 했더니 수화기를 갖다 주었다. "지금 돌아와 무사하니 걱정하지 말라"고만 알렸다. 몇 달 만에 전화로나마 가족의 목소리를 들으니 무척 반가웠다.

다음날 저녁 무렵 부정축재처리위원장을 겸하고 있는 국가재건최고회의의 이주일 장군과 경제기획원 장관이 올 테니 기다리라고 했다. 기다렸으나 끝내 오지 않았다.

이튿날 27일, 박정희朴正熙 최고회의 부의장을 만나야 하므로 대기하라고 그 청년이 전하더니 곧 그 청년이 데리러 왔다.

지프를 타고 간 곳은 후에 원호처 청사가 된 참의원參議院 자리였다. 비서실(실장은 박태준朴泰俊 현 포항종합제철 회장)을 거쳐 안내된 100여 평이 되어 보이는 넓은 방에 들어서자, 군인 몇 사람과 함께 강직한 인상의 검은 안경을 쓴 사람이 저쪽에서 걸어 왔다. 검은 안경의 박정희 부의장을 금방 알아볼 수 있었다.

제6장

박정희 부의장과의 첫 대면

방안에는 자못 삼엄森嚴한 분위기가 감돌고 있었다.

박정희 최고회의 부의장의 첫인상은 아주 강직剛直해 보였다. 지도자指導者로서의 덕망德望은 어떨까 하고 지대한 관심을 가지고 있는데, 검은 안경의 박 부의장은 "언제 돌아오셨습니까. 고생은 되지 않았습니까?"라고 안부 인사부터 하는 것이었다.

의외로 너무나 부드러운 음성에 안도감安堵感을 느꼈다.

이어 박 부의장은 부정축재자 11명의 처벌문제에 대한 나의 의견을 물었다. 부정축재 제1호로 지목되고 있는 나로서는 어디서부터 말문을 열 것인가, 한동안 침묵이 흘렀다.

박 부의장은 "어떤 이야기를 해도 좋으니 기탄忌憚없이 말해달라"고 재촉했다. 어느 정도 마음이 가라앉았다. 소신을 솔직하게 말하기로 했다.

"부정축재자로 지칭되는 기업인에게는 사실 아무 죄도 없다고 생각합니다."

박 부의장은 뜻밖인 듯 일순一瞬 표정이 굳어지는 것 같았다.

그러나 계속했다.

"나의 경우만 하더라도 탈세脫稅했다고 부정축재자로 지목되어 있습니다. 그러나 현행 세법稅法은 수익을 훨씬 넘는 세금을 징수할 수 있도록 규정된 전시戰時비상사태非常事態하의 세제稅制 그대로입니다. 이런 세법하에서 세율稅率 그대로 세금을 납부한 기업은 아마 도산倒産을 면치 못했을 것입니다. 만일 도산을 모면한 기업이 있다면 그것은 기적입니다."

박 부의장은 가끔 고개를 끄덕이며 납득하는 태도를 보여주었다.

"액수로 보아 1위에서 11위 안에 드는 사람만이 지금 부정축재자로 구속되어 있지만, 12위 이하의 기업인도 수천, 수만 명 있습니다. 사실은 그 사람들도 똑같은 조건하에서 기업을 운영했습니다. 그들도 모두 11위 이내에 들려고 했으나 역량이나 노력이 부족했거나 혹은 기회가 없어 11위 이내에 들지 못했을 뿐 결코 사양한 것은 아닐 것입니다. 따라서 어떤 선을 그어서 죄罪의 유무有無를 가려서는 안 될 줄 압니다. 사업가라면 누구나 이윤을 올려 기업을 확장하려고 노력할 것입니다. 말하자면 기업을 잘 운영하여 그것을 키워온 사람은 누구나 부정축재자로 처벌대상이 되고, 원조 달러나 은행 융자를 배정받아서 그것을 낭비한 사람에게는 죄가 없다고 한다면, 기업의 자유경쟁이라는 자유경제自由經濟 원칙에도 어긋납니다. 부정축재자 처벌에 어떠한 정치적 의미가 있는지는 알 길이 없지만, 어디까지나 기업을 경영하는 사람의 처지에서 말씀드렸을 뿐입니다."

박 부의장은 그렇다면 어떻게 했으면 좋겠느냐고 물었다. 나는 이렇게 대답했다.

"기업하는 사람의 본분은 많은 사업을 일으켜 많은 사람들에게 일자리를 제공하면서 그 생계生計를 보장해 주는 한편, 세금을 납부하여 그 예산으로 국토방위는 물론이고 정부 운영, 국민교육, 도로·항만 시설 등 국가운영을 뒷받침하는 데 있다고 생각합니다. 이른바 부정축재자를 처벌한다면 그 결과는 경제 위축萎縮으로 나타날 것이며, 이렇게 되면 당장 세수稅收가 줄어 국가운영이 타격을 받을 것입니다. 오히려 경제인들에게 경제건설의 일익을 담당하게 하는 것이 국가에 이익이 될 줄 압니다."

박 부의장은 내 말을 감동 깊게 듣는 것 같았으나, 그렇게 되면 국민들이 납득納得하지 않을 것이라고 했다. 그러나 나는 국가의 대본大本에 필요하다면 국민을 납득시키는 것이 바로 정치政治가 아니겠느냐고 말하였다.

한동안 실내는 침묵에 빠져 있었다.

잠시 후 미소를 띤 박 부의장은 다시 한 번 만날 기회를 줄 수 없겠느냐고 하면서 거처를 물었다. 메트로 호텔에서 연금軟禁 상태에 있다고 했더니 자못 놀라는 기색이었다. 그 청년에게 까닭을 물었다.

이튿날 아침 그 청년이 찾아와서 이제 집으로 돌아가도 좋다고 했다. 다른 경제인들도 전원 석방釋放되었느냐고 물었더니 아직 그대로라는 것이었다. "그들은 모두 나와 친한 사람들일 뿐 아니라, 부정축재자 제 1호인 나만 호텔에 있다가 먼저 나가면 후일에 그 동지들을 무슨 면목으로 대하겠느냐, 나도 그들과 함께 나가겠다"고 거절했다.

다음날인 29일 아침, 그 청년이 다시 찾아와서 전원 석방되었다고 하면서, 그래도 귀가歸家하지 않겠느냐고 물었다. 그렇다면 왜 여기 있겠느냐고 홀가분한 마음으로 귀가했다.

그 후 안 사실이지만 나를 안내했던 그 청년은 당시의 중앙정보부 서울분실장이었던 이병희李秉禧 씨였다. 이병희 씨는 후에 국회의원과 무임소 장관을 지냈다.

귀가한 후 계속 부정축재不正蓄財 문제로 여러 기관에서 번갈아 가며 조사차 집에 찾아왔다. 어쩔 수 없이 조사에 응해야 했고, 똑같은 설명을 몇 번이고 반복해야 했으므로 지칠 대로 지쳤다. 조사를 일원화시켜 주든지 아예 호텔에 다시 감금해 달라고, 묘한 인연으로 알게 된 이병희 씨에게 말했다. 헌병이 파견되고, 조사는 사전허가를 받도록 단속하게 되어, 가까스로 조사 공세攻勢를 모면했다.

그 후 얼마 안 된 8월 12일, 혁명정부는 부정축재에 대한 추징 벌과금罰科金을 기업주企業主별로 통고하였다. 27개 기업주에게 378억 8백만 환이 부과되었는데, 삼성은 103억 4백만 환으로 전체의 27%를 차지하였다.

  부정축재 문제가 일단 매듭이 지어졌으므로 홀가분하기는 했다. 그러나 새로 제정된 특별법特別法을 적용한다 하더라도, 타인의 재산이 나의 것으로 혼동된 부분 등이 있어 재조정再調整을 청구했다.

  그 무렵 부정축재 조사과정에서의 부정 혐의로 조사관까지 체포되고 관련 경제인들도 구속되는 사건이 있었다. 사회분위기가 어수선하여 경제인들은 차분히 일을 할 수가 없었다.

  뒤에 안 일이지만 혁명정부는 이미 시정施政 기본방침을 '1면 건설, 1면 국방'에 두고, 특히 경제발전에 주력하기로 결정하고 있었다. 그렇기 때문에 경제인을 처벌하는 데 따르는 마이너스 면面도 충분히 인식하고 있었다는 것이다. 그러나 이 문제는 너무나 정치문제화가 되어 있었기 때문에, 다소 과중한 조치라는 것을 알면서도 부득이 단행하지 않을 수 없었다고 한다.

  박 의장을 두 번째로 만나, 경제인들에게 벌금罰金 대신 공장을 건설케 하여 그 주식株式을 정부에 납부케 하는 방안을 제의했다. 그렇게 하면 납부하는 사람에게는 시간 여유가 생기고, 정부는 그때 가서 과연 국가에 해를 끼쳤는가, 국가에 이바지했는가를 다시 평가할 기회를 가질 수 있을 것이라고 이유를 덧붙였다.

  박 의장은 그러면 국민들이 납득하지 않을 것이라고 전날과 같은 말을 했다. 그러나 필요한 경우에는 국민을 납득시키는 것이 바로 정치일뿐더러, 경제인을 유효적절하게 활용하여야만 경제건설經濟建設은 가능하다고 나는 거듭 강조하였다.

이때에는 국가재건최고회의 의장인 장도영張都暎 씨는 구속되고 박 부의장이 의장이 되어 있었다.

나의 제안提案은 최고회의의 의결을 거쳐 투자명령投資命令이라는 법령으로 실현되었다. 이 투자명령에 따라 경제인들은 기간基幹산업 공장을 짓기 시작했다. 한국경제의 장래에 대해 한 가닥 안도와 희망을 갖게 되었다.

제5편

우리가 잘 사는 길

제1장 경제인협회 초대 회장으로
제2장 울산공업단지의 조성
제3장 통화개혁과 삼분파동
제4장 〈우리가 잘 사는 길〉 기고
제5장 비료공장건설을 재추진
제6장 유솜과 일본업계의 반대
제7장 미쓰이물산과 차관교섭
제8장 한일회담의 이면 지원
제9장 세계최대의 단일 비료공장
제10장 정치기류에 휘말린 '한비사건'

제1장

경제인협회 초대 회장으로

나는 오늘까지 생애에서 단 한 번 공직公職을 맡은 일이 있다. 지금의 전국경제인연합회全國經濟人聯合會의 전신인 한국경제인협회韓國經濟人協會의 초대 회장이 그것이다.

4·19 이후 계속된 혼란으로 경제활동은 위축되고, 물가고物價高와 실업문제가 심각하였다. 그 위에 농산물의 흉작까지 겹쳐 쌀 파동마저 일어났다. 이렇게 중첩된 경제문제의 타개를 위해서는 정부와 경제계의 협력이 절실하게 요청되었다. 정부와 경제계, 그리고 경제계 내부의 의견조정調整 기관으로 정부는 한국경제인협회의 창립을 추진했고, 그 초대 회장 취임을 요청하였다. 거듭 사양했으나 1961년 8월 16일의 창립총회에서 초대 회장으로 선임되었다.

경제인협회의 정관定款은 "경제인 및 경제 각 부문 간의 연결을 도모하며, 주요 산업의 개발과 국제 경제교류를 촉진함으로써, 건전한 한국경제의 발전에 기여함을 목적으로 한다"라고 규정하고 있다.

전경련(全經聯) 주최 최고경영자연수회에서 강연(1980년 7월 4일)

경제인협회는 1962년을 그 착수연도로 하는 혁명정부의 제1차 경제개발계획 經濟開發計劃에 대응하기 위한 경제인의 조직체로서, 경제계의 대對정부 창구窓口역할을 담당하였다.

창립회원은 부정축재로 구속되었던 다음의 12명이었다. 부회장에 선출된 조성철趙性喆 중앙산업 사장, 남궁련南宮鍊 해운공사 사장을 비롯하여 이정림李庭林·설경동薛卿東·박흥식朴興植·홍재선洪在善·최태섭崔泰涉·이한원李漢垣·정재호鄭載護·김지태金智泰·이양구李洋球·함창희咸昌熙 씨 등이었다.

창립 후 곧 송대순宋大淳·박선기朴善琪·김종희金鍾喜·구인회具

1980년 7월 4일 전국경제인연합회가 주최한 제 1기 최고경영자과정에서 저자가 경영철학을 밝히고 있다.

仁會·우창형禹昌亨·서정익徐廷翼·김용성金龍成 씨 등 7명을 추가하여 회원은 20명이 되었으며, 그해 11월에는 다시 20여 명을 더 영입하여 총 40명으로, 명실겸전名實兼全한 우리나라 유력경제인의 총결집체가 되었다.

협회장으로서 우선 혁명정부 요인과 경제인들과의 상호 이해理解를 도모하면서, 이해利害나 의견의 조정에 주력했다. 혁명정부는 경제재건에 대한 의욕이 앞선 나머지 때로는 조급하고 무리한 점이 없지 않았다. 경제인의 안목眼目에서 현실적이고 합리적이며 또한 효과적인 방안을 그때그때 건의하여 이해를 촉구하였다.

이런 일도 있었다.

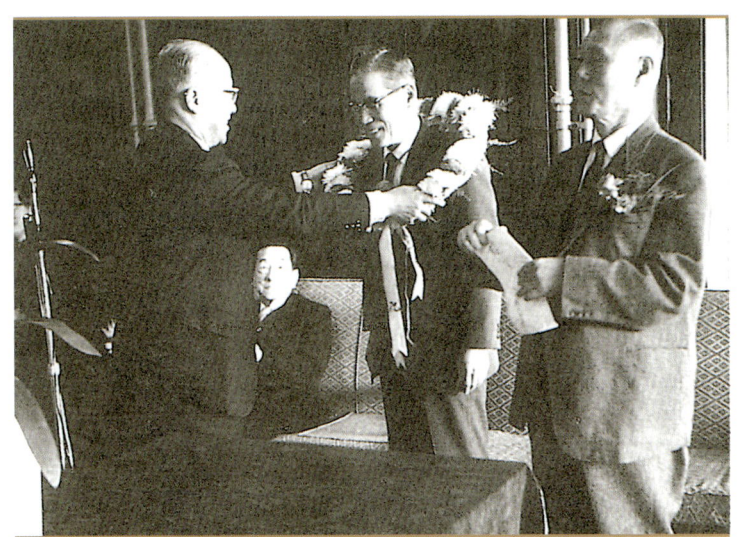
역대 경제인협회장 간담회에서 화환을 받는 저자(1965년 10월 18일)

어느 날 김종철金鍾哲 씨가 다급하게 나를 찾아왔다. 당국의 지시대로 당장 공장을 짓지 않는다고 독촉이 대단하다는 것이었다. 그는 볏짚 펄프공장을 계획했으나, 자금은 물론 기술이나 경영 면에서도 아직 검토할 문제가 많이 남아 있었다. 그러나 "당장 공장건설에 착수하지 않으면 별도의 조치를 취하겠다"는 당국의 강경한 통고通告가 있었다는 것이다.

그의 말에 일리가 있어 최고회의에 들어가 "공장을 지으려면 여러 가지 사전검토가 필요하다. 지금은 볏짚 펄프공장보다 더 시급한 것이 많으므로, 볏짚 펄프공장은 뒤로 미루는 것이 적절하다"고 설득하여 기획企劃을 변경시킨 일도 있었다.

이러한 원칙 없는 통달通達에 경제인들이 우왕좌왕하는 동안, 다음과 같은 강력한 건의를 했다.

경제인들로 하여금 공장을 많이 짓게 하려면, 그들이 차관借款 교섭 등 대외경제 활동차 해외에 나갈 때에는 신속히 여행 허가를 해주고 외화外貨여비의 할당割當을 우선해 줄 것,

차관도입借款導入에는 정부가 지불보증支拂保證을 해준다는 원칙을 확립할 것,

신규투자에 있어서 정부는 큰 테두리만을 결정하고 그 틀 안에서 이루어지는 세부적인 구체적 사항은 기업가에게 맡길 것,

그리고 차관사업의 경우 외자外資에 대응한 내자內資의 조달調達을 지원해 줄 것.

혁명정부는 나의 이러한 건의를 거의 모두 받아들여, 실제 정책도 대체로 그런 방향으로 추진되었다.

회장 재임 중에 경제인협회가 '산업계産業界의 총의總意'로 다룬 가장 큰 일은, 뒤에서도 다시 자세히 말하겠지만, 울산공업단지를 건설하여 기간산업基幹産業 공장군群을 그곳에 유치誘致하자는 것과, 그 소요 자금의 확보를 위해서 과감하게 외자外資를 도입해야 한다는 건의이다.

전경련이 마련한 고희(古稀)기념 선물전달식에서 김용완 경방그룹 회장, 소설가 박종화 선생, 정주영 현대그룹 회장 등과 함께(1979년 5월 29일)

경제인협회는 논의를 거듭한 결과 기간산업의 건설이 무엇보다도 우선되어야 한다는 데 의견 일치를 보고, 정유·제철·시멘트·비료·나일론·합성수지·전기기기·케이블 등의 공장건설안을 최고회의에 헌책獻策했다. 이 헌책에 따라 투자명령投資命令이 시달되었다. 나와 정재호·김지태 씨가 비료肥料, 남궁련 씨가 정유精油, 이동준·이정림 씨가 제철製鐵, 구인회 씨가 케이블, 김성곤 씨가 시멘트, 이한원 씨가 전기電氣를 각각 담당하게 되었다.

앞에서도 말한 바와 같이 이 투자명령은 부정축재자不正蓄財者로 지목된 경제인經濟人을 처벌하는 대신 그들로 하여금 공장을 짓게 하여 경제건설에 참여시켜야 한다는 우리 의견을 혁명정부가 받아들여서 취한 조치였다. 모처럼의 기회인 만큼 나는 동료 경제인들에게 공장건설工場建設을 서두르도록 권고勸告하였다.

자금이나 기술 면에서 난처한 사람이 생기면 일본의 경제단체나 개인에게 연결시켜 주고, 미국이나 구주歐洲에도 알선斡旋하여 여러모로 서로 협력을 아끼지 않았다. 그러나 그중에는 경영에 관한 지식이나 경험이 없고 겉으로만 공장건설 계획을 내세울 뿐, 구체적으로는 아무런 준비도 없는 한심한 사람도 있었다.

중공업重工業에 참여하겠다는 사람도 있어 일본에 동행하여 가와사키川崎제철 사장에게 소개해 주었다. 그러나 "도대체 이야기가 되지 않으니 사람을 바꿔 달라"고 일본인 사장이 하소연하는 일까지 있었다. 그 사람에게 공장건설 계획의 진척進陟상황을 물었더니, "기술자 5명을 데리고 내가 몇 해 동안을 검토해 왔다"고 태연하게 말하는 것이었다.

1961년 9월 초 남궁련 경제인협회 부회장과 함께 도미渡美하여 샌프란시스코 국제산업회의에 참석하였다. 세계 80여 개국에서 5백여 명의 기업인들이 한자리에 모여 자유기업의 국제적 유대와 상호협조에 의한 경제발전의 촉진促進을 토의討議하기 위한 회의였다.

그러나 도미渡美의 주목적은 이 회의에 참석하는 것보다는, 한국의 경제인 대표로서 미국의 관변 측과 경제계에 한국의 경제

1961년 11월 2일 대미차관(對美借款) 교섭단장으로 도미(渡美)하는 저자
(트랩의 맨 위)

사정을 설명하고, 정유精油와 비료肥料공장건설을 위한 투자유치投資誘致를 교섭하는 데 있었다.

나와 남궁련 사장은 미국의 여러 실업인實業人들을 만나 한국이 매우 유망한 투자대상국이라는 설명도 하고 선전도 하면서, 적극적인 투자를 요망要望했다. 미국 상공회의소에서는 많은 경제인들을 초청하여 한국경제 설명회를 가지고, 한국에 대한 흥미를 환기喚起하면서 적극적인 투자를 촉구하고 그 방법 등을 설명했다.

귀국하자마자 방미訪美결과를 정부 당국에 보고하고, 적극적인 외자 도입의 필요성을 강력하게 건의하였다.

당시 한국경제의 재건을 위해서는 공업화가 시급하다는 기본방향에 대하여는 별로 이론異論이 없었다. 그러나 공업화를 추진하는 구체적인 방책에 대하여는, 대별하여 두 가지 의견으로 나누어졌다.

하나는 외자外資를 유치하여 기간산업基幹産業 공장을 하나라도 많이 세워 수입대체輸入代替와 수출촉진輸出促進을 서둘러야 한다는 것, 다른 하나는 공업화에 선행하여 인구의 대다수가 취업하고 있는 농업農業을 먼저 개발함으로써 농촌의 구매력과 원자재의 공급능력을 배양하면서, 경공업에서 중공업으로 점진적으로 균형 있게 성장해야 한다는 것이었다.

정부는 기본방향을 선택하지 못하고 우왕좌왕했다. 나의 주장은 전자前者였다. 우리가 빈곤에서 하루 속히 탈피하기 위해서는 공업화工業化를 서둘러서 생산과 수출을 늘려야 한다. 그러나 국내에는 자본의 축적이 없고 기술도 없으므로, 선진국에서 차관이나 투자의 형식으로 자본과 기술을 도입하여야 한다. 나는 그렇게 생각하고 있었다.

물론 농업개발과 공업화를 병행시키는 것이 가장 바람직하다. 그러나 후진성後進性 탈피脫皮의 지름길은 공업화에 있다. 지금 이 시기를 놓치면 경제개발은 더욱 늦어지고 빈곤과 혼란의 악순환惡循環이 단절斷絶될 수 없을 것이다. 기간산업의 건설은 빠르면 빼를수록 좋다. 이와 같은 나의 경제정책에 관한 지론은 후에 5회에 걸쳐 〈한국일보〉 지상에 연재되었다.

대부분의 경제인들도 적극 공업화론工業化論으로 기울었다. 경제인협회는 정부에 외자도입 전략을 건의하는 한편, 민간외자도입 교섭단을 구성하여 미국과 유럽에 파견하기로 했다. 미국 쪽은 내가, 유럽 쪽은 이정림 씨가 단장이 되었다.

1961년 11월 2일 다시 도미渡美하였다. 부단장은 송대순宋大淳 씨였다. 워싱턴에서 미국의 정부당국이나 경제인들과 폭넓게 접촉하면서 차관借款의 공여供與와 투자협력을 요청했다. 미국 기업가들이 모인 자리에서 행한 연설에서, "향후 10년 동안 한국이 필요로 하는 투자액은 20억 달러 정도다. 이 중 13억 달러는 외자로 충당해야 하는데, 10억 달러는 세계은행이나 수출입은행의 공공차관公共借款으로, 나머지 3억 달러는 해외의 민간투자民間投資를 유치誘致하여 충당할 계획"이라고 피력하였다.

이 여행에서 구체적인 외자 도입계약은 체결하지 못했다. 그러나 걸프 등 몇몇 대기업이 구체적으로 계획서를 가지고 왔다. 걸프는 후에 울산정유에 대담한 투자를 했다. 아무튼 우리의 계획과 의욕意慾을 널리 알리고, 대한투자對韓投資의 분위기를 조성하는 데는 큰 효과를 거두기 시작하였다.

우리 일행은 워싱턴의 스태틀러 호텔에서 기자회견을 했는데, 당시 AP통신의 스펜서 데이비스 기자가 우리의 활동상황을 대서특필 大書特筆해 주었다.

　미국 여행을 통해서 한국 측이 수용태세만 갖추면, 연간 3억 달러 이상의 차관도입은 실현이 가능하다고 판단하였다. 귀국보고회歸國報告會에서는 수용태세受容態勢의 조기早期정비를 강조하였다.

　경제인협회장 일에 전념하던 그해 세모歲暮 부정축재자에 대한 재조사 결과가 발표되었다. 부정축재자 27명에 대한 추정액은 당초의 378억 환에서 501억 환으로 늘었으나, 삼성은 23억 환이 감액되어 80억 환의 추정으로 확정되었다.

　이와 함께 호남비료에 투자했던 14억 환의 주식을 비롯하여 시중은행의 내 소유주 전부가 정부에 환수還收되었기 때문에, 나는 모두 150억 환을 국가에 바치지 않으면 안 되었다.

　그러나 동요되기보다는 담담했다. 달리 생각해 보면, 그 당시 국부國富의 규모로 보아 개인재산으로는 너무 많지 않았나 하는 생각도 들었다. 그 시절 국민들의 의식 속에 아직 자본주의資本主義라는 개념이 제대로 자리도 잡기 전인데 너무 빨리 부富를 성취했던 것 같기도 하다. 물론 나의 재산은 부당한 방법에 의해 불어난 것이 아니고 정당한 기업활동에 의해 축적蓄積된 것이다.

제2장

울산공업단지의 조성

기간산업 基幹産業의 조기 早期건설에는 정부나 경제계의 의견이 일치했다. 그러나 입지 立地선정에는 이론이 분분했다. 경제인협회는 숙의를 거듭한 끝에 '대규모 공업단지 工業團地의 조성'을 산업계의 총의 總意로써 촉구하였다.

당시 '공업단지'라는 개념은 생소하여 일반이 잘 이해하지 못했다. "국내 어디에나 공장을 세울 땅은 있다. 하필 번거롭게 단지 團地를 조성해야 할 필요는 없다"고, 일부 경제각료들마저 부정적인 태도를 보이고 있었다.

공장 입지에는 여러 가지 조건이 갖추어져야 한다. 전력·용수 用水·육해 陸海의 수송 輸送·노동력 확보의 편의 便宜 등의 조건이 충족되어야 하고, 일반 주거지와 상당히 떨어져 있고, 소요부지 所要敷地 면적이 확보될 수 있는 환경 環境 면의 배려도 필요하다. 이러한 조건들을 갖춘 대규모의 공업단지를 조성하여 각종 공장을 유기적으로 한군데에 모아 건설·운영하는 편이 여기저기 분산입지 分散立地시키는 것보다 훨씬 능률적이고 경제적이다.

외국 기업의 투자를 유치하기 위해서도 모든 환경과 조건을 정비한 단지방식이 유리할 것은 분명하다.

단지團地로서의 적지適地를 조사한 결과 물금勿禁·삼천포三千浦·울산蔚山의 3개 처處가 후보지로 거론되었으며, 그중에서도 울산이 가장 적지라는 결론이었다. 나와 이정림·남궁련·정재호 씨가 현지답사現地踏査를 하기로 하였다.

1961년 섣달그믐날, 우리 네 사람은 서울을 떠나 경주에서 1박하고, 다음날인 원단元旦 아침 울산에 도착했다. 마침 날이 맑고 온화해 바다와 구름이 온통 붉게 타오르는 울산만灣의 일출日出 광경은, 우리나라의 밝은 앞날을 약속하는 서광瑞光을 보여주듯 장관壯觀이었다.

1만 톤급 선박 5~6척이 한꺼번에 입항入港할 수 있는 잔잔한 항만, 태화강太和江의 용수, 육로陸路의 교통 등 대형 공업단지로서의 조건을 충분히 갖추고 있다는 것을 확인할 수 있었다. 귀경歸京하자 협회의 회합에서 답사 결과를 설명하고, 울산공업단지 계획을 최고회의에 제출했다. 계획은 그대로 채택되어, 2월 3일 울산 현장에서 성대한 기공식起工式이 거행되었다.

"4천 년 빈곤의 역사를 씻고 민족 숙원宿願의 번영을 마련하기 위해, 우리는 이곳 울산을 찾아, 여기에 신생新生공업단지를 건설하기로 하였습니다."

박정희 최고회의 의장議長의 치사致辭를 감개무량感慨無量하게

울산공업단지(蔚山工業團地) 부지를 시찰하는 박정희(朴正熙) 대통령과 공단 설계도를 함께 살펴보는 저자(1965년 9월 20일)

들었다.

공업단지 계획의 출범을 두 가지 점에서 기뻐했다. 하나는 침체된 경제활동에 새로운 활력소活力素가 마련되어 기업인들이 다시 투자의욕을 되찾는 계기가 된 것, 또 하나는 이 계획이 외국의 차관이나 투자유치에 좋은 여건이 되어 우리나라의 공업화를 촉진하는 절호絶好의 기회가 되리라는 것이었다.

앞에서 언급한 것처럼 정부의 투자명령으로 나는 비료공장을 맡게 되었다. 서독의 크루프, 이탈리아의 몬테카티니와의 차관 도입 교섭을 성사시키고도, 두 차례 혁명의 여파餘波로 좌절되고 말았던 비료공장이다. 꿈은 다시 부풀었다. 정재호·김지태 씨와 함께 울산비료 공동투자체共同投資體를 구성하고, 차관借款 교섭을 위해 재차 일본·유럽을 순방했다.

일본의 코베神戶제강·후지富士전기·신미쓰비시新三菱조선, 미국의 비트로 인터내셔널인더노아 및 서독의 크루프 등 선진 각국의 큰 플랜트 메이커들이 계획서를 보내왔다. 이것을 면밀히 검토한 결과 코베제강 것이 가장 유리한 것으로 판명되어 가계약假契約의 단계까지 이르렀다.

그러나 이 계획도 결실을 보지 못하고 말았다. '외자 5천 5백만 달러, 내자 50억 환을 투자하여 연산 30만 톤의 대규모 최신공장'을 건설한다는 나의 계획은, 우리나라의 연간 수출액이 1억 달러 미만이었던 당시로서는 시기상조時機尙早로밖에 보이지 않았는지 모른다. 우여곡절迂餘曲折을 겪은 끝에 결국 수포水泡로 돌아가고 말았다.

다른 기간산업基幹産業의 건설도 순조롭게 진행되지 못하고 공장건설이 중단되는 사태로까지 확대되어, 결국은 시발점으로 되돌아가는 어설픈 결과가 되고 말았다.

정부의 경제정책은 조령모개朝令暮改로 일관성이 없고, 이 고비를 넘기는 데는 더 시간이 필요하다고 느꼈다. 과로過勞도 겹쳐 1년간의 임기만 채우고, 나는 기어이 경제인협회장직을 사임했다. 처음이자 마지막 공직公職이었다.

제3장

통화通貨개혁과 삼분三粉파동

그 복잡하고 다난多難한 중에서도 서광曙光을 찾으려고 했다. 그러나 4·19와 5·16의 두 혁명을 겪는 동안 나와 삼성이 입은 타격이 얼마나 컸던가를 새삼 통감痛感했다. 추징금追徵金 명목의 막대한 정부 환수還收 때문에 삼성그룹의 자금은 말할 수 없이 어려운 상태에 있었다.

화禍는 부단행不單行이라고 한다. 설상가상雪上加霜으로 또다시 큰 시련이 닥쳐왔다. 1962년 6월 9일 전격적으로 단행된 제2차 통화개혁通貨改革이 그것이다.

혁명정부는 통화의 호칭을 환圜에서 '원圓'으로 바꾸고 10대 1의 평가절하平價切下를 단행하였다. 예금을 동결하여 공장건설에 집중투자시키려는 일대 경제개혁이라고 했다. 한편 신화폐와의 교환액은 1인당 하루 5백 원으로 제한했다.

이 통화개혁을 둘러싸고 이런 일도 있었다.

공장건설을 위한 자금 지원을 기업인이 호소할 때마다 송요찬宋堯讚 내각수반內閣首班은 "조금 있으면 좋은 일이 있다"고 영문 모를 말을 하곤 했는데 바로 후일의 이 통화개혁을 두고 한 말이었다.

개혁이 단행된 6월 9일 밤 송요찬 내각수반의 초청을 받고 요정料亭 대하大河로 갔다. 송요찬 수반을 위시하여 다수의 경제 담당자들이 참석했고, 홍재선·이정림·남궁련·설경동 씨 등 동료 경제인들이 동석했던 것으로 기억한다.

모두 자리를 잡자 송 수반首班은 "8시에 중대발표가 있으니 함께 듣자"고 하면서 라디오를 가져오게 했다. 송 수반 말대로 8시에 임시 뉴스가 흘러나왔다. 통화개혁 발표였던 것이다 초청받은 경제인들은 모두 깜짝 놀랐다. 송 수반 등 당국자들은 "산업자금의 조달을 위한 조치인데 왜 기뻐하지 않느냐"고 오히려 의아스러운 표정이었다.

나는 "착상着想은 기발奇拔하지만 반드시 좋은 결과를 기대할 수 있다고는 생각되지 않는다"고 전제하고, "곤란한 사람은 많고 득 볼 사람은 적을 것으로 안다"고 덧붙였다.

주석酒席은 어색해지고 파흥破興이 되고 말았다.

그 다음날 아침 박정희 의장에게 불려갔다. 박 의장은 대뜸 "어젯밤 방송을 들었지요?"라고 물었다.

"들었습니다."

"어떻게 생각하십니까?"

"큰 혼란에 빠질 겁니다."

"경제 건설을 위한 자금 조달에는 이 길밖에 없다고 해서 단행斷行한 것입니다. 극비리에 진행했기 때문에 최고회의 내에서도 모르는 사람이 많았습니다. 새 지폐는 천병규千炳圭 재무장관이 영국에서 인쇄했습니다."

"신화폐의 교환을 위해서 날마다 수백만 명이 은행 창구에 줄을 서야 하므로, 그 원성怨聲이 모두 정부에 돌아갈 것이고, 국민경제적인 면에서도 큰 에너지의 낭비일 뿐 아니라 세계적으로 화폐개혁은 해害만 남겼지 성공한 예가 거의 없습니다. 2차 대전 후 서독은 워낙 인플레가 심해 그 수습책으로 통화개혁을 단행했지만, 한국의 사정은 다릅니다. 큰돈 가진 사람도 많지 않습니다."

"경제인經濟人의 의견도 사전에 들을 것을 그랬군요."

중대한 경제문제는 사전에 경제인협회와 협의하기로 박 의장은 나와 약속한 바가 있었다.

이야기하는 중에도 빈번히 전화가 걸려 왔다. 각 방면의 반응에 관한 보고인 듯했는데 그다지 신통한 일은 없는 것 같았다.

박 의장은 약간 난감한 표정을 지으며 "어떻게 하면 좋겠습니까?"하고 수습책收拾策을 물었다.

"곧 해제하는 것이 어떻겠습니까?"

"그렇게 하면 정치에 대한 국민의 신뢰를 완전히 잃게 되지 않겠습니까? 무슨 다른 방도는 없을까요?"

예금동결預金凍結의 전면 해제가 어려우면 기술적으로 서서히 풀어가는 도리밖에 없겠다는 말을 남기고 물러나왔다.

당시의 한국경제는 여전히 흙탕물에 빠진 것과도 흡사한 상황에 있었다. 공업은 아직도 요람기搖籃期를 벗어나지 못했으며, 국민의 생활필수품을 포함하여 많은 물자를 수입에 의존하지 않을 수 없었다. 농업의 생산성도 낮아 주식인 쌀을 비롯하여 곡류穀類의 대부분도 자급자족이 불가능했다. 미국 원조에 크게 의존하고 있었지만 그 원조도 차차 줄어드는 경향을 보이고 있었다.

북한의 무력 침공에 대비하여 방대한 군사비軍事費의 지출이 불가피했다. 자연히 통화通貨가 증발되고 높은 인플레가 진행되고 있었다.

예금동결은 즉시로 해제 방침이 정해지고, 서서히 풀기 시작해서 1개월 후에는 금융사정도 차츰 정상화되어 갔다.

1962년 이 느닷없는 통화개혁으로 금융사정은 악화되고 흉작凶作에서 오는 식량난食糧難까지 겹쳐 산업활동은 질식窒息 직전상태에 놓여 있었다.

해가 바뀌어 1963년에 접어들면서 외화外貨사정은 더욱 나빠져서 원자재 수입할당량도 제한을 받게 되었다.

당시 원당原糖과 원맥原麥을 전적으로 수입에 의존하던 제당製糖·제분製粉은 수급의 심한 불균형으로 가수요假需要마저 유발, 품귀현상을 빚고 유통과정에서 가격이 폭등했다. 이에 덩달아 국내 원료를 사용하는 시멘트마저 값이 급등하여 생산자가 매석買惜하고 가격을 조작한다는 오해를 사게 되었다.

이를 기화奇貨로 몇몇 야당 국회의원은 아무런 근거도 없이 "경제인이 가격을 조작한다"고 하면서 인신공격人身攻擊을 서슴지 않는가 하면, 일부 신문도 이에 가세해 과장보도誇張報道했다. 이것이 이른바 삼분파동三粉波動이었다.

관계없는 경제인에게 책임을 뒤집어씌우는 일이 있어서는 안 된다고 생각하고, 그 국회의원과 신문을 명예훼손으로 제소提訴하는 한편, 사직당국의 엄중한 조사를 요청한 사실도 있다.

그 결과 삼분파동은 동업자 한 사람이 허위사실을 조작하여 사건을 만들고, 국회의원이나 신문에 유포했다는 진상이 드러났고, 그 사람은 도리어 친부親父를 밀가루 판매총책으로 앉혀 놓고 중간유통과정에서 막대한 폭리暴利를 취했다는 것이 밝혀져 많은 벌금을 물게 되었다. 결국 삼분파동은 그 장본인의 자작극自作劇이었다.

제4장

〈우리가 잘 사는 길〉 기고

삼분파동三粉波動을 계기로 깊이 통감痛感한 것은 정치혼미政治昏迷 속에서 지도자가 방황하고 경제는 불안하고 사회가 혼란하니, 이 나라가 장차 어떻게 될 것인가 하는 것이었다. 이런 사회분위기는 윤리와 도덕마저 마비시켜 무고한 사람을 함부로 중상中傷하는 행위와 경제인을 시기猜忌하는 풍조를 만연시켰다. 그런 작태가 근절되지 않고는 건전한 경제사회의 발전은 요원遙遠하다는 생각이 들었다.

기업과 기업가는 보다 훌륭한 상품이나 서비스를 보다 저렴한 가격으로 소비자에게 공급하려고 지혜를 짜며 땀을 흘린다. 그 연구와 노력이 새로운 기술을 개발하고 원가절감原價節減을 실현해 나간다. 이러한 순환이 원활히 지속되어야만, 산업은 활기를 띠고 한 나라의 경제발전은 약속받게 된다.

5·16 혁명 당시의 한국은 참으로 빈곤했다. 1인당 국민소득은 100달러에도 미치지 못했다. 천연자원이 없는 데다가 굴욕적인 일본 지배, 남북 분단, 6·25 동란 등이 경제발전을 저해한 것

은 부정할 수 없는 사실이다. 이 숱한 역사의 신산辛酸을 겪는 동안, 우리 민족의 마음의 자세라고나 할까 정신이 소극적인 것으로 왜곡歪曲되어 퇴폐頹廢해졌다는 것을 우리는 결코 잊어서는 안 된다.

빈곤貧困과 청빈淸貧을 판별判別하지 못하고, 마치 남루한 옷을 걸치는 것이 청렴의 증좌證左인 양 여기는 그릇된 생각에 사로잡혀 있다. 남이 진취적으로 무슨 일에 도전挑戰하는 일에는 왈가왈부曰可曰否의 비평을 많이 하면서도, 스스로 도전해 볼 생각은 하지 않는다. 한편 기회만 있으면 남의 덜미를 잡고 어부지리漁父之利를 얻으려고 획책劃策하기도 한다.

자주성·자부심·의무이행 등의 의연毅然한 관념은 희박한 반면, 타인의 선의善意를 선의로 받아들이려 하지 않는다. 이런 생각을 하면 마음이 답답해졌다.

의식개혁意識改革이야말로 급선무. 이렇게 생각한 나는 〈우리가 잘 사는 길〉이라는 제하題下의 소론小論을 〈한국일보〉에 기고하였다. 이 글은 그때의 심정을 숨김없이 솔직하게 피력披瀝한 것으로, 1963년 5월 31일부터 6월 5일까지 연재되었다.

본시 구변도 없지만 평소에 별로 말이 없던 내가 긴 글을 발표했음인지 적잖은 논의論議를 불러일으켰다. 내용에 대한 찬의贊意와 함께 평소의 지론持論을 공개한 용기를 높이 평가하는 소리가 있는가 하면, 이미 예상했던 대로 "부정축재로 지탄指彈받은 것을 변명한 것이다" 하는 비판도 있었다.

그 후 20년, 정부의 정책은 나의 소론小論의 방향을 좇았다. 장기개발계획을 세우고 과감하게 외자와 기술을 도입하여 공업화를 추진했다. 그리하여 성취한 산업의 고도화와 국민소득의 급신장은 이제 세계적으로 높은 평가를 받기에 이르렀다.

지난날을 회고回顧하면서 지금 스스로 물어보고 있다. 소아小我나 이기利己가 모든 것에 앞서는 한심한 정신풍토에서 과연 우리는 탈피했을까 하고. 허위虛僞·사심私心·방종放縱·사치奢侈…. 사람들이 이러한 마음의 병에 걸려 있는 한 사회나 국가의 앞날은 어둡다고 고서古書는 일러 주고 있다.

〈한국일보〉에 기고했던 〈우리가 잘 사는 길〉의 발췌를 여기에 게재揭載하고자 한다.

제1회. 우리의 빈곤貧困

우리는 문화 수준에 비해서 경제적으로 매우 빈곤貧困하다. 그러나 다른 후진성이나 발전도상국들과는 달리, 한국은 고도의 고유한 정신문화精神文化를 가지고 있으면서도, 그 경제력에서는 정신문명이 낮은 미개국과 별로 차이가 없을 정도로 취약하고 낙후되고 있다.

그렇다면 우리는 왜 빈곤하며, 오늘의 한국적 빈곤은 어디에 기인基因하는가? 역사적으로 보면, 여러 선진국가가 현대

공업국가로의 전환轉換 내지 발전하려던 시기에 놓여 있던 근세 100여 년간의 전반前半에 해당하는 약 50년 동안에, 우선 대외적으로는 중국에 대한 사대주의事大主義에 치우쳐 쇄국주의鎖國主義를 고집한 나머지 신문명과 과학 및 기술의 도입을 등한시하여 근대국가에의 개화開化와 발전의 계기를 일실逸失하고 말았다.

한편 국내적으로는 조선 중엽부터 싹튼 그칠 줄 모르는 사색당쟁四色黨爭에만 골몰하였던 관계로, 좌정관외座井觀外격인 우愚를 범했고 유약퇴영柔弱退嬰의 정신과 부정부패의 씨를 배태胚胎케 하여, 국민의 이익을 등지는 무정부상태의 혼미昏迷를 거듭했다. 마침내 후반 50년에는, 선진先進강국의 침략을 막지 못하여 일본의 힘 앞에 굴복하고 말았던 것이다. 이 비운悲運의 일본 강점기간 중 일본은 우리를 그들 본국 경제를 위한 식민지 경제의 영역을 벗어나지 못하게 함으로써, 현대국가로서의 경제발전상 가장 중요한 시기였던 36년간을 후진국 경제의 테두리 속에 얽매어 두고 말았다.

그 경제적 약탈掠奪에 따르는 재정상財政上의 손실도 손실이거니와, 그것보다도 그들의 식민지적 교육정책은 우리 고유의 민족성과 민족문화를 말살하려 하였고, 오늘날 긴요하게 필요로 하는 사회발전의 중추적中樞的 기능을 담당할 중견지도자를 양성·배출하는 교육의 기회를 봉쇄·제한하고, 국가사회의 유위有爲한 지도자로 성장·발전할 수 있는 역량의 배양培養과 훈련의 기회를 박탈剝奪했다.

따라서 유능한 지도자指導者를 육성할 수 없었다는 사실은, 어떠한 재화財貨로도 보상받을 수 없는 커다란 민족의 상처가 아닐 수 없다. 실로 오늘날의 정국혼란政局混亂의 깊은 근원根源은 바로 여기에 있는 것이며, 우리에 대한 일본의 가장 큰 책임도 여기에 있다고 생각한다.

8·15 해방 후의 38선에 의한 국토 양단兩斷과 6·25 동란이라는 민족적 불행은, 가뜩이나 부족한 지도자들의 분열 대립을 초래하였고, 지도자들을 납치拉致 또는 죽음의 길로 몰아넣었다.

이러한 역사와 사실은 국민들에게 실망과 퇴폐적頹廢的 풍조를 몰고 왔다. 더구나 역대 위정자爲政者는 도리어 협잡挾雜과 부정부패를 바로잡을 성의와 실천력을 갖지 못하고 경제건설을 위한 국민적 합의를 굳히면서 지도력을 발휘한다는 것은 엄두도 낼 수 없는 일이었다. 따라서 우리의 빈곤은 인적 자원의 결여에 있다는 것을 나는 먼저 지적해 두고 싶다.

다음으로 우리가 지적해야 할 것은 천연자원天然資源의 결핍缺乏이다. 사우디아라비아의 석유石油, 쿠바의 원당原糖, 말레이시아의 고무, 콩고의 동광銅鑛과 같은 개발이 가능한 자원을 우리는 갖고 있지 않다. 우리의 자원이라면 세계시장에서 판로가 거의 막힌 미곡米穀(이것도 금년에는 수입하는 형편이지만)과 중석重石 정도다. 그 개발이나 수출로써 당장에 경제자립을 기하고, 빈곤을 구축驅逐할 만한 천연자원은 거의 갖지 못한 실정이다.

제2회. 우리의 반성

이상으로 우리는 우리가 왜 빈곤한가를 대충 살펴보았다. 이제 우리에게 필요한 것은 위정자·기업인 할 것 없이 국민 모두가 잘 살아 보겠다는 의욕과 조국에 대한 사랑에 각성覺醒하여, 개과천선改過遷善의 확고한 기틀을 잡는 일이다. 암담한 민족적 빈곤에서 벗어나기 위해서는, 치밀하고도 합리적인 경제계획이, 퇴폐와 자학自虐의 구각舊殼을 타파打破하는 새로운 정신적 기조基調 위에서 이루어져야 한다.

  이런 의미에서 먼저 강조하고 싶은 것은, 우리의 생활주변에는 빈곤을 정당화하고 미화美化하려는 경향이 너무나 짙다는 점이다.

  우리는 오랜 세월을 두고 빈곤에 시달려 왔다. 그 때문인지 사회규범이나 가치판단의 기준을 빈곤과 결부시켜 빈곤을 청렴清廉과 혼동하고, 오히려 이를 자랑하는 사조思潮와 함께, 마치 폐의봉두弊衣蓬頭가 청렴의 상징인 것처럼 생각하는 경향이 있다.

빈곤에 젖은 사조는 시기猜忌의 병발倂發을 막을 수 없어, 속담대로 사촌이 논 사는 것을 배 아파하며, 갖은 노력 끝에 입신양명立身揚名한 사람에 대해서도 면전面前에서는 아부阿附하고 뒤돌아서면 험담險談하게 된다. 희망과 의욕의 상실에서 오는 정신적 허탈 속에서, 남을 위해 희생한다든가 봉사심奉仕心을 발휘한다는 여유란 찾을 길이 없다. 반면 시기·모략 등 타인에 대한 가해행위加害行爲는 널리 횡행橫行한다.

이러한 자주성自主性과 긍지矜持의 결핍, 훈훈한 인정의 소멸 등 일련의 서글픈 현상은, 확실히 우리 사회의 한 단면을 나타내는 것이다. 그러나 이것은 우리 민족성의 고유한 결함에서 생긴 것은 결코 아니다. 과거 여러 세기에 걸친 정치적 무능과 부패로 인하여 그들에게는 불가피하게 강요된 후천적인 개성個性이거나, 아니면 일종의 반발적反撥的인 징상徵狀이라고 생각한다.

그러나 이러한 반갑지 않은 국민적 기풍氣風이, 역사적으로 많은 지도자들을 상실하고 지도자로 클 싹을 잘라버리는 결과가 되고 말았다. 인적 자원의 결핍이야말로 우리가 경제적 번영을 누릴 수 없었던 중요한 요인이었다. 스위스·덴마크·뉴질랜드와 같은 나라가 황무지荒蕪地를 사람의 두뇌와 탁월한 지도력으로써 옥토沃土로 변화시킨 사례에 비추어, 우리들이 깊이 반성해야 함을 다시 한 번 강조하고 싶다.

여하튼 정신적 타락墮落은 빈곤과 표리일체表裏一體를 이룬다. 어느 시대, 어느 민족, 어느 국가이건 간에 빈곤이 깃들어 있는 한 사회의 부패를 막을 수 없다. 또한 사회는 부패하기 쉽고 부정의不正義도 횡행한다.

제3회. 부정축재 처리 문제

여기서 우리는 빈곤 및 이의 추방과 관련하여, 한마디 '부정축재 처리'에 대하여 언급하지 않을 수 없다. 이 문제의 근원根源은 과거의 악명 높은 불합리한 경제적 현실을 무시했던 세제稅制에 있다. 불합리한 세제하에서 몇몇 기업인들은 부득이 탈세脫稅는 하였을망정, 기업을 창립, 확장하여 방대한 공장을 건설하고 수많은 실업자에게 취업의 기회를 주었으며, 그들 가족의 생활을 지탱시켰다. 뿐만 아니라, 국가경제적으로는 물가의 안정을 기하고, 제품 수입에서 오는 막대한 외화外貨를 절약하였던 것이다.

일본인으로부터 회수한 다수의 대소大小공장과 기업체를 물려받고서도 그 경영에 실패하고, 또 은행융자와 원조자금 배정의 특혜를 받고서도 이를 낭비하여 쓸 만한 공장이나 유익한 산업 하나 일으키지 못함으로써, 결과적으로 국가에 막대한 손해를 끼친 자는 불문不問에 부쳤다.

반면에, 허다한 애로隘路를 극복하여 기업을 새로 건립, 확장하거나 자금을 건전 운용함으로써 생산 증가와 고용 증대에 공헌하여, 결과적으로는 한국의 산업경제 발전에 상당한 기여를 했다고 볼 수 있는 유위有爲의 실업인實業人이, 어찌하여 부정축재자로서 처형을 받게 되었는가. 그 동기에는 감정적인 것이 있어 극히 유감스럽게 생각한다. 위정爲政당국자나 일반 기업인을 비롯하여 모든 국민이 다시 한 번 냉철히 이 문제를 반성해 볼 필요가 있다고 생각한다.

이 문제를 계기로, 기업인들 사이에는 참으로 걱정스러운 퇴영적退嬰的 풍조가 일어나기 시작했다.

"구태여 비난의 욕을 먹어가면서까지 힘이 드는 사업을 일으킬 필요도 없다. 고리대금高利貸金이나 증권 투자 또는 부동산 투자도 무방하다. 돈만 벌면 된다."

이러한 음성투자陰性投資에만 눈을 돌려서 자기 일신一身의 영화榮華를 좇는 데 여념이 없다. 실상 부정축재로 처벌받은 사람들이 남 보기에 큰 공장이나 산업을 일으키지 않고 음성투자만 교묘하게 하였더라면, 오늘날 그들이 부정축재자로서 처벌 받았을 리 만무하다.

지금 이 시점에 와서 냉정하게 반성反省해 본다면, 부정축재자 처벌로써 제일 많은 피해를 본 사람은 처벌 통고를 받은 기업인이 아니고 국가와 국민 대중이라는 결론에, 아마도 누구나 찬동하게 될 것이다.

공장의 신설·증설은 정체停滯되고 생산의 감퇴減退도 두드러졌다. 따라서 GNP상에도 커다란 후퇴가 있었다는 사실을, 통계수치를 대조하더라도 누구나 부인할 수 없을 것이다.

4·19 혁명 전인 1958년과 1959년은 GNP성장률이 각각 7.1%, 5.2%로 두 해의 평균 성장률이 6.1%로 높았는데, 4·19 혁명 후 당해 년인 1960년도와 부정축재 조사처리가 종결된 1961년도의 GNP성장률은 각각 2.3%, 2.8%로 두 해의 평균 성장률이 2.5%에 불과하였으므로, 최소한 지금 현재로서도 2년 이상의 경제 후퇴가 있었다고 할 수 있다. 어쩌면 4년 내지 5년 이상의 경제후퇴가 있었다 해도 과언은 아닐 것이다.

거듭 말하거니와 내가 여기서 부정축재 처벌 문제를 말하는 것은 앞으로 다시는 어떠한 개변改變과 사회적 변혁變革을 겪는다 하더라도, 이성理性과 법리法理를 무시한 소급법遡及法을 제정하여, 경제사회의 발전을 저해하는 일이 다시는 없어야 한다는 충정衷情에서다.

제4회. 경제 5개년 계획의 성취를 위하여

이제 우리는 빈곤을 없애고 자유경제의 기반을 확립하기 위한 현실적인 노력으로서, 제 1차 경제개발 5개년계획의 실천에 들어갔다.

5개년 계획에서 우리는 먼저 우리가 목표하는 생활 안정선安定線을 미리 책정해서 그것을 달성해가야 하지만, 문제는 우리가 달성해야 할 그 생활 안정선을 어디다 두어야 했던가가 중요하다고 본다. 이 문제에 대한 나의 결론은 현재의 1인당 국민소득 78달러 선에서 적어도 100달러를 증가시켜 178달러까지는 높여야 한다는 것이다.

78달러는 세계의 최저수준이며 목표인 178달러는 필리핀·터키와 비슷한 수준에 불과하지만, 그래도 정부의 계획보다는 훨씬 많다. 그렇다면 그 실현을 위해서 우리는 어떻게 해야 하는 것일까. 먼저 경제기본정책에서 중농重農정책과 중공重工정책의 어느 것을 선택하느냐가 문제다.

경제발전사經濟發展史의 고전적인 코스를 따른다면, 먼저 농업을 발달시켜 자본과 시장을 키운다. 그리고 수공업·경공업을 일으키며, 그것을 바탕으로 하여 점차로 중공업中工業, 대공업 내지 중공업重工業으로 발전해 나감이 정칙定則일 것이다. 그러나 우리는 지금 1770년대의 영국 산업혁명 이전으로 되돌아가서, 약 200년 전의 코스를 하나하나 밟아 내려올 시간적 여유를 갖지 못한다.

우리는 너무나 뒤떨어져 있기 때문에, 무슨 비약적飛躍的인 수단이나 방법을 쓰지 않고서는 도저히 우리의 빈곤이나 산업구조의 낙후성落後性을 극복할 수 없다. 우리는 과감하게 그 순서를 바꾸어 대기업에서부터 출발하여, 중소기업으로 내려가는 방식을 취해야만 한다고 나는 생각한다.

일본은 농업 인구가 총인구의 31%를 차지하지만 GNP상의 농업 생산액은 17%에 불과하며, 세계에서 농업국으로 널리 알려진 덴마크도 역시 17%로 농민의 다수가 공업에 의존하고 있음을 알 수 있다. 완전히 공업화한 미국과 서독은 GNP상의 농업 생산액 비율이 각기 4%와 7%로, 장차 농업이 확대된 국민 경제에서 차지할 위치를 쉽게 짐작할 수 있다.

그러므로 농촌을 구제하는 길은 오히려 과감한 외자外資도입에 의한 공업화를 통해서만 가능함도 인식해야 할 것이다.

외자차관外資借款 교섭을 위하여 미국을 비롯한 독일·이탈리아·프랑스 등 구미 각국을 2, 3차 순방한 나의 체험을 통하여 느낀 소견을 피력하건대, 외자차관의 주력主力은 무엇보다도 맨 먼저 미국에 경주傾注해야 할 것이며, 그 다음으로 배상금 문제를 주안점으로 하는 일본, 그리고 독일·이탈리아·프랑스·네덜란드 등의 각국 순으로 중점을 두어야 한다고 믿는다.

첫째, 대미차관對美借款의 핵심이 되는 것은 말할 것도 없이 AID차관인바, 미국의 외원外援 총액의 약 10%에 해당하는 4억 달러 내외(군사원조 포함)의 원조를 받아오던 우리나라는, 3년 전부터 수원액受援額의 감소를 면치 못하게 되었는데, 이 줄어든 것만큼을 이제부터는 차관으로써 메워 나가지 않으면 안 될 것이다.

그러나 우리가 아시아의 반공보루국反共堡壘國으로서 수원受援태세를 견실하게 확립하고, 조야朝野가 합심노력하기만 한다면, 과거의 수원 실적에 비추어 차관기금의 10%에 해당하는 1억 달러 정도의 차관을 매년 확보하는 일은 그렇게 어려운 일이 아니라고 생각한다. 물론 우리의 운영 실적이 양호하면 1억 달러 이상을 확보할 수도 있을 것이니, 앞으로 10년 동안에 약 10억 달러 정도의 차관借款획득도 꿈은 아니다.

그 다음으로 한·일 회담이 원만히 타결되는 날엔, 일본에서 10년간 6억 달러를 도입하는 일도 큰 문제가 되지 않을 것이다. 이것은 그동안 한·일 회담의 추세를 보아온 사람이면 누구나 쉽게 수긍하리라고 생각한다. 또 그간의 움직임으로 보아 독일·이탈리아·프랑스 등에서 10년 동안에 5억 달러 정도의 차관을 확보하는 일은 그렇게 어려운 일이 아닌 줄로 생각하는바, 이상을 합치면 대체로 앞으로 10년간 21억 달러 내지 23억 달러가량의 외자도입外資導入을 확보할 수 있다는 결론이 나온다.

그리고 발전소發電所 건설자금만은 영국·호주·벨기에·스위스·스웨덴·덴마크·네덜란드·포르투갈 등 각국에서 1,700만 달러씩 도합 약 1억3천만 달러 정도를 차관으로 도입하는 것이 좋으리라 믿는다. 그 이유는 국제차관의 동향으로 보아 전기·도로·수도水道·와사瓦斯, 가스 등 민생民生문제에 직결되는 사회 공공사업의 개발자금開發資金 차관은 비교적 용이容易하기 때문이다.

이상에서 말한 외자도입이 원활하게 달성되면서 3년만 지나면, 이미 건설 완료한 공장에서는 수익이 나오게 된다. 그것을 매년 2억 달러 내외로 보고 이 자금을 다시 민간사업에 재투자再投資할 것 같으면, 10년 동안에 15억 달러 내지 20억 달러에 해당하는 공장건설 자금을 확보하는 결과가 될 것이다.

만일 우리의 이러한 구상이 계획대로 진척되기만 하면, 36억 달러 내지 43억 달러의 투자가 가능할 것이다. 이를 약 40억 달러로 추정하면 4백만 달러 규모의 공장 1천 개를 건설할 수 있다. 그렇게 되면 투자총액의 약 70%에 해당하는 28억 달러의 연간 생산증가는 곧 같은 액의 GNP 증가를 기대할 수 있으므로, 1인당 국민소득 100달러의 증가는 무난히 달성될 것이다.

또한 이들이 평균 한 공장에 500명씩 고용雇用한다고 치더라도 고용 증가는 50만 명에 달할 것이며, 부양가족을 5인 평균으로 친다면 250만 명이며, 그 밖의 하청下請 중소공장과 유통단계에서의 고용을 합치면, 무려 500만 명의 고용 증대를 기대할 수 있다. 즉, 농가 인구를 공장에 흡수하여 그들의 생활이 보장받을 수 있게 될 것이다.

그리고 이러한 공장 하나에 부과되는 세금을 평균하여 200

만 원으로 추정하면 세금총액이 20억 원이 되는바, 이렇게 되면 정부의 세수입稅收入은 배증倍增한다. 공무원의 급료도 배액倍額 이상 지불할 수 있게 되어서 점차로 부정부패도 일소될 수 있고, 사회도 명랑하고 건전하게 될 것이다.

농촌의 직접구제直接救濟란 한도가 있고 자칫하면 의뢰심依賴心을 조장할 우려도 없지 않다. 진실로 농민을 위하는 길은 앞서 말한 바와 같이, 1,500만 농민의 3분의 1에 해당하는 500만 명을 공업에 흡수함으로써, 현재 420평에 불과한 1인당 경지면적을 630평으로 확대시켜 농업생산성을 높이는 한편, 농산물 생산비生産費에 절대적 영향을 주는 비료나 농기구農機具 등을 국내 공장에서 염가廉價로 생산 공급하는 공업화를 촉진함으로써, 농민들이 간접적으로 공업화에 의한 파급 혜택을 받도록 할 수밖에 없다고 생각한다.

제5회. 좋은 장래를 위하여

우리 민족도 이제부터는 좋고 밝은 장래에 대한 희망과, 행복하기 위한 의욕을 가지고 살아야겠다. 그러기 위해서는 무엇보다도 먼저 빈곤이 추방되어야 하지만, 더 선행적으로는 우리의 올바른 마음의 자세나, 문제를 해결하기 위한 올바른 태도나 방법이 무엇인가를 살펴볼 필요가 있을 것 같다.

첫째로, 우리가 해야 할 일은 빈곤의 원인부터 알아야겠다는 것이다. 환자患者를 다룰 때 먼저 그 병이 무슨 병인가를 정확하게 진단하고서 그에 적합한 약처방藥處方을 내어야 하듯이, 지금 위정 당국이 할 일은, 먼저 국민들에게 우리는 왜 빈곤하고 얼마나 빈곤한가를 통계수치를 들어 사실 그대로 알려주어야 하며, 그 다음에는 우리가 도달하여야 할 목표를 명시해 주어야 한다.

그 목표는 현실적으로 국민들에게 희망希望과 의욕意慾을 줄 수 있어야 하므로, 적어도 금후今後 10년간에 1인당 100달러의 소득 증가는 있어야 한다는 것을 강조하고자 하는 바이다. 그리고 제2차, 제3차로 계속 5개년 계획으로써 꾸준히 우리의 살림살이가 전진 발전한다는 것을 사실대로 국민들에게 알려주고, 아울러 국민 각자가 장래에 대한 희망을 안고 내핍耐乏과 근면勤勉으로써 이에 호응해야 한다는 것을 주지시켜야 할 것이다.

이러한 민족적 대과업大課業을 수행함에 있어 특히 명심해야 할 것은, 관민官民 또는 정부와 기업인이 전국적 협동체제 안에서 상호협조와 격려로써 추진의 원동력을 삼아야 한다는 것인바, 그러기 위해서는 개개인의 창의創意와 자율성自律性이 최대한으로 보장받는 것이 긴요하다.

특히 5개년 계획 수행에 중요한 추진력이 될 기업인들의 활발하고 자유로운 기업활동을 보장해 주는 것이 긴요하다. 기업인을 죄인罪人취급하거나 기업의 성장을 죄악시하는 사회풍조 시정에 노력하는 한편, 기업의 성장이 곧 국리민복國利民福의 증진과 국민경제의 부흥촉진에 직접적으로 기여한다는 것을 국민들에게 계몽啓蒙하는 것도 필요하다.

그 다음으로, 제 1차 5개년 계획에서 우선 착수해야 할 일은, 외화를 많이 사용하는 품목, 국민 대중에게 많은 혜택을 주는 품목, 그 원료를 국내에서 확보할 수 있는 품목 등의 생산공장을 단시일내短時日內에 건설하는 것이다. 다행히 이러한 구상은 계획 중에 포함, 반영되어 있고, 이미 울산에는 방대한 종합공업단지工業團地의 건설이 진척되고 있거니와, 이로써 국민들이 정신적으로 내일의 행복을 바라볼 수 있게 하고, 대외적對外的으로는 한국인의 경영 능력을 입증하여 수원受援 및 차관借款의 증진도 기할 수 있도록 하여야 할 것이다.

그리하여 정부·기업인 할 것 없이 전국민이 빈곤을 추방해야만 실효 있는 반공反共체제를 확립할 수 있다. 지금 이 귀중한 시기를 놓치면 다시는 경제재건의 호기好機가 없다는 것을 명백히 인식해서, 흔쾌히 재건대로再建大路를 매진邁進하는 날, 우리 마음과 우리 사회에는 희망과 행복이 깃들게 될 것이다.

제5장

비료공장건설을 재추진

모사謀事는 재인在人이고 성사成事는 재천在天이라고 한다. 희망이나 꿈은 사람을 성공으로 이끄는 에너지이며, 언제나 무엇인가를 창조하고 성취하면서 살아가려는 인간의 통성通性이기도 하다. 그러나 아무리 희망과 꿈을 마음속에 그리더라도, 그것이 성사되느냐의 여부與否는 결국 별개의 문제일 수밖에 없다.

비료공장肥料工場 계획이 바로 그 예이다. 4·19와 5·16의 두 변혁을 거치는 동안, 두 번이나 실현 직전에서 좌절되었다. 그렇다고 하여 비료공장에 건 꿈까지 무산되고 만 것은 아니었다.

농촌 태생인 나는 비료가 모자라서 고생하는 농촌의 정상情狀을 어려서부터 보아왔다. 농업의 생산성 향상에 비료공장은 절실하다. 뿐만 아니라 비료의 자급自給이 이루어지면 거액의 외화外貨 절약도 실현된다. 비료공장은 반드시 이룩되어야 한다. 나의 꿈은 좌절을 거듭할수록 오히려 더욱 강한 사명감使命感을 띠게 되었다.

군정軍政을 민정民政으로 이양하기 위한 1963년 10월의 선거에서 박정희朴正熙 씨가 대통령으로 당선되었다. 나는 이듬해 청와대를 예방하였다. 이 자리에서 박 대통령은 "이 사장은 이제 일을 피하지만 말고, 새 사업을 일으켜 경제재건에 적극 참여해 달라"고 하면서, 농약공장農藥工場의 건설을 강력히 권했다.

기술·자금·시장성市場性 등을 아직 검토해 보지 못했으므로 즉답卽答은 어렵다고 말하였다.

그렇다면 이미 구상했던 비료공장은 어떻겠느냐고, 그 건설을 촉구했다. 물론 울산비료공장을 가리키는 말이었다. 이것 역시 즉답을 피하자, 박 대통령은 "이 사장은 우리에게 협조할 생각이 없느냐?"고 다그쳤다. "그렇지 않다. 다만 역부족力不足일 뿐"이라고 대답했다.

박 대통령은 "이 사장이 역부족이라면 다른 사람은 더 논論할 여지가 없다. 정부가 적극 뒷받침을 할 테니 비료공장을 지어 달라"고 부탁했다. 그러면서 필요한 것은 무엇이든 자기가 전적으로 뒷받침하겠다고 했다.

"대통령이 혼자 애써준다고 해서 될 일이 아니다. 행정부는 물론 거족적擧族的인 뒷받침이 필요하다. 행정부의 적극적 협조 없이는 이와 같이 큰 사업은 성사되기 어렵다"고 말했다.

박 대통령은 즉석에서 장기영張基榮 부총리 겸 경제기획원 장관을 불러, "이 사장이 비료공장을 짓기로 했다. 장 장관이 모든 책임을 지고 뒷받침하시오"하고 지시하는 것이었다.

장 장관은 "최선을 다해서 지원하겠습니다"라고 다짐했다.

세계적인 비료공장을 건설하자면 허다한 준비와 여러 각도의 검토가 필요하다. 나는 그 자리에서는 확답確答을 않고 물러나왔다.

그 후 장기영 장관은 여러 차례 비료공장의 건설을 간청해왔다. 박 대통령의 뜻도 그렇고, 자기 재임 중에 비료문제만은 기필코 해결하고 싶으니 부디 맡아 달라는 것이었다. 지금은 비료가 남아돌아 곤란한 형편이지만, 당시로서는 우선 자급自給이 절실한 과제였다. 정부에서도 미국과 제휴하여 제3, 제4 비료공장의 건설을 추진하고 있었으나, 그것만으로는 여전히 부족했던 것이다.

장기영 장관의 일에 대한 집념은 대단하였다. 비료공장건설에 선뜻 응하지 않자 설득說得공세로 나왔다. 부산 피란시절 장 장관이 한국은행에 있을 때부터 잘 아는 사이였지만, 그의 끈질긴 설득에는 새삼 놀랐다. 전화를 걸어오기도 하고 집으로 몇 차례나 찾아오기도 했다.

지금은 고인故人이 되었지만 아직도 장 장관과의 교분을 잊을 수 없다. 부지런하고 인정이 많고 애써 남을 돕는 성격이었다. 관직에서 물러난 후에는, 일주일에 한 번은 만나 골프를 하거나 식사를 같이하거나 하였다. 그가 있는 곳에는 항상 활기活氣가 넘쳤다. 어찌나 분주한지 "마치 세상을 혼자 사는 것 같다"고 더러 농弄도 했었다.

나는 장기영 장관의 부음訃音을 지방출장 중에 듣고 중도中途

에 돌아왔다. 그의 급서急逝는 큰 충격이어서 한동안 일이 손에 잡히지 않았다.

숱한 추억을 남기고 간 장기영 장관이었지만, 그때 "행정상의 문제는 모두 내가 뒷받침할 테니 비료공장을 빨리 건설하라"고 강요하다시피 하였다. 지칠 줄 모르는 그의 정열情熱과 열성熱誠에 내 마음도 어느 정도 흔들렸다.

장기영 장관에게 말했다. "연산 30만 톤 규모의 비료공장을 짓는 데는, 첫째 정부 시책施策이 조령모개朝令暮改가 안 된다는 전제조건이 있어야 하고, 대외교섭 등 모든 권한을 삼성에 일임한다는 정부의 공한公翰이 필요하다"고 했다. 장 장관은 한마디로 이를 수락했다.

며칠 후 청와대에서 기별이 있어 갔더니, 박 대통령은 "결심해 주어 고맙다. 어차피 비료공장은 이 사장이 건설해야 할 터이니 서둘러 달라"고 말했다. 더 이상 거절할 수도 없어 "역부족이지만 한번 해보겠다"고 승낙承諾했다.

박 대통령은 만족한 표정으로 동석한 장기영 장관에게 "이 사장이 일단 약속한 이상 비료공장은 안심해도 된다. 정부가 지원할 일이 있으면 적극적으로 뒷받침하시오"라고 거듭 약속했다.

이렇게 하여 비료공장에 도전하는 세 번째 기회가 찾아온 것이다.

행정行政허가·대외차관對外借款·자금 등 모든 면에서 적극 지원하겠다는 약속을 받고, 비료공장건설에 관한 구체적인 작업에 곧 착수했다. 우선 공장의 규모문제부터 검토했다.

　주위에서는 연산年産 25만 톤 규모로 시작하면 어떠냐는 의견도 있었지만, 다른 어떤 나라보다도 규모가 커야 한다고 생각했다. 당시 일본은 단일공장으로서는 연산 18만 톤이 최대 규모였고, 소련이 30만 톤 규모의 공장을 기획 중이어서 큰 화제가 되고 있었다. 나는 기어이 이보다 더 큰 규모의 공장을 세워야 한다고 생각했다. 세계 최대의 것, 36만 톤을. 나는 이렇게 결심했다.

　그러기 위해서는 적어도 10년 후의 수요需要동향을 내다보아야 하는데, 10년 후에도 비료가 남기는커녕 오히려 모자란다고 예측했다. 우리나라 경작 면적과 비료 사용량을 국제 비교한 결과 얻은 결론이었다. 가격경쟁력을 갖추면 해외 수출도 물론 가능할 것이다.

　숱한 난관難關이 있을 것으로 각오는 하고 있었지만, 실제로 일에 착수하고 보니 중첩重疊되는 어려움에 새삼 놀랐다.

　우선 제3, 제4 비료공장을 지원하던 USOM 측에서 이의異議를 제기했다. 제3, 제4 비료공장은 미국 투자에 의한 것인데, 세계 최대 규모의 공장을 다시 건설하여 만일 공급 과잉過剩이 되면 막대한 원리금元利金 상환을 어떻게 하겠느냐는 것이었다. 미국 원조가 우리나라 경제에 큰 몫을 차지하던 때인 만큼, 당시 킬렌 유솜 처장의 발언권은 무척 컸다.

　유솜 처장이 반대한다는 말을 듣고, 몇 번이나 그를 만나 직접 설득을 시도했다. 그러나 그는 생김새도 그랬지만 워낙 옹고집이어서 남의 말을 들으려 하지 않았다. 그래서 사람들은 비료공장이 실현성이 없다고 보았다.

'이 정도의 장애에 굴복할 수는 없다. 누가 이기나 어디 두고 보자.'

이렇게 결심을 다짐하고 유솜 처장을 수십 번이나 만났다. 때로는 언성言聲이 높아지기도 했다.

제6장

유솜USOM과 일본업계의 반대

버거 미국대사와 하비브 참사관을 만나 경위를 설명하고 협조를 요청하기도 하였다. 하비브 참사관은 나의 계획을 이해하고 협력해 주었다. 그러나 계획에 진척이 없자 박 대통령이 이유를 물었다. 유솜 측의 반대 때문이라는 것을 알고는 유솜 측에 협력을 촉구했다.

유솜 처장도 반대를 계속 고집할 수는 없었다. 간신히 첫째 난관難關을 돌파했다.

공장의 생산규모를 요소尿素비료 연산 33만 톤으로 구상하고 있었다. 당시로서는 세계 최대의 규모였다는 것은 전술前述한 바와 같다. 요소비료를 연간 33만 톤이나 생산하려면 요소를 하루 1천 톤, 암모니아를 6백 톤 정도 생산할 수 있어야 한다. 암모니아 6백 톤으로 요소비료 1천 톤을 만들 수 있다.

당시 일산日產 1천 톤의 요소제조 특허는 일본이, 그리고 6백 톤의 암모니아제조 특허는 영국의 ICI 사가 갖고 있었다. 기계 구매선購買先으로 예정하고 있던 일본은 일산 1천 톤의 생산설비를 아직 제작한 경험은 없었지만, 설계기술은 충분했으므로 안심하고 맡길 수 있을 것 같았다.

비료의 생산원가를 낮추려면 가장 성능이 좋은 기계를 가장 유리한 조건으로 구입해야 한다. 그래서 각국에서 견적을 받아 보았다. 미국이 6천5백만 달러로 가장 비쌌고, 일본이 5천만 달러로 가장 저렴했다. 서독은 6천만 달러로서 그 중간이었다.

"정부가 삼성에 대규모 비료공장의 건설을 일임했다"는 공한公翰을 장기영 장관으로부터 받아 들고 일본으로 건너갔다. 5천만 달러의 큰 상담商談인 만큼 긴장됨을 어찌할 수 없었다.

도쿄에서 평소 교분이 두터웠던 미즈카미水上 미쓰이물산 사장, 이나야마稲山 야하타八幡제철 사장, 소토지마外島 코베神戶제강 사장을 초청하여 공한을 보이면서, "정부로부터 비료공장건설을 의뢰받았는데, 일본의 플랜트를 택해야 할지 미국이나 유럽의 플랜트를 택해야 할지, 이것은 오직 여러분의 협조 여하에 달려 있다"고 말했다. 이나야마 사장은 매우 놀라면서 "우리가 최대한으로 협력할 터이니 일본에 맡겨 달라"고 간청했다.

이 말이 전해지자 일본의 비료업계肥料業界에서는 벌집 쑤신 듯한 소동이 벌어졌다. 한국은 일본 비료업계의 큰 시장인데 그 시장을 잃을뿐더러, 한국이 장차 해외시장에서 경쟁상대가 될지도 모른다는 것이었다.

일본의 비료업계를 대표하여 쇼와전공昭和電工의 안자이安西 사장이 찾아와 "공장건설을 철회하면 앞으로 한국에는 가장 저렴한 가격으로 장기적으로 공급하겠다"고 제안했다. 물론 한마디로 거절했다. 그렇다면 굳이 한국을 도울 필요는 없다고 했다. 비료업계의 대표들은 차관공여借款供與의 저지沮止운동을 전개하였다.

당시 일본의 비료공장은 규모가 작았다. 최대가 18만 톤이었고 나머지는 10만 톤에서 5만~6만 톤 안팎의 규모였다. 그나마 시설이 이미 노후화되고 있었으므로, 내가 건립하는 세계 최대의 최신예最新銳 공장에는 원가 면에서 도저히 맞설 수 없다는 것을 그들은 잘 알고 있었던 것이다.

통산성通産省은 이에 대처하기 위해 기존공장의 신예기계 대체와 증설을 위한 허가와 자금지원 등 뒷받침을 아끼지 않아, 일본의 비료업계는 저마다 앞을 다투어 공장시설의 갱신更新과 증설增設을 서둘렀다. 이 때문에 일본 비료업계는 결국 시설이 과잉상태에 놓이게 되고, 과당경쟁過當競爭으로 말미암아 가격이 폭락하기도 하여 숱한 고난을 그 후에 겪었던 모양이다.

지금도 일본에 가서 비료업계 사람들을 만나면 더러 원망怨望을 듣게 되는데, 그때마다 미안한 생각이 들기도 한다.

비료업계와는 반대로 일본 재계財界는 호의적이었다. 이나야마 사장은 "한국의 비료공장만은 꼭 일본이 맡아야 한다. 일본의 플랜트는 구미歐美의 그것보다 가격이 저렴하고 거리가 가까워서 애프터서비스에도 편리하다. 이러한 실리적인 조건 외에도

미쓰이물산(三井物産) 미즈카미(水上) 사장 일행의 한비(韓肥) 방문(1966년 6월)

일본 재계로서는 한국의 비료공장건설에 협력해야 한다. 한국 농민에게 절실한 비료공장을 일본의 협력으로 건설하게 되면 한·일 간의 선린우호善隣友好에도 이바지할 수 있게 된다"고 강조하는 것이었다.

조건만 맞으면 일본 플랜트를 선택할 용의가 있다고 말하자, 이나야마 사장은 미쓰이물산·미쓰비시상사·코베제강의 3사가 공동창구가 되고 가격과 차관조건은 가장 유리하도록 하겠다고 약속하였다.

그러나 공동방식으로는 일을 능률적으로 추진하기 어려워 다시 이나야마 사장을 만나, 한 회사로 창구를 단일화(單一化)하는 것이 좋겠다고 제안했다.

이나야마 사장은 자기에게 일임해 달라고 하면서 어느 회사가 좋겠느냐고 물었다. 미쓰이·미쓰비시의 양 사 모두 세계적인 영업기반이 있고, 100여 년의 전통을 자랑하는 명문 상사(商社)이다. 그러나 미쓰이물산이 좋겠다고 말했다. 오랜 친교가 있는 미즈카미 사장이 진심으로 뒷받침해 주리라 믿었기 때문이었다.

며칠 지나 이나야마 사장이 소집한 회의에 나갔더니, 타사에서는 대리인이 나왔는데 미쓰이만은 미즈카미 사장이 직접 참석했다. 이 자리에서 이나야마 사장은 "일은 항상 잘되는 방향으로 이끌어 가는 것이 원칙"이라고 하면서, "관계자의 희망도 있고 하니 창구를 미쓰이물산으로 단일화하자"고 제의했다. 물론 반대가 있을 수 없었고, 공장건설은 미쓰이물산의 단일창구를 통해서 추진하게 되었다.

제7장

미쓰이물산과 차관교섭

이리하여 미쓰이물산과 구체적인 상담에 들어갔다. 미쓰이 측의 최고대표자는 니시지마西島 상무였고, 실무담당자는 나가長 취체역取締役 겸 해외담당 본부장이었다. 나가 본부장은 미쓰이의 엘리트간부로서 건장한 체구에 두뇌가 명석한 사람이었다.

 첫 회합은 삼성 도쿄지사에서 있었는데 나가 본부장의 태도는 매우 고압적이었다. 한국이 30만 톤이나 되는 큰 규모의 요소비료 공장을 건설한다고 하지만, 과연 그것이 가능하겠는가 하고 농담을 꺼내는 것이었다. 매우 불쾌했지만 "그렇게 생각할 법도 하다"고 탓하지 않았다. 당시 일본의 최대 비료공장이 18만 톤 규모인데, 한국이 33만 톤을 계획한다니 의심하는 것도 무리는 아닐 것이라고 생각했기 때문이다.

 가격 상담에 들어가, "소문에 따르면 일본의 경우 플랜트 수출에서는 50%에서 심지어 2배까지 이익을 얻는다고 한다. 그러나 우리의 비료공장만은 그럴 수 없다. 정당한 가격을 산출해 주기 바란다"고 요구했다. 그리고 미쓰이가 각 기계 메이커들로부터 견적을 받을 때는 부문별로 최고가격을 산정하고, 상사商社의 마진은 3%로 억제해 주기 바란다고 부언附言했다.

그러나 나가 본부장은 농담하지 말라고 하면서, "한국 같은 불안정한 나라에 플랜트를 수출하는데 3%의 마진이란 어불성설語不成說이다. 적어도 10%는 보장해 주어야 한다"고 일방적으로 거만하게 우겼다. 그리고는 다리를 꼬고 천장을 바라보는 것이 아닌가.

치솟는 화를 참을 길이 없어 정색正色을 하고, "도대체 고객에 대한 그 태도가 뭔가. 불친절하기 짝이 없다. 미쓰이와는 거래를 안 해도 좋으니 당장 나가라"고 일갈했다.

회의장은 순간 숙연肅然해졌다. 나는 자리를 박차고 일어났다. 미쓰이 측의 일행도 어색하게 돌아갔다.

분을 참지 못하고 있는데 미즈카미 사장으로부터 전화가 걸려왔다. 부하 직원이 어처구니없는 실례를 저질렀으니, 지금 곧 사과하러 오겠다는 것이었다. 후일로 미루자고 정중하게 거절했다. 차관선借款先을 바꿀 생각까지 했다.

자금을 빌리는 처지일망정 나는 고객이다. 한국의 기업이라고 하여, 혹은 한국 사람이라고 하여 수모를 겪으면서까지 상담을 진행시킬 생각은 추호秋毫도 없었다. 나가 본부장은 계속 나를 찾아왔지만 그때마다 면회를 거절했다. 그가 여섯 번째 찾아왔을 때 비로소 그와 만나는 것을 허락했다.

미쓰이의 마진은 이러한 곡절曲折 끝에 3%로 낙착되었다. 3%

의 상사 이윤은 결코 적다고는 할 수 없다. 그러나 당시 일본이 한국과 같은 개발도상국에 공여供與하는 플랜트 수출치고는 파격적인 것이었음은 말할 필요도 없다.

원칙이 결정되자 나머지 상담은 쉽게 풀려 나갔다. 당초 5천만 달러로 예정했던 차관도 4,190만 달러로 최종 결정을 보아 계약을 체결하였다. 국교정상화國交定常化를 위한 한·일 협정이 조인調印되기 1개월 전인 1964년 8월 20일이었다.

나가 본부장도 협조를 아끼지 않았다. 막상 일을 함께해 보니 서글서글하고 남자다운 장점이 있었다. 나가 본부장과는 그 이후 가까워져 지금은 친밀히 지내는 친구 사이가 되었다.

나가 본부장과는 이런 이야기도 얽혀 있다. 어느 날 이병창李秉昌 사장이 찾아와, "이병철 사장 덕분에 사람대접도 받고 큰 이득도 보았다"고 인사를 하는 것이었다. 미쓰이물산과 소다회灰 공장의 설계관계로 상담을 했는데, 처음에는 제대로 상대도 안 해 주던 해외담당본부장이 어찌된 셈인지 어느 날 태도가 돌변하여 상담에 성의를 보이면서, 5만 달러나 가격을 선선히 양보해 주더라는 것이었다. 그러면서 "귀국의 이병철 사장 덕분에 귀중한 교훈을 얻은 일이 있다. 한국의 기업가를 함부로 대했던 것은 잘못이었다"고 말하더라는 것이다. 그 사람이 바로 나가 본부장이었다.

묘한 치하致賀를 듣는다고 고소苦笑를 금치 못했다.

나와 미쓰이 측의 니시지마 씨가 서명한 비료공장의 기본계약은 전문全文 16조로 되어 있다.

그 전문前文에서 "한국비료는 대한민국 울산지구에 일간日間 1천 톤의 입상粒狀요소를 생산할 수 있는 암모니아 공장과 요소비료 및 기타 관련시설로 된 하나의 완전한 비료공장을 건설하기를 희망하며, 미쓰이는 상기 공장에 필요한 기계장치·자재 및 기술원조를 제공할 용의를 가지고 있으므로, 이에 전술前述 사항과 후기後記의 상호약속을 약정으로 하여 하기의 계약을 체결한다"고 밝히고 있다. 이것이 해외에서 도입한 한국의 민간차관民間借款 제 1호이기도 했다.

계약서에 서명하면서 복받치는 감격을 누를 수 없었다. 어려서부터 눈에 익은 농민들의 고초苦楚를 덜어 줄 비료공장. 사업에 투신한 후 재삼 그 건설을 계획하고는, 그때마다 좌절挫折되었던 비료공장. 그 비료공장이 이제 비로소 실현될 단계에 이른 것이다. 사업의 규모 또한 우리나라 기업사상 신기원新紀元을 이룩할 것이라는 점에서 감개感慨는 한결 컸다.

조인식을 마치고 바로 서울로 돌아와, 8월 27일 수권자본금授權資本金 2억 원의 한국비료공업주식회사를 설립하고 사장에 취임했다.

공장은 어떤 일이 있어도 단기간 내에 완성할 것을 결심했다. 당연한 일이지만 공기工期가 짧을수록 건설비가 덜 들고 그만큼 비료의 원가가 저렴해진다. 33만 톤 규모 비료공장의 건설 소요 기간은 약 40개월이 세계적인 표준이라고 한다. 소련은 30만 톤 공장건설에 50개월의 공기를 예정하고 있다고 들었다. 한비韓肥는 18개월에 완성할 계획을 세웠다. 이례적이고 무모한 계획이었는지 모른다.

기술적으로 무리가 따른다는 것도 알고 있었다. 그러나 하기에 따라서는 전혀 불가능한 것은 아닐 것으로 판단하였다.

미쓰이물산의 미즈카미 사장에게 "공장은 18개월에 걸쳐 건설할 예정이니, 전적으로 이 공기에 맞춰서 협력해 달라"고 부탁했다. 미즈카미 사장은 펄쩍 뛰면서 반대했다. "한국에는 기술자도 부족한데 18개월이란 농담이시겠지요. 시설의 성능性能에 관계됩니다." 책임은 전가轉嫁 안 할 터이니 적극 협력해 달라고 거듭 부탁했다.

공기를 18개월로 단축한 것은 무엇보다도 우리나라 기술자와 노무자들의 열성熱誠과 근면勤勉을 신뢰하고 있었기 때문이었다. 자기 자신이나 개인시간을 철저히 내세우는 서양인과는 달리, 한국 사람은 자기 일에 대한 깊은 애착愛着과 긍지矜持는 물론 봉사정신을 지니고 있기 때문이다. 적정하고 효율적인 지도만 있으면 기술은 다소 미숙하더라도 충분히 그것을 극복해낼 수 있다고 확신했던 것이다.

제8장

한일회담의 이면裏面 지원

미쓰이물산과의 차관 교섭은 매듭이 지어졌으나, 일본 정부의 승인을 얻는 일이 남아 있었다. 차관의 제공자는 미쓰이물산이지만, 미쓰이물산은 차관 공여액의 80%를 일본 수출입은행의 융자로 조달하기 때문에 일본 정부의 승인이 필요했다. 1964년의 일이었다.

때마침 한일韓日 국교國交정상화를 위한 교섭이 최종단계에 놓여 있었다. 한일회담의 귀추를 주목하면서 차관 승인을 얻기 위한 교섭에 들어갔다. 아직 정식 국교도 없는 일본으로부터 당시로서는 초대형이라 할 4천만 달러가 넘는 차관을 얻어내는 일은 대단히 어려웠다.

오늘날과는 달리 일본의 그때 외환사정은 넉넉한 편이 못 되었고, 우리나라 국민의 대일감정對日感情 또한 미묘하여 조심스럽게 일을 진행시켜야 했다.

당시 일본의 대외차관은 외무·대장大藏·통산 등 3성省 간의 협의에 의해서 결정되었는데, 외무성이 그 열쇠를 쥐고 있는 것 같았다. 고故 오히라大平 수상이 외상이었고, 우시바 노부히코牛場信彦 씨가 외무심의관, 니시야마 아키라西山昭 씨가 아주亞洲국장이었다. 우시바 씨는 한일회담韓日會談 등을 통해서 한국과는 인연이 깊었으나 후쿠다福田 내각의 대외경제상을 마지막으로 퇴관退官했다. 니시야마 씨는 후에 주한대사를 지냈다.

이때 한국 측은 정일권丁一權 씨가 국무총리, 장기영張基榮 씨가 부총리 겸 경제기획원장관, 김동조金東祚 씨가 주일대사였다.

한일회담은 대일청구권對日請求權을 어떻게 타결妥結짓느냐를 놓고 진통을 거듭하고 있었다. '김·오히라 메모'에 따라 대체적인 윤곽은 잡혔으나 세부적인 조정이 난항難航이었다.

이러한 정세 속에서 차관 교섭은 진행되었다. 도쿄에 머무르는 일이 많았는데 김동조 대사와 자주 만났다. 김 대사는 틀에 박힌 직업외교관과는 달리 담대膽大하고 기발한 발상發想의 소유자였다.

어느 날 김 대사는 "대일청구권은 무상無償 3억 달러, 유상有償 2억 달러, 상업차관商業借款 1억 달러로 대충 이야기되고 있는데, 무상 6억 달러, 유상 2억 달러, 상업차관 1억 달러로 늘리면 어떨까?"하고 상의하여 왔다.

나는 이렇게 말했다.

"무상을 늘리는 것은 일본 측의 외화부족과 정치적 사정도 있어 어려울 것이다. 유상 역시 장기차관이기는 하지만 일본 측의 외환사정을 감안하면 선뜻 응할 여유가 없을 것 같다. 그러나 수출입은행이 관장하는 상업차관은 일본 측이 상품을 팔고 동시에 이자도 받을 수 있으므로, 교섭하기에 따라서는 충분히 증액의 가능성이 있다."

김 대사는 그렇겠다고 납득納得하면서 우시바 심의관에게 그러한 방향으로 교섭해 줄 것을 간청하는 것이었다. 일본의 재계인들을 통해서 우시바 씨와는 이미 지면知面의 사이였고 교유交遊의 기회도 더러 있었다. 그러나 정부 간의 외교문제인 만큼, 한낱 민간인인 내가 개입할 성격의 것이 아니라고 완곡緩曲하게 거절했다.

김 대사는 "이치는 그렇지만 자기는 우시바 씨에게 너무 많은 부탁을 한 처지이다. 우시바 씨는 이 사장을 매우 신뢰하고 있으므로, 국가를 위해서 꼭 나서 주어야 하겠다"고 거듭 간청하는 것이었다.

더 이상 사양할 수만도 없어 어느 날 우시바 씨를 골프에 초대했다. 골프를 마치고 저녁식사 때 이야기를 건넬 생각으로 당시 한국은행 도쿄지점장이던 김봉은金奉殷 씨에게 부탁하여, 복요리로 유명한 '후구겐鰒源'에 예약해 두었다.

우시바 씨, 김동조 대사와 김봉은 씨, 나 넷이서 300클럽에서 18홀을 마치고, 도쿄 츠키지築地에 있는 후구겐 현관에 들어섰더니, 주인이 약속시간보다 1시간이나 늦었다고 화를 내는 것이었다. 후구겐은 일본에서는 최고급의 이름난 복요리 요정朴亭이다. 8척 장신인 그 주인은 큐슈九州 출신으로 일본 제일의 복조리사가 되는 것이 꿈이었다고 한다. 복요리를 맛있게 들리려면 시간이 맞아야 한다. 예약시간에 맞추어 조리해 두었는데 예정보다 1시간이나 늦게 왔으므로 맛을 잃게 되었다는 것이다.

예약시간보다 늦었다고 요릿집 주인한테서 야단을 맞을 줄은 미처 몰랐다. 네 사람 모두 처음 겪는 일이었다. 일행은 멋쩍은 표정으로 방에 들어갔다. 주인이 들어와 정중하게 고개를 숙이면서 이렇게 사과謝過했다.

"제가 복요릿집을 하는 것은, 돈을 벌자는 것 외에 최고의 맛을 손님들에게 서비스하자는 데 있습니다. 시간이 맞지 않아 제맛이 안 나는 것이 억울합니다. 네 분이 보통 손님이 아니라는 것은 잘 알고 있습니다. 무례를 용서해 주시기 바랍니다."

자기직업에 이토록 긍지와 사명감을 가지고 평생을 외곬으로 파고드는 직업의식職業意識, 그것은 감동적이기도 하였다.

새로 다시 조리한 복요리를 들면서 상업차관의 6억 달러 증액增額 이야기를 꺼냈다. 처음 우시바 씨는 난색을 보였다.

나는 다음과 같이 강조했다.

"상업차관을 늘린다고 해도 한꺼번에 그것을 제공하는 것이 아니고, 적어도 4, 5년에 걸쳐 연차적으로 분할하는 것이다. 우선 한도액만 정해 놓고 사업에 따라 순차적으로 제공하는 것이므로 일본 측에 그다지 부담이 되지 않는다. 뿐만 아니라 상품을 해외에 팔면서 이자까지 받으므로 일본 측에는 결코 손해가 있을 수 없다. 또 일본 수출입은행은 무역을 도와주는 융자를 목적으로 설립되지 않았느냐?"고 누누이 강조했던 것이다.

그러고 난 다음 "일본으로서는 한국·인도·파키스탄 중 그 어느 쪽이 소중하냐?"고 물었다. 우시바 씨는 일순一瞬 어리둥절해하더니 "물론, 한국"이라고 대답했다. 여유를 주지 않고 인도나 파키스탄에 대한 일본의 상업차관 공여액을 물었다. 비료공장건설을 계획하면서 일본의 각국에 대한 차관공여 상황을 조사해 둔 것이 도움이 되었다.

우시바 씨는 인도와 파키스탄에 대한 것은 잘 알지 못하므로, 그 내용을 조사한 후 나의 제언提言을 검토해 보자고 수긍하는 자세가 되었다.

가능성이 있음을 간파했다. 다음날 아침 도쿄지사에 나갔더니, 9시 전에 벌써 우시바 씨로부터 전화연락이 있었다고 했다. 그에게 전화를 걸었다. "인도에는 5억 5천만 달러의 차관이 이미 공여되었는데, 그중 7천만 달러는 상환되고 4억 8천만 달러의 잔고殘高가 있는 것을 알았다. 이 사장 말씀에 따라 잘되는 방향으로 추진해 보겠다"고 우시바 씨는 말했다.

이 소식을 즉각 김 대사에게 전하고, 수십 개의 현대화된 공장의 건설자금이 확보된 셈이므로 무척 기뻐했다. 그리고 귀국하자마자 박정희 대통령과 정 총리, 장 부총리를 만나 그 전말을 알리고, 반드시 실현시켜 달라고 부탁하였다.

그러나 당시 정치인이나 당국자들은 6억 달러의 상업차관이 어떤 의미를 지니는지 제대로 실감하지 못하는 것 같았다.

얼마 후 도쿄에 갔더니 김 대사는 상업차관의 증액은 추진 않기로 했다는 것이었다. 매우 놀라 무슨 소리냐고 했더니, 본국에서 청구권 관계의 전문가가 와서 "상업차관의 증액보다는 유상자금 2억 달러의 이자를 인하하고, 상환기간을 15년에서 25년으로 연장하는 편이 훨씬 유리하다"는 방침을 정하여, 지금 그러한 방향으로 교섭이 진행되고 있다는 것이었다. 기실其實 이것은 몇천만 달러의 이득에 불과하다.

목전目前의 소리小利 때문에 국가백년의 대리大利를 놓친다. 외자를 도입하여 많은 공장을 세워, 빚을 갚아 가면서 기업의 힘을 기르고 한국경제를 키워 가야 한다. 어찌하여 이러한 장기적 안목眼目을 갖지 못하느냐고 여러 가지 계수計數를 들어 설명하였다.

김 대사는 이를 충분히 이해하고, 유상차관 이자 인하와 상업차관의 증액 두 가지를 병행하여 교섭해 보겠다고 말하였다. 나는 곧 우시바 씨에게 전화를 걸어, 양자를 다 실현시켜 주기 바란다고 부탁하였다. 그러나 우시바 씨는 대장성大藏省의 동의를 얻기 어려우므로 둘 중 하나만을 택해 달라고 했다.

'택일擇一하는 문제는 김 대사의 일'이라는 말을 남기고 다른 일로 간사이關西 여행을 떠났다. 그 후 며칠 있다가 도쿄로 돌아오는 전차 안에서 라디오 뉴스를 들으니, "무상 3억 달러, 유상 2억 달러, 상업차관 1억 달러로 결론이 났다"는 것이었다. 김 대사에게 알아본즉, 우시바 씨의 양자택일안을 본국에 연락했더니 청구권문제 전문가의 의견을 따르라는 지시가 있어, 이자율利子率 인하 쪽을 택했다는 것이다.

어이가 없었다. 당시의 6억 달러는 적어도 지금의 60억 달러 이상의 가치가 있었다. 만약 상업차관의 증액이 실현되었더라면, 한국경제의 성장속도는 한결 앞당겨졌을 것이며, 현재의 한국경제 양상도 많이 달라졌을 것이다.

그 후 일본에서 우시바 씨를 만나면 그때 이야기를 하곤 했다. "6억 달러로 늘려주지 않아 한국경제의 발전이 늦어졌다. 그 책임은 당신에게 있다"고 내가 농담을 하면, 우시바 씨는 "6억 달러의 차관이 그토록 중요한 줄은 미처 몰랐다. 그러나 일본 같으면 경제인經濟人 말에 귀를 기울이지만, 한국에서는 매사 관리官吏 말대로 하기 때문이 아니겠느냐"고 역습해 온다.

그 우시바 씨도 암으로 가고 없다. 그때의 6억 달러 이야기는 역사적인 하나의 사실로서 깊은 의미를 지니고 있다고 나는 생각한다.

한일회담 타결 1년 후, 한국의 경제건설은 호조好調를 띠어 외화外貨가 부족했다. 갑자기 5천만 달러가 필요하게 되어 장기영 부총리가 도일渡日, 1주일간 체류하면서 상업차관의 도입을 교섭했으나 성사하지 못했다. 장 부총리의 재임 중만 해도 몇천만 달러의 외화가 없어 그 후 계속 고생하는 실정이었다. 대일청구권對日請求權 타결에서 정부당국은 1년 앞을 내다보지 못했던 것이다.

제9장

세계최대의 단일 비료공장

한국비료가 도입할 차관의 일본 정부 승인은 순조롭게 진척되었다. 일본 정부의 관계당국자인 우시바 노부히코 씨가 호의적이었고, 일본 재계의 지원이 있었기 때문이었다. 일본 정부의 조사 결과는 대체로 긍정적이었고, 최종 확인을 위해 니시야마 아시아국장이 실태조사차 내한來韓했다. 니시야마 국장을 만나 비료의 자급自給이 얼마나 절실하고, 그 비료공장에 대한 일본의 협력이 한일 간의 우호증진友好增進에 얼마나 크게 기여할 것인가를 누누이 설명했다.

니시야마 국장은 공장건설 예정지인 울산蔚山도 돌아보고 귀국했다. 그날은 월요일이었다. 그는 비행기에 탑승하기 직전, 오는 금요일에는 일본 정부의 차관 승인이 나올 것이라고 귀띔해 주었다. 승인이 나오는 것을 미리 안다는 것과 그 날짜까지 맞히는 것이 무척 의아스러웠다.

과연 금요일에 승인이 나왔다. 1965년 6월 한일협정韓日協定의 정식 조인調印이 있기 2주일 전이었다.

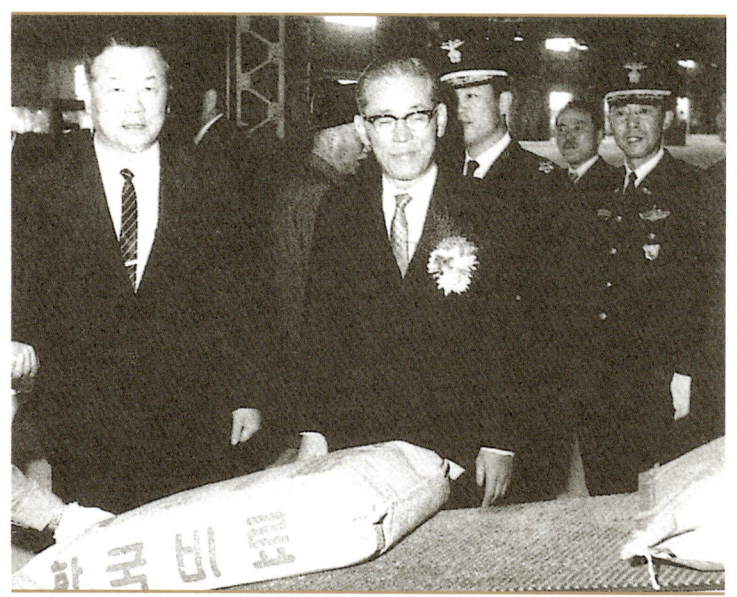

한비(韓肥) 준공에 즈음하여 공장을 돌아보는 저자와 장기영(張基榮) 부총리

    후에 안 일이지만 니시야마 국장은 내한할 때 이미 한비차관韓肥借款에 관한 전권을 위임받고 있었으므로, 그가 좋다고만 하면 일본 정부의 승인은 바로 나오게 되어 있었다고 한다.

    차관 액수는 당초 4,190만 달러로 결정되어 있었지만, 제대製袋공장과 실험실 등이 추가되어 최종적으로는 4,390만 달러로 확정되었다. 1965년 9월, 이 4,390만 달러의 차관도입 신청서를 경제기획원에 제출하여 바로 승인을 얻었다.

    이윽고 삼성三로이 세계 최대의 비료공장을 건설한다는 것이

한비 준공식에서 식사(式辭)를 하는 저자(1967년 4월 20일)

국내에 알려지자, 반응이 분분했다. 우선 그 웅대한 스케일에 놀라 그렇게 큰 공장을 과연 우리 손으로 지을 수 있을까 하고 의심하는 것 같기도 했다. 경제인이나 정부요인들까지도 "이 사장, 정말 가능할까요?" 하고 반신반의하였다.

이렇게 처음부터 규모가 너무 크다는 말이 있었던 한국비료공장이었지만, 건설준비 단계에서 시설능력이 다시 10%나 늘어나게 되었다. 공장의 부문별 시설을 점검하다가 머리에 문득 한 가지 아이디어가 떠올랐다. 보일러나 파이프의 용량과 배치는 모두 당초 계획대로 하더라도, 암모니아와 요소의 주요 부문 시설을 약간만 늘리면, 생산능력을 3만 톤 정도 늘릴 수 있을 것이라는 생각이었다.

대수롭지 않은 생각인지 모르지만, 미즈카미 미쓰이물산 사장과 설계를 담당한 동양엔지니어링 사장에게 이것을 말했더니, 참으로 기발하다면서 검토해 볼 만하다고 했다.

얼마 후 미즈카미 사장 이하 한비韓肥건설의 일본 측 관계자 일행이 내한했다. 이들이 박 대통령을 예방한 자리에서 나는 "이분들은 공장건설에 적극적으로 협력해 주고 있습니다. 자재 가격도 저렴하지만 이번에는 생산 능력 자체를 3만 톤쯤 늘릴 것을 검토하고 있습니다"하고 소개하였다. 박 대통령은 "매우 고맙다"고 일행을 치하하였다.

이렇게 하여 3만 톤 추가는 기정사실화되어, 한국비료의 총규모는 당초계획인 33만 톤에서 지금의 36만 톤으로 확대되었던 것이다.

공장부지는 울산으로 최종적으로 결정하고, 공업단지工業團地 안에 35만 평의 용지를 사들였다. 이 공업단지는 앞에서 말한 대로 내가 경제인협회 초대회장으로 있을 때 정부에 건의하여 조성한 것이었다. 이러한 공업단지 안에 비료공장을 건설하게 된 것은 예사 인연이 아니라는 생각이 들었다.

1965년 12월 10일, 공장부지의 정지整地공사에 들어갔다. 드디어 한비韓肥건설의 막이 오른 것이다.

현지의 기공식전起工式典에서 다음과 같은 인사말을 했다.

"우리나라의 비료문제에 대한 경제인으로서의 본인의 관심과 비료공장건설에 대한 기업인으로서의 본인의 사명감使命感은, 일찍이 본인으로 하여금 비료공장건설을 결의케 한 바 있었지만, 앞서는 4·19로, 최근엔 울산비료공업주식회사의 해산조치로 인하여 일단 좌절되었다. 그러나 우리 국민 중에 누가 해결하더라도 기어이 해결해야 할 국민적 과제이면서도, 아무나 해결하기에는 너무나 거창한 과제였던 까닭에 미루어 오던 이 사업을 위하여, 본인은 다시 한 번 헌신獻身할 것을 굳게 결의했다.

여기에 새로 세우려는 이 공장은, 특정 개인의 것이라기보다는 전농민全農民을 비롯한 우리 국민 전체가 보다 더 잘 살 수 있는 내일의 번영에 기여하기 위한, 이 나라의 것이요, 우리 국민의 것임을 이해하고 인식하여 줄 것을 간곡히 호소하는 바이다."

다음해인 1966년에 접어들자 일본에서 기계류가 반입되기 시작했다. 한국비료에 필요한 기계는 총 30여만 종에 중량은 18만 톤이나 되었다. 조금이라도 정리를 소홀히 하면 주체할 수 없을 정도로 체화帶貨가 생겼다. 심지어는 국내에 처음 반입되는 대형의 중화물重貨物이 많아 그때마다 지혜를 짜내지 않으면 안 되었다.

암모니아 탑塔은 중량이 2백 톤이나 되어 1만5천 톤의 화물선을 전세 내어 일본에서 울산항까지 운반하였다. 그러나 하선下船이 불가능하여 새로 부두를 건설해야 했다. 부두에서 공장까지 운반하는 것도 쉽지 않았다. 만주滿洲에서 중화물을 다룬 경험이 있다는 사람을 수소문 끝에 찾아, 갖은 궁리를 다한 끝에 타이어 수백 개를 이은 급조急造 롤러를 만들어 끌어가는 기묘한 방법을 쓰기도 했다.

공장의 건설작업은 미쓰이물산과의 계약에 따라, 미쓰이의 감독 아래 한비韓肥가 전담하는 형태로 진행되었다. 한비 요원을 작업에 직접 투입하여, 공사의 촉진을 도모하는 한편 기계에 익숙해지도록 하였다. 국내 업체로는 현대건설·대림산업·한국기계·제일건설 등을 비롯하여 30여 대소 하청업체가 공사에 참여했다. 공기工期의 단축을 위해서 돌관突貫 공사가 계속되었다. 그 광경은 마치 전장戰場을 방불케 했다.

틈나는 대로 건설현장에 나갔다. 넓은 공사장에서 수많은 사람들이 하나의 목표를 향해 일사불란一絲不亂하게 땀을 흘리는 모습은 참으로 감동적이었다.

한비의 공장장工場長 선임에 특별히 신경을 쓴 것은 물론이다. 큰 공사를 정연하게 그리고 조속히 추진시키는 주축이기 때문이다. 일반에서는 외국유학 경험이 있는 전문가를 초빙할 것이라고 예상했다. 그러나 심사숙고深思熟考 끝에 김재명金再明 군으로 정했다.

김재명 군은 부산에서 제일제당을 지을 때부터 늘 공장장으로서 공장건설을 앞장서서 추진해 왔다. 충직하고 부지런하여 삼성의 성장 발전에 많은 공헌을 하였다. 본인은 처음에 자신이 없다고 극구 사양했지만 강요하다시피 하여 맡겼다. 과연 김재명 군은 노무자들과 침식寢食을 같이하면서 불철주야不撤晝夜 공사를 독려하여 공장을 단시일에 완공시켰다. 공장이 완성될 때까지는 귀가하지도 않고, 점심시간을 이용하여 의복을 갈아입을 정도였다.

한비韓肥건설에 동참했던 종업원들로부터 다음과 같은 이야기를 들은 일이 있다. 김재명 군은 매일처럼 누구보다도 먼저 이른 새벽부터 일을 시작했는데, 합숙 중인 다른 사람들이 깰까봐 소리를 죽여 가며 몰래 일어나서 건설 현장으로 나갔다고 한다. 이러한 김 군의 솔선수범率先垂範과 지성至誠이 종업원들에게 깊은 감동을 주어 일사불란한 단합을 이루게 했었다고 한다.

김재명 군은 제일제당 사장을 끝으로 자기사업을 한다고 삼성을 떠났다. 현재 동서식품을 운영하고 있다. 그가 삼성을 떠날 때 그가 하는 사업은 무엇이든지 돕겠다고 약속했다.

공사는 완급緩急을 가리는 과학적 관리와 돌관突貫작업의 결과 의외로 진도가 빨랐다. 미쓰이 측도 이쪽 페이스에 경탄하면서 보조를 잘 맞춰 주었다. 한비 건설은 착공 1년 만에 차차 윤곽이 잡혀 갔다. 이대로 가면 계획대로 18개월 내에 완성할지도 모른다는 희망을 갖게 되었다. 바로 그 무렵이었다. 완공된 한비공장에서 손을 떼야 하는 뜻밖의 사건에 부딪쳤던 것이다.

제10장

정치기류에 휘말린 '한비韓肥사건'

그날을 결코 잊을 수 없다. 바로 1966년 9월 16일이었다. 한비韓肥공장을 착공한 지도 거의 1년, 공정은 80% 가까이 진척되고 있었다. 한비 완공의 날이 바로 목전目前에 있었다. 부푼 마음으로 도쿄에서 기계 선적船積을 독려하고 있었다.

그러던 차에 느닷없이 서울에서 긴급연락이 날아왔다. 보세保稅창고에 있던 OTSA라는 약품을 정부의 허가 없이 시중에 매각하여 큰 소동이 일고 있다는 것이었다.

급히 귀국했다. 실은 OTSA는 이탈리아 몬테카티니 사社가 개발한 특수약품으로서, 요소비료 제조공정의 하나인 탄산가스의 흡수 재생과정에 쓰이는 것이므로 한비의 설계회사인 동양엔지니어링을 통해 그 특허를 몬테카티니 사로부터 산 것이다.

그것이 협소한 보세창고 내에 수많은 자재들과 함께 그대로 방치되어 있었는데, 어떤 현장담당사원의 부주의로 당국의 허가 없이 6톤(당시 5만 달러 상당)을 처분했다. 이 과오過誤로 지난봄에 벌금을 물고 일단 해결된 사건이었는데, 몇몇 정치인의 의도적인 작해공작作害工作으로 말미암아 또다시 재연再燃되었던 것이다.

사태는 심각했다. 한국제일의 재벌이 밀수密輸를 했다고 신문들은 연일 대서특필大書特筆했다. 국회에서도 연일 이 문제가 거론되었다. 어느 신문은 반년 동안에 걸쳐 사설社說이나 기사를 통해서 계속 삼성을 비난하였다. 일단은 벌금으로 사건을 처리했던 검찰도, 이러한 여론에 눌렸음인지 일사부재리一事不再理의 원칙을 위배違背하면서까지 강제수사에 나서 차남 창희昌熙를 비롯한 몇 사람의 삼성 사원을 구속하기에 이르렀다.

이 사건이 정치문제화되고, 일부 매스컴이 이에 가담하여 끈질긴 삼성 공격을 되풀이했던 이면裏面에는 당시의 복잡한 정계政界 사정이 얽혀 있었다. 지금 그것을 여기에서 굳이 밝힐 생각은 없다. 그러나 다만 한 가지 분명히 해두고자 하는 것은 OTSA 문제가 일사부재리의 원칙도 무시된 채 강제수사를 받게 되었던 배경에는, 몇몇 정치인의 공작이 숨어 있었다는 사실이다. 현재로서는 이름을 굳이 밝히지 않으나 장차 그 진상이 밝혀질 날이 있을 것이다. 그뿐 아니라 당시 권력구조의 중추中樞에 있던 인물이 OTSA 문제가 일어나기 전에 '한국비료 주식의 30% 증여'를 요구해 왔었던 사실도 있다.

아무튼 삼성의 잘못을 인정하지 않는 것은 아니다. 그러나 과장되어 마치 국가적 범죄라도 저지른 것처럼 몰아붙이는 것은 정도를 넘는 일이었다. 입을 열면 모두 변명으로밖에 받아들이

지 않는 분위기였다. 그야말로 사면초가四面楚歌였다.

천리의 둑도 개미구멍 하나로 무너진다. 비원悲願의 비료공장은 물론이거니와, 오랜 세월에 걸쳐 각고刻苦 끝에 쌓아 올린 사업가로서의 업적도 모두 허사가 되고 마는 것일까, 하고 이를 데 없는 적막寂寞과 고독에 사로 잡혔다.

선친이 언제나 일러주던 '사필귀정事必歸正'의 뜻을 되새기면서, 마음의 평온을 잃지 않으려고 무척 노력했다. 그러나 악랄한 비난 속에서 삼성이 공장건설을 속행續行하는 것은 무리라고 판단했다. 정부의 암암리暗暗裡의 강요도 있어, 드디어는 국가에 헌납獻納할 것을 결의하고 그 뜻을 공표했다. 누가 건설하여 운영하든 비료공장은 국가적 견지에서 시급한 것이었으므로, 정부가 인수하여 완공시켜 주도록 요구했다.

정부는 기다렸다는 듯이 극히 만족하면서 "완성 후에 헌납하라"고 요구했다. 한비韓肥 건설은 나의 숙명宿命이다, 이렇게 각오하고 건설작업의 촉진에 모든 노력을 기울였다.

사면四面의 차가운 시선 속에서 사원들을 독려하여 작업을 계속한다는 것은 참으로 난감難堪한 일이었다. 그러나 그럴수록 곤란을 극복하면서 더 자주 현장에 내려가, 동요하지 말고 일에 전념하도록 특별히 당부하곤 했다.

이러한 곡절 때문에 공기工期는 다소 늦어졌지만 1967년 1월부터 부분적인 시운전試運轉에 들어갔고, 3월에는 완공되어 풀가

1966년 9월 22일 기자회견에서 저자가 한비를 국가에 헌납하겠다고 의연하게 밝히고 있다.

동稼動에 들어갈 수 있었다. 4월 20일의 준공식竣工式에서는 그동안의 숱한 고난을 회고하면서 무량無量한 감회感懷를 안고 기념사를 읽었다.

한비韓肥의 나의 소유주(전체의 51%)를 모두 정부에 기부하는 절차를 밟았다. 소유주의 51%를 채우기 위해서, 동방생명과 마찬가지로 보험사업의 장래를 계획하여 매입하였던 동양화재보험의 내 소유주와, 현재는 한진빌딩이 서 있는 서울 중심부의 1등 대지垈地 등을 방매放賣까지 하여 소요자금을 마련했던 것이다.

10년에 걸쳐서 세 번씩이나 도전하여 겨우 완성시킨 비료공장이다. 손을 떼는 데 아무런 감상感傷이 없었다고 하면 거짓말이 될 것이다. 그러나 한 가지 틀림없는 보람과 기쁨이 있었다. 국가가 시급하게 필요로 하는 세계 최대의 비료공장을 내 손으로 완성시켰다는 바로 그 사실이다.

또한 역경逆境 속에서도 용하게 자기 자신을 잃지 않고, 흔들리는 마음을 가누어 시종 정심정념正心正念을 잃지 않았다는 사실에 자기위안自己慰安을 했던 것이다.

준공식을 마치고 도쿄에 가서 데이코쿠 호텔에서 성대한 축연祝宴을 열었다. 한비 건설에 협력해준 일본 재계인사들에게 진정으로 사의謝意를 표하기 위해서였다. 한비 건설에는 일본 측 계약 당사자인 미쓰이물산을 필두로 하여 IHI石川島播磨 중공업·코베제강 등 일본의 유력 기계메이커 160개 사가 참여하였으며, 여기에다 하청업체까지 합치면 능히 400개 사는 넘었다.

이처럼 많은 기업을 동원하여 총 18만 톤이나 되는 기계·장치류를 질서정연하게 제작·조립해 가는 작업은 결코 용이한 일이 아니었다. 당시 일본으로서도 종전 후 처음 다루는 큰 프로젝트였다고 한다. 그것을 미쓰이물산과 우리가 서로 협동하여 마침내 결실을 보았다. 하물며 당초 계약 공기 40개월을 18개월로 단축시켰던 것이다.

파티에는 일본 간토關東지방의 재계 정상급은 거의 빠짐없이 참석했는데 5백~6백 명이나 되는 내객來客들은 "불가능할 줄 알았는데 참으로 놀랍다"고 한결같이 치하致賀해 주었다.

이나야마·미즈카미·안도安藤·안자이安西 씨 등 이번 프로젝트에 지도적 역할을 해준 재계의 정상급 20명은, 이튿날 따로 신바시新橋의 신세이新星요정에서 대접하고 사의를 표명하였다.

때마침 공연차 도쿄에 와 있던 국악원의 박귀희朴貴姬 여사·이은관李殷官 씨 일행 30여 명에게 특별출연을 부탁했다. 마침 그날 그들은 공연이 없었다. 일본 풍속으로는 이와 같은 자리에서는 앉는 순서에도 까다로운 관례가 있다. 이 문제는 요정 측에 일임했지만, 일본 재계의 정상급이 한자리에 모였기 때문에 역시 분위기는 딱딱했다. 이것을 감지感知한 박귀희 여사는 서투른 일본말로 좌중 분위기를 부드럽게 이끌어 갔다. 더구나 유연한 율동의 우리 전통무용과 풍부한 성량聲量의 우리 판소리에는 모두가 넋을 잃고 감탄했다. 마치 우리나라의 전통예술傳統藝術을 소개하는 자리처럼 되었던 것이 지금도 눈에 선하다.

한비韓肥는 초저리(연 4%)의 차관으로 초단공기超短工期에 건설되었다. 그러므로 상환부담이 적을뿐더러, 세계 최대라는 규모의 이점 때문에 생산원가가 세계적으로 가장 저렴하였다. 당시 요소비료의 국제시세는 톤당 95 달러였으나 한비의 생산원가는 65 달러에 지나지 않았다. 한비의 연간 생산량은 36만 톤이므로 그 차이는 연간 1,080만 달러나 된다. 국내의 자급자족은 물론 수출시장에서 세계를 석권席卷할 수 있는 기초조건을 갖추었던 것이다.

그러나 정책의 착오로 여수화학공업단지 등에 건설원가가 훨씬 높은 비료공장을 남설濫設하여, 생산원가가 비싼 비료를 공급함으로써 농민의 부담만 가중시키는 결과가 되어버렸다는 것은 참으로 불가사의不可思議한 일이다. 또한 수출경쟁력도 상실하여 충주비료·나주비료·진해화학 등의 생산공장까지도 스크랩화하는 한편, 한비韓肥나 영남화학의 생산량을 반감半減시켜야 하는 지경에까지 이르고 말았다는 것은 지금도 그 이유를 알 수 없는 일이다.

이 한비韓肥사건은 파란 많던 나의 생애에서도 더할 나위 없는 쓰디쓴 체험이 아닐 수 없었다.

이러한 비탄의 와중이었다. 설상가상雪上加霜으로 전적으로 신임했던 한 간부사원이 이 사건 때문에 삼성이 파산하는 줄만 알았는지, 나를 배반했다. 인장印章을 맡긴 것을 기화로 삼성재산의 3분의 1을 횡령橫領했던 것이다. 추궁했더니 거의 반환했지만, 어이없는 일이었다.

또 다른 한 간부사원은 삼성을 만드는 데 반은 자기 노력이 있었다고 하면서, 삼성 재산의 절반을 요구하는 웃지 못할 일까지 있었다. 언젠가는 이 사실을 구체적으로 밝힐 날이 있겠지만, 현재로서는 그 어이없던 일은 일단은 덮어 두기로 한다.

제6편

문화사업

제1장 문화재단 설립
제2장 교육과 도의문화의 진흥을
제3장 호암미술관 설립
제4장 매스컴의 경영
제5장 동양방송의 영상은 사라지고
제6장 용인자연농원에 건 꿈
제7장 위암 수술을 받고

제1장

문화재단 설립

한국비료의 건설에 착수했던 1965년에 나의 기업력企業歷과는 전혀 다른 새로운 영역에 손을 댔다. 삼성문화재단三星文化財團의 설립과 〈중앙일보〉의 창간이 그것이다.

55세, 옛말대로라면 지천명知天命의 나이에 이르고 있었다. 지천명이라고 하기엔 쑥스럽지만 한국 제일의 재벌이라는 세평世評을 들으면서부터, 기업 외의 영역에서 사회에 직접 공헌할 수 있는 길이 무엇인가를 모색해 왔다.

기업은 생산·고용·소득의 증진 등 경제적 가치 추구를 통해 인간의 행복을 약속해 주지만, 인생에서 경제 이외의 가치를 도외시度外視할 수는 없다.

외국 재벌의 경우를 조사시키는 한편, 내외의 여러 친지들과도 기탄없이 의논했다. 육영사업·복지재단 등 여러 가지 사례가 있었다.

경제적 사정 때문에 유위有爲한 인재가 교육받을 기회를 얻지 못하고, 학술·문화 활동의 창달이 제대로 안 된다면 이는 사회적 공평의 원칙에 어긋날 뿐만 아니라, 사회발전을 원천적으로 저해沮害하는 일이 아닐 수 없다. 55회回 생일을 맞이하여 삼성문화재단의 설립을 결심했다.

이 뜻을 온 가족에게 설명했다. 우리 가족이 생활하고도 남는 재산은 그것을 문화재단에 출연出捐하여 육영·문화·복지 등 사회공익社會公益에 기여하도록 하자. 사회일반의 복지증진 없이는 우리 가족만의 행복도 기할 수 없다. 우리나라는 아직도 저소득 후진의 상태에 있다. 우리 일가가 앞장서서 사회의식의 계발啓發과 사회번영에 이바지하자는 것이 나의 설명의 요지였으며, 가족들은 모두 찬동했다.

그러나 삼성 사내에서는 의견이 두 갈래로 나누어졌고, 소극적인 반응이 오히려 다수인 것 같았다. 그들 주장의 골자는, 두 번의 혁명에서 겪은 상처가 아직도 채 아물지 못한 상태일뿐더러, 한비韓肥건설에 워낙 거대한 자금이 소요되기 때문에 재단설립의 취지에는 찬성하나 그 시기는 늦추는 것이 좋겠다는 것이었지만, 끈질긴 설득 끝에 그들의 찬동을 얻었다.

설립에 앞서 세계적으로 저명한 노벨, 록펠러, 포드, 카네기재단 등의 기금基金구성과 그 운용방법을 비롯해서 사업의 내용 등을 소상히 조사하였다.

그 결과 재단의 존립과 재단사업의 영속성永續性을 보장받기 위해서는 재단기금이 잠식蠶食되지 않아야 한다는 것을 새삼 알게 되었다. 재단기금이 인플레로 가치 잠식이 되거나, 수익이 없어서 기금 자체를 잠식하는 일이 있어서는 안 되겠다는 판단에서 기금 출연出捐을 주식과 부동산으로 하기로 했다. 제일제당·제일모직·동방생명·신세계 등의 주식 중 개인의 지주분 10억 원 상당과 부산시 용호동의 임야 10여만 평을 출연하였다.

정관定款에 '해산되는 때에는 재단의 잔여재산은 국가에 귀속된다'는 조항을 규정함으로써, 후일 혹시나 재단 재산이 사사이익私事利益에 이용되거나 사장死藏되는 일이 없도록 했다.

문화재단 설립에 즈음하여 발표한 취지서趣旨書에서 당시의 심경을 다음과 같이 피력하였다.

"본인은 금반今般 본인 소유재산을 던져, 다년간의 숙원이었던 육영과 문화·복지사업을 위하여 삼성문화재단을 창설키로 하였습니다. 본인은 경제계에 투신한 이후 30여 년의 긴 세월을 오직 기업의 창설·개척·확장에만 전념해왔습니다. 본인이 이룩했던 업체 하나하나는 모두 본인의 꿈과 피와 땀이 엉키지 않은 것이 없습니다. 그야말로 혈한각고血汗刻苦의 결정結晶입니다.

그러나 허다한 기업의 창설과 발전, 그리고 자본의 축적은 그 목적이 본인 후손의 풍요한 생활 영위營爲에 있었던 것은 결코 아니었습니다. 그러므로 개인생활 영위에 필요한 범위를 훨씬 초과하는 본인의 재산은 이것을 계속 사유私有함으로써 사장死藏·방치放置하느니보다는, 국가·사회를 위해 유용하게 전환·활용하는 것이 옳다고 늘 생각해왔던 것입니다.

이제 영구히 본인의 소유를 떠나 다시는 본인에게 돌아오지 않을 이 재산이 새로운 공익재단公益財團의 사업활동의 근원이 되어, 재단이 목적하는 바 각 분야의 사회공익에 다대한 기여가 있도록 국민 여러분의 절대絶大하신 성원聲援을 거듭 기대하여 마지않습니다."

6년 후인 1971년에 두 번째로 사재私財의 처분을 단행하였다. 문화재단 설립에 주식·부동산 등을 출연한 후의 나머지 내 개인 소유재산의 조사·평가를 금융기관에 의뢰했더니 180억 원으로 판명되었다.

이것을 3등분했다. 180억 원 중 60억 원을 삼성문화재단에 추가 출연하고, 다음 60억 원은 가족과 삼성그룹의 유공사원에게 주식으로 배분했다. 그리고 나머지 60억 원에서 10억 원은 사원 공제조합 기금으로 기증하고, 50억 원은 일단 내가 보관했다가 후일에 다시 유익한 사용방도를 강구하기로 했다.

삼성그룹의 1971년 주주총회 종료 후 새로 선임된 대표이사회 회의에서 이 '사재 3분화'를 공표했다. 이 사실은 내외 매스컴에 크게 보도되어 갖가지 반향을 불러일으켰다. 대체로 '과단

果斷'이라는 평이었다. 그러나 '무언가 복선伏線이 있을 것'이라는 일부의 험담도 없지는 않았다.

각고면려刻苦勉勵 끝에 쌓아 올린 재산을 세상에 던지는 심경은 연만年滿한 딸을 출가시키는 마음, 바로 그대로였다. 다만 국가·사회에 유익하게 쓰이길 바랄 따름이었다.

나는 시중은행주市中銀行株를 내놓을 때도 그랬지만, 한 개인이 너무 많은 재산을 가질 필요가 있는가 하는 생각을 갖게 되었다.

미국의 철강왕鐵鋼王 알프레드 카네기는 저서《부론富論》에서 '잉여재산이란 신성한 위탁물委託物'이라고 말했거니와, 그 위탁물을 어떻게 사회의 공동선共同善을 위해 쓰느냐가 문제다. 재산의 3분화를 결심했을 때만 해도 정치혼란은 반복되고 있었고, 도의道義가 땅에 떨어져 우리 사회에는 올바른 가치관도 없어 보였다.

재산을 3분화한 한몫으로 문화재단을 설립한 의도는 도의의 고양高揚과 가치관價値觀의 확립確立을 지원하는 동시에, 재정기반이나 내용에 있어서 미국의 카네기재단이나 스웨덴의 노벨재단에 버금가는 것을 만들어 보려는 데 있었다.

노벨상의 경우는 뉴욕의 월가 같은 데서 주식투자도 하고, 때로는 투기까지 해서 기금을 증식시켜, 견고한 기금 위에서 상賞의 권위나 신뢰를 유지해 가고 있다.

그러나 우리나라 현실은 이상 같지 않아서, 처음엔 문화재단 사업을 제대로 할 수 있을 것 같더니, 오히려 문화재단의 유지와 발전을 가로막는 법까지 만들어 근년엔 문화재단의 수익사업도 규제했다. 이 법대로 하면 그때 150개나 되던 문화재단들은 4~5년이 못 가 자연소멸自然消滅되는 지경에 이르게 되자 정부는 무슨 생각에서인지 법을 다시 개정했으나, 이 법 역시 새로운 문화재단의 설립도, 현재의 문화재단을 발전시키는 것도 어렵게 만들어 놓았다. 따라서 내 이상理想이었던 발전적 운영은 한낱 이상으로만 그치고 말게 되었다.

제2장

교육과 도의문화의 진흥을

'종신지계終身之計는 막여수인莫如樹人'이라는 명언을 빌릴 것도 없이 국가 백년대계에 있어서 인재육성人材育成의 중요성은 그것을 아무리 강조하여도 지나치지는 않는다. 고래古來로 한 나라의 성장은 청소년에 달려 있다고도 했다.

삼성문화재단의 사업으로서, 우선 자금난으로 운영에 어려움을 겪고 있던 대구대학을 인수하였다. 그 자금투입액은 서울에서 대학을 하나 새로 설립할 수 있을 만큼 큰 것이었다. 교육·문화의 서울 집중을 막고 지방에도 골고루 대학을 키워 보자는 생각에서였다. 대구는 삼성물산의 발상지이고, 제일모직의 본공장이 있어 삼성과는 인연이 깊은 고장이다.

당초 청구대학을 인수해서 종합대학으로 키울 계획을 하고 있던 박정희 대통령이 대구대학의 양도를 간청하기에 결국 넘겨주었다.

한편 삼성장학회三星獎學會의 사업을 계승 확충하는 것도 문화재단의 일이었다. 학생에 대한 장학금 급부給付에만 그치지 않고, 학술연구기관이나 학자들의 연구활동에도 자금 면에서 지원하

1969년 11월 25일 성균관대학교 호암관(湖巖館)(과학관) 준공 테이프를 끊는 저자(가운데)

는 제도를 마련하였다. 그 연구비로 연구발표회가 개최되고 논문집과 학회지가 발간되기도 하였다.

　재정난과 내분內紛으로 운영난에 빠져 있던 성균관대학교의 인수도 인재 육성을 위한 문화재단 사업의 일환이었다. 그러나 성균관대학교는 종합대학으로서는 문과계에만 치우쳐 있었다. 운영의 정상화와 함께, 이공계 교육의 거점으로 과학관을 신축, 기증하였다.

　재단에서 운영한 지 10년 동안에 성균관대학교는 비약적 발전을 이룩하였다. 1977년의 시점에서 산하의 단과대학은 4개에서 8개로, 학과는 25개에서 40개로, 그리고 학생 수는 3천 6백 명에서 7천 명으로 배증倍增되었다. 교사校舍의 연면적도 1만 평에서 2만 7천 평으로 확충되었다.

교세校勢의 급신장에 따라 수원 천천동泉川洞에 15만 평의 부지를 마련하고, 분교 캠퍼스를 단계적으로 건설할 계획을 추진하고 있었다. 우선 그 첫 단계로 이공대학의 신교사 6천여 평을 1977년에 완성하여 이공계 학과의 이전을 추진하고 있었다.

그러나 일부 학생이 이에 반대하여 교수를 구타하는 용납될 수 없는 반교육적 행태가 일어났다. 교수 안면顔面에 유혈流血이 낭자狼藉한 것을 목격한 나는 대학의 운용권을 정부에 일임하고 말았다.

그러나 앞으로 먼저 의과대학醫科大學을 하나 세워 못다 한 의욕과 열망을 펴고 싶은데, 뜻대로 일이 추진되었으면 좋겠다. 이미 서울 근교에 대지도 마련했고, 계획도 세워 놓고는 있다.

육영·연구사업과 함께 '도의문화道義文化의 앙양昻揚'은 삼성문화재단의 여러 사업 중에서도 커다란 지주支柱를 이룬다.

애국심愛國心, 공公과 사私의 구별, 봉사정신, 어버이나 형제 그리고 남을 헤아리는 성실한 마음가짐…. 이것들이야말로 인간 본연의 모습이며, 제도나 법률을 초월한 인간사회의 기본규범, 즉 도의道義이다. 동서고금東西古今의 역사가 말해 주듯, 도의가 땅에 떨어지고 망하지 않은 국가는 없다.

우리 민족에게는 유구한 역사에 갈고 다듬어진 많은 미풍양속美風良俗이 있고, 우리는 그것을 자랑으로 여겨왔다. 그러나 시대의 변천과 더불어 그 미풍양속을 우리는 급속히 잃어가는 실정에 놓여 있다.

인간이 추구하는 지선至善의 가치가 마치 생활 외형에 있는 것 같은 착각에 사로잡힌 현상이 두드러지게 나타나고 있다.

남을 중상中傷하고 해치고도 태연하다. 이기적인 목적을 위해서는 수단 방법을 가리지 않는 사고나 행동이 부쩍 자행恣行되고 있다. 예절이 퇴색하고 서로 공경하는 마음이 자취를 감추고 있다. 우려하지 않을 수 없다. 물론 시류時流를 단숨에 바로잡는다는 것은 불가능할지 모른다. 그렇다고 해서 그것은 포기할 성격의 것이 아니다. 무언가 시도하지 않으면 안 된다.

도의의 앙양昻揚을 주제로 한 논문·소설·희곡을 공모하여 우수작을 포상했다. 양심의 회복을 위해 내외의 양서良書를 골라 '삼성문화문고'로 간행, 고교와 대학도서관 및 공공도서관에 무상으로 기증하고, 일반 독자에겐 실비實費로 반포頒布하고 있다. 출판계 일각에서는 이것을 출판시장의 독점으로 오해하는 일이 없지 않았으나, 그 오해가 그다지 오래가지는 않았다.

당시 일반시민들 사이에는 독서 습관이 아직 정착되지 않았다. 과연 얼마나 읽힐지 몰라 문고 제1권은 3천 부를 인쇄하는 데 그쳤다. 그러나 결과는 예상 밖이었다. 2~3일 만에 매진되었

제2회 도의문화(道義文化) 저작상 시상식에서 치사를 하는 저자
(1973년 1월 30일)

다. 이에 판을 거듭하여 결국 제1권은 20만 부를 돌파하는 베스트셀러가 되었다. 이 부수는 당시의 우리나라 출판계로서는 경이적인 것이었다.

'삼성문화문고'의 출판은 지금까지 2백여 종에 이르고 있고, 총간행부수는 1천만 부를 넘었다. 내용과 권위를 인정받아 대학 등 각급 학교와 단체에서 교양교재로 채택하는 데가 늘고 있다. 삼성문화문고를 사람마다 자기계발自己啓發의 등불로 삼았으면 하는 것이 소원이다.

그리고 또 한 가지 '효행상孝行賞 시상'이 있다. 매년 전국 각도에서 숨은 효행자孝行者를 한 사람씩 추천받아 포상褒賞하는 것이다. 우리나라 전통사회에서 '효'는 가장 소중한 가치였다. 시대는 이미 달라지고 사람들의 가치관도 많이 바뀌었지만, 어버이를 효경孝敬하는 자식의 마음에는 고금古今의 차이가 있을 수 없다. '효'가 바탕이 된 가정은 건전하다. 그 가정이 단위가 되어 구성하는 사회 또한 건전하다. 인간의 본성에서 저절로 우러나오는 효도孝道야말로, 시대의 고금을 초월한 영원한 인간의 질서이고 규범이라고 확신한다.

1969년에는 아산 현충사顯忠祠의 중건重建에 따르는 조경造景공사를 박 대통령이 간청했다. 실은 나는 그때 문화재단의 사업으로, 온 국민의 추앙을 받는 성웅聖雄 충무공忠武公의 사당祠堂을 시멘트조造가 아닌 한국 고유의 전통미를 갖춘 장엄한 목조건축으로 할 것을 원했다. 그것을 실현 못한 아쉬움은 지금껏 남아 있지만, 정부당국은 굳이 조경을 부탁했었다. 중앙개발의 조경부에서 꾸민 10여만 평의 현충사 경내 조경은 국내 최고의 정원으로서 영국, 일본의 조경전문가들도 감탄하고 있다.

인재를 육성하는 일이나, 사람들의 심금心琴을 울려 정신개혁精神改革을 촉구하는 일은 결코 용이한 일일 수가 없다.

그렇다 하여 모두 방관만 하고 있다면, 사회와 문화의 진보를 기대할 수는 없다. 천 리의 길도 한 걸음부터라는 것이 문화재단 사업에 거는 나의 변함없는 소원이다.

제3장
호암미술관 설립

삼성문화재단에 관련하여 또 한 가지 기술記述해 두고 싶은 것이 있다. 나의 미술편력美術遍歷에 관한 것이다. 이 오랜 편력은 호암미술관湖巖美術館을 설립, 개관하기까지에 이르렀다.

미술품 수집은 33세 때로 소급遡及한다. 대구에서 삼성물산의 전신이라고 할 삼성상회를 설립하여, 양조업을 주主사업으로 확장해가던 시기였다. 서書에서 시작하여 회화繪畵에 끌리고, 신라 토기土器, 이조백자와 고려청자를 거쳐 불상佛像을 포함한 철물·석물·조각·금동상金銅像에 심취心醉하게 되었다.

점수로는 2천여 점, 이 중에는 국보와 보물로 지정된 것이 50여 점 있다. 그중에서도 가장 자랑스러운 것은 청자진사연화青磁辰砂蓮花표형주자瓢形注子와 청자상감운학모란국문青磁象嵌雲鶴牡丹菊紋매병梅瓶 등이다.

표형주자는 동자童子와 연꽃잎의 정교함, 진사채유辰砂彩釉의 넘치는 기품, 뛰어난 기형器形의 조화미調和美, 그것들이 혼연渾然히 일체가 되어 뭐라고 형용할 수 없는 분위기를 풍겨낸다.

청자진사연화(靑磁辰砂蓮花)표형주자(瓢形注子)(좌)
청자상감운학모란국문(靑磁象嵌雲鶴牡丹菊紋)매병(梅甁)(우)

　이것과 비슷한 주자注子가 워싱턴의 후리어박물관에 소장되어 있는데 그나마 뚜껑이 없어 완형完形도 아니며 정교함이나 조화미에서 호암미술관 소장의 주자와는 격이 다르다.

　이 세계 최고 명품 주자는 일본에 밀반출密搬出되었던 것을 파격적인 거금을 주고 사들인 것이다. 그 당시 가격으로 일본에서는 100만 달러로 평가되었다. 임금을 4번이나 바꾼 고려조의 절대적 권신 최충헌崔忠獻의 손자인 최항崔沆의 강화도 무덤에서 묘지墓誌와 함께 출토된 것이다.

　한편 매병梅甁은 상감象嵌의 문양紋樣이나 비취색翡翠色을 띤 유

삼성미술문화재단 이사들과 호암미술관내를 돌아보는 저자(1981년 4월 22일)

약釉藥의 빛이 비길 데 없이 밝고 부드러워, 우아한 기품과 안정감을 자아낸다. 미국이나 일본 등지로 흘러나간 것까지 함께 생각하더라도 고려청자로서는 최고의 일품逸品일 것이다.

고려청자는 송宋나라 자기磁器와 동시대의 것이지만, 그 제조방법은 다르다. 북송北宋자기는 섭씨 8백 도로 구웠으나, 고려자기는 1천2백 도의 고온으로 처리했다. 그러므로 고려자기의 일품은 5천 개나 1만 개 중에서 1개 나올까 말까 할 정도로 희귀한 것이다.

국보·보물은 이 2점 외에도 용두보당龍頭寶幢·가야금관伽倻金冠

· 청동검青銅劒 · 백동白銅은입사함銀入絲盒 · 평저주형平底舟形토기土器 · 토이土履 · 태환이식太環耳飾 · 단원檀園의 군선도群仙圖 등이 있다.

골동骨董수집의 동기를 이야기하라는 질문을 더러 받는다. 솔직히 말해서 나 스스로도 분명하지 않다. 굳이 말한다면 선친의 영향이라고나 할까. 1968년 초 〈일본경제신문〉의 청탁을 받아 미술 취미에 대해 기고한 일이 있는데, 몇 대목을 옮기면 다음과 같다.

선친이 거처하던 사랑방에는, 평상시 당신이 아끼시던 필묵筆墨이 담긴 문갑文匣이 여러 개 있었다. 찾아오는 묵객墨客이라도 있으면 그 문구文具로 시문답詩問答을 했다. 선친은 그것을 병풍으로 꾸미거나 문갑에 붙이거나 하였다. 그러한 선친의 조용한 뒷모습은 지금까지도 눈에 선하다.

한국 가정에서는 예로부터 제주병祭酒瓶을 소중히 다루어왔다. 제주병이란 문자 그대로 조상 봉사奉祀의 제주祭酒를 담는 병을 말한다. 자가양주自家釀酒가 허용되던 시대에는 가양주家釀酒의 상품上品을 이 제주병에 담아 두었다가 제삿날 제주로 쓰곤 하였다. 4대조까지 봉사奉祀하는 제사풍습이 있는 만큼 제주병을 소중히 여긴 것은 당연했다. 그 제주병은 종손宗孫에게 전승되어 다른 제구祭具와 함께 문중 재산목록의 첫째로 꼽혔다. 이런 환경이 나로 하여금 자연스럽게 서書나 도자기陶瓷器의 길로 들어서게 한 것 같다. 도자기에 대한 한국인 일반의 눈은 제주병에 의해 길러졌다고 할 수 있다.

'민족문화民族文化의 유산을 더 이상 해외에 유출流出·산일散逸시켜서는 안 된다.'

나이가 들면서 이러한 사명감使命感과도 같은 생각이 나를 더욱 미술 수집의 길로 이끌어 갔다.

인생은 짧고 예술은 길다는 말이 있다. 그 예술이란 인간정서의 고양高揚을 최고最高 최선最善의 것으로 순화醇化하여 표현해 내는 인간의 정신활동이다. 오랜 세월에 바랜 서화·도자기·철물 등에서 옛사람들의 희로애락을 느끼고, 보다 좋은 것, 보다 아름다운 것을 좇는 인간의 정열을 함께 감지感知한다. 거기에는 인류의 역사가 있고, 영원의 낭만이 있다.

그것들은 때로 침묵의 스승이 되기도 한다. 마음이 울적할 때는 위로와 용기를, 들떠 있을 때는 자제自制를 던져 주곤 한다.

10여 년 전 60세가 될 무렵부터 이들 컬렉션을 어떻게 후세에 남길 것인가를 이리저리 생각해왔다. 비록 개인의 소장품이라고는 하나 이것은 바로 우리 민족의 문화유산文化遺産이기 때문이다. 이미 개인이 보전保全하기에는 그 양이 너무 많다. 이것을 영구히 보존하여 널리 국민 누구나가 쉽게 볼 수 있게 전시하는 방법으로는, 미술관美術館을 세워서 문화재단의 사업으로 공영화하는 것이 최상책最上策이라는 결론에 이르렀다.

1975년 2월, 삼성문화재단 이사회에서 이 뜻을 피로披露했다. 이왕 미술관을 건립할 바에는 소장품을 영원히 보존하면서 미술 애호가들이 많이 찾아올 수 있어야 한다. 이리하여 해외의 개인 미술관을 여러모로 조사했다.

일본만 해도 건평이 7백 평이나 되는 큰 규모의 유명한 이데미츠出光미술관을 위시하여 일본 전국에 1,500개의 개인 미술관이 있다. 우리나라는 어떤가. 국립박물관 외에 불과 한두 곳이 있을 뿐이다. 참으로 놀랍고 서운한 일이었다.

용인자연농원에서 제일 좋은 위치에 1만 5천 평의 부지를 마련하고 미술관 건립에 착수하였다. 뉴욕의 구겐하임미술관을 설계한 라이트는 건물 그 자체가 조형미造形美를 갖도록 세심한 배려를 했다고 한다. 나도 미술관 건물이 우리나라 고유 건축미의 정수精髓를 결집한 것이 되도록 설계에 중점을 두었다. 오래오래 풍설風雪에도 견딜 수 있도록 견고한 화강석조花崗石造로 한 것도 그 특징의 하나이다. 정원에는 조각품을 배열하여 조각공원의 면모를 갖추도록 하였다. 이 미술관 건립을 계기로 하여 삼성문화재단을 삼성미술문화재단三星美術文化財團으로 개편했다.

미술관은 1982년 4월 22일 개관하였다. 건물 규모로 보아 소장 고미술품古美術品만으로는 전시물이 부족할 것 같아서, 서화·조각 등 현대작가의 걸작도 아울러 전시하여 비교 감상이 가능하도록 하였다.

호암미술관(湖巖美術館)

　미술관의 명칭은 '호암湖巖'이다. 호수마냥 맑은 물을 잔잔하게 가득 채우고, 큰 바위마냥 흔들리지 않는 준엄峻嚴함을 뜻하는 나의 호號를 그대로 붙인 것이다.
　개관을 앞두고 〈중앙일보〉는 호암미술관湖巖美術館을 다음과 같이 소개하였다.

　한민족의 유구한 얼과 찬란한 5천 년 문화예술의 극치極致를 모아 놓은 호암미술관은 재단법인 삼성미술문화재단이 총 20여억 원의 공사비를 들여 건립한, 우리나라 최초의 공익법인公益法人이 설립한 민간 미술관이다. 지상 2층, 지하 1층에 연건평 1,200평, 1976년 7월 착공, 1978년 5월에 완공했다.

호암미술관 동쪽에 위치한 저자의 동상. 1988년 1주기 추도식 때 삼성가족 이름으로 근립(謹立)되었다.

1층은 경주 불국사佛國寺의 백운교白雲橋와 같은 아치형 돌계단을 기단基壇구조로 하고, 그 위에 청기와 단층 건물을 얹어 2층으로 만들었다. 내부는 국내에서 가장 앞선 최신의 습도 조절장치와 조명·방화·방범·냉난방 시설 등을 완벽하게 갖춘 현대적 시설로 꾸며져 있다.

이 같은 규모와 시설은 민간 미술관으로서는 동양에서는 손색이 없는 완전무결完全無缺한 설비라는 평가를 받고 있다.

240평의 1층 전시실에는 현대 미술품을, 230평의 2층 전시실에는 선사유물·도자기·금속품 등의 문화재를 전시하고 있다. 동양화실인 1층 제1전시실에는 동양화 6대가大家와 이용우李用雨·최우석崔禹錫·김중현金重鉉 등의 대표작을 비롯한 1910년대 이후의 현대 한국화가 대표작 30여 점이 전시되어 있다.

서양화실인 제2전시실에는 서양화 도입시기인 1920년대부터 1970년대까지의 화가·조각가 60여 명의 작품을 전시하고 있는데, 이 중에는 오지호吳之湖·박수근朴壽根·이인성李仁星 등의 풍경화와 이달주李達周·도상봉都相鳳 등의 인물화, 권진규權鎭圭의 테라코타 조각 등도 있다. 박수근의 50호짜리 〈소와 아이들〉은 특히 고가高價로 매입한 것이라고 한다.

2층 전시문화재 중 가장 관심을 끄는 것은, 국내 유일의 것이며 신라금관보다 1천 년을 앞서고 그 양식도 달리하는 순금제純金製 가야금관.

이밖에 그 당시 우리나라에는 한 점도 남아 있지 않고 일본에 70여 점이나 유출되었던 고려불화도 매입했는데 바로 그것이 〈아미타삼존도阿彌陀三尊圖〉와 〈지장보살도地藏菩薩圖〉였다. 이 불화는 경매를 통해 구입했지만 일본 당국의 반대에 부딪쳐 미국을 경유해 들여오는 우여곡절을 겪었던 것이다.

전시내용이나 시설 면에서 종합미술관으로서의 면모를 고루 갖춘 호암미술관은, 특별전 개최, 미술관 학교, 미술관 동호인회 등을 통한 사회미술 교육활동도 펴나갈 계획이다.

아미타삼존도(阿彌陀三尊圖)　　지장보살도(地藏菩薩圖)

　호암미술관의 개관을 기념함과 아울러 사회교육의 일환으로 삼고자, 동양에서는 최초로 금세기 최고의 조각가 헨리 무어 옹翁의 작품을 영국에서 반입, 한 달 반 동안 전시하여 대성황을 이루기도 했다. 전시내용을 충실히 하기 위해 로댕의 작품과 부르델, 마욜 등 근대 최고조각가들의 명품名品을 위시하여 세계적으로 저명한 유화油畵의 명작名作을 지금 순차적順次的으로 매수 중에 있다.

제4장

매스컴의 경영

나는 생애에서 단 한 번 정치가政治家가 되려고 생각한 적이 있다. 4·19와 5·16 혁명을 거치면서 우리나라 경제가 혼미昏迷를 거듭하고 있을 무렵이었다.

천부天賦의 사명이 사업에 있다고 믿고 오로지 사업을 통하여 경제와 사회를 번영시킴으로써 국가나 민족에 공헌貢獻하려는 일념밖에 없었다는 것은, 위에서 누누이 밝힌 바와 같다.

그러나 두 차례의 변혁變革으로 중첩된 정치·사회의 혼미는, 경제에 파국적이라고 할 만한 영향을 미쳤고 기업활동을 위축시켰다. 그것은 국가·민족의 백년대계百年大計에 치명적인 손실이 아닐 수 없었다.

기업을 창설하여 국민에게 일자리를 제공하고 저렴低廉 양질良質의 상품을 공급하면서 국민의 소득을 늘릴뿐더러, 수입의 국산대체와 수출의 증대로 국제수지 개선에 이바지한다. 그러한 기업활동에서 얻은 수익으로 세금을 납부하여 정부 운영과 국가 방위를 뒷받침하는 이 경제인의 막중한 사명과 사회적 공헌은 전적으로 무시되고, 부정축재자라고 죄인의 오명汚名까지 쓰게 된다.

이와 같은 경제인經濟人의 힘의 미약함과 그 한계를 통감痛感한 것도 정치가가 되려고 생각한 동기의 배경이었다.

그러나 1년여를 두고 숙려熟廬한 끝에 정치가의 길은 단념했다. 정치의 목적은 국민을 잘 살게 하는 데 있다. 그런 올바른 정치를 권장하고 나쁜 정치를 못하도록 하며, 정치보다도 더 강한 힘으로 사회의 조화와 안정에도 기여할 수 있는 방법은 없을까 하고 생각한 끝에 결국 종합 매스컴의 창설을 결심했다.

'마상馬上에서 천하天下를 잡을 수는 있으나, 마상에서 천하를 다스리지는 못한다'는 명언이 있다. 그러나 마상의 총검銃劍보다도 강한 힘을 가지고 있는 펜, 즉 언론言論도 잘못 사용하면 흉기凶器가 된다. 언론은 구사하기에 따라 정의正義가 되기도 하고, 불의不義가 되기도 한다. 펜이란, 언론이란, 이 양면의 성격과 기능을 지닌 '양날의 검劍'인 것이다. 이것을 충분히 인식한 바탕 위에서 자율自律의 억제가 통하고 균형감각均衡感覺이 잡힌 힘 있는 종합 매스컴을 만들어 육성하고 싶었던 것이다.

그래서 박정희 대통령과도 협의하였더니 찬의贊意를 표하면서 그 자리에서 홍종철洪鍾哲 문공부장관에게 전화를 걸어 적극적으로 뒷받침하도록 지시하였다.

그때 이미 1964년 5월 9일에는 〈라디오 서울방송〉이, 동년 12

〈중앙일보〉가 새로 도입한 스위스 제(製) 초고속윤전기의 조작 버튼을 누르는 저자(1972년 9월 22일)

월 7일에는 〈동양텔레비전〉방송이 개국되어 홍진기洪璡基 사장이 경영을 맡고 있었다.

당시 텔레비전은 신세계백화점의 한구석에, 라디오는 태평로의 현 동양화재 빌딩에 각각 자리 잡고 있었다. 이 텔레비전과 라디오는 1년 후 신문과 함께 쓰는 신사옥으로 이전했고, 이어 양사는 합병되어 동양방송東洋放送으로 발족했다. 그러나 1980년 12월 1일에 국영방송 KBS에 흡수되는 비운悲運을 겪게 되었다.

방송 출범 1년 후인 1965년 9월 22일 〈중앙일보中央日報〉가 그 고고지성呱呱之聲을 올렸다. 의논을 거듭한 끝에 지면 편집의 지침이 될 사시社是를 다음과 같이 정하였다.

〈중앙일보〉 창간호를 펼쳐 보며 감회에 젖은 저자(1965년 9월 22일)

1. 사회정의에 입각하여 진실을 과감, 신속하게 보도하고 당파黨派를 초월한 정론正論을 환기喚起함으로써, 모든 사람들이 밝은 내일에의 희망과 용기를 갖도록 고취한다.

2. 사회복지를 증진시키기 위하여 경제후생經濟厚生의 신장伸張을 적극 촉구하고 온갖 불의와 퇴영退嬰을 배격함으로써, 자유언론의 대경대도大經大道를 구축한다.

3. 사회 공기公器로서 언론의 책임을 다함으로써 이성理性과 관용寬容을 겸비한 건전하고 품위 있는 민족의 목탁木鐸이 될 것을 자기自期한다.

〈중앙일보〉 사옥

　언론이 춘추春秋의 필법筆法으로 사리事理의 정사곡직正邪曲直을 밝혀야 함은 너무나도 당연하다. 그러나 언론은 자칫하면 사회의 어두운 면이나 개인의 과오 같은 것을 필요 이상으로 부각시키는 센세이셔널리즘의 함정에 빠지기 쉽다. 오히려 사람들의 선의善意나 선행善行 등 밝은 화제나 사실을 적극적으로 발굴하여, 독자로 하여금 장래에 대한 희망과 용기를 가질 수 있도록 환기喚起시켜 주는 것도, 신문의 큰 사명이라고 생각하여 이것을 사시社是 첫머리에 못 박았다.

　신문이 '품위 있는 사회의 목탁木鐸' 구실을 하려면 기자를 위시한 전사원이 그것을 감당할 만한 투철한 사명감과 능력을 갖

1985년 5월 1일 호암아트홀 개관 리셉션에서 정일권 전 국무총리, 노태우 민정당 대표위원, 김영삼 민추협 공동의장, 저자, 이만섭 국민당 총재, 이민우 신민당 총재(왼쪽부터) 등이 환담을 나누고 있다.

추는 것이 긴요하다. 그러기 위해서는 사원이 긍지와 보람을 갖고 일할 수 있는 환경과 후厚한 대우의 뒷받침이 있어야 한다.

 우선 신문사로서는 국내 초유의 호화사옥을 건립하고, 최신 시설과 기재를 갖추었다. 지상 10층, 연건평 4천 3백 평의 건물은 당시 서울에서는 처음 보는 굴지의 빌딩이었다. 전관에 냉·난방 시설을 한 것도 신문사로서는 국내 처음이었고, 고속윤전기나 모노타이프 등도 최신이었다.

 대우 면에서는 기자를 중심으로 동업 타사보다 급여를 2~3배 수준으로 했다. 기자의 생활이 보장되어야만 품위를 지키면서 정도正道를 갈 수 있다는 확신에서였다. 요컨대 기업경영의 신조인 '최고의 상품商品을 생산하기 위한 최고의 시설施設과 대우待遇 및 인재人材, 이 4가지 최고를 갖춘 신문사로 〈중앙일보〉를 키우고 싶었다.

물론 이 4가지 최고를 구비한 신문사를 실현 유지하기 위해서는, 사업으로서 경영에 성공하지 않으면 안 된다. 당시 신문이라고 하면 수익성은 전무全無했고, 무관無冠의 제왕帝王이기 때문에 본시 손익 따위는 도외시해야 한다는 것이 일반적인 통념이었다.

그러나 나는 그렇게는 생각하지 않았다. 건전한 언론은 건전하고 합리적인 운영 위에서만 성립된다고 생각하였다. 경영의 합리화合理化만이 종래의 언론풍토言論風土를 일신一新할 수 있는 지름길이다.

제5장

동양방송의 영상은 사라지고

1965년 9월 22일 〈중앙일보〉는 창간호를 발간하였다. 제호인 '중앙'에는 제일 크다는 뜻이 담겨있다. 이 신문이 사회의 공기公器로서 큰 역할을 완수해 줄 것을 기원하면서 나는 윤전기輪轉機의 시동 버튼을 눌렀다.

'삼성은 신문 때문에 그동안 많은 곤욕을 치러 왔다. 이번에는 그 보복을 할 작정인가 보다', '삼성그룹에 대한 공격의 방패를 삼으려는 것일까' 등등 험담險談과 중상中傷이 분분紛紛했지만, 일체 침묵을 지키고 사장 취임식에서 다음과 같이 사원을 격려하였다.

"정신생활의 해이解弛와 사회윤리의 타락墮落은 거의 위기에 이른 감을 주고 있다. 사회기풍을 발전의 방향으로 진작振作시키고, 인간의 존엄성과 사회의 공정성公正性을 일깨우며, 창조創造와 생산生産의 풍토가 이룩될 수 있는 길잡이가 되고자 한다."

창간 당시 전국의 일간지는 서울의 전국지 8개지를 비롯하여 모두 40여 개지에 이르고 있었다. 발행부수는 수위가 26만 부, 2위가 20만 부 정도였다. 〈중앙일보〉의 창간 발행부수 책정에는 많은 논의가 있었다. 지역별 보급소장으로부터 올라온 부수의 집계가 8만 부이므로, 우선 10만 부를 발행하여, 연내로 20만 부로 늘린다는 계획이 사내에서 세워졌다고 했다.

바로 창간 20만 부로 출범하라고 지시했다. 신문은 무엇보다도 편집의 내용이 중요하지만, 부수部數 역시 등한시할 수 없다. 근소한 부수로는 세론世論을 이끌어 가거나 대변代辨한다는 것은 불가능할뿐더러 사회의 평가를 받으려면 처음부터 절대로 부수가 많아야 한다고 확신했기 때문이다.

결과는 예상 밖의 호성적好成績이었다. 창간 38일 만인 10월 말에는 85%인 17만 2천 부가 고정 독자에 의한 유가지有價紙로 되고, 창간 1년 후에는 28만 부를 돌파하여 국내 수위의 자리를 확보하게 되었던 것이다.

경영면에서는 "6개월 내에 적자赤字를 면하면 탁월한 경영이며, 1년 내에 적자를 면하면 보통이고, 1년이 지나 그래도 적자가 난다면 그것은 잘된 경영이 아니다"라고 당부했지만, 이것 또한 결과는 '탁월한 경영'으로 나타나 삼성의 자금지원에 의존하지 않게 되었다.

그러나 만사萬事가 순탄하지만은 않았다. 창간 1주년을 목전에 두고, 이미 말한 바와 같이 한비韓肥사건이 도하 각 신문에 일제

동양방송 최후의 날 사기 강하식
(社旗 降下式)(1980년 11월 30일)

히 보도되면서 〈중앙일보〉도 큰 타격을 입었다. 부수는 한꺼번에 2만~3만 부나 줄었다. 그러나 전사원의 단합된 노력으로 이를 훌륭히 극복하고 비약飛躍을 거듭해 갔다.

홍진기 사장은 나의 사돈査頓이면서 고락苦樂을 같이한 동지同志라고 생각한다. 중앙매스컴의 운영에서 나는 기본방침만을 정하는 데 그치고 일체를 홍 사장에게 일임했다. 신문·방송의 운영 전체를 책임지고 그는 성심성의誠心誠意 심혈을 기울여왔다.

홍 사장만큼 나를 이해해 주고 협력해 주는 사람도 드물다.

여기에서 〈중앙일보〉 지면紙面에 관하여 한 가지 언급해 두고자 한다. '도의道義의 앙양昂揚'이 삼성미술문화재단 사업정신의 근간의 하나라는 것은 이미 말한 바 있지만, 〈중앙일보〉도 일관하여 이 테마를 다루어왔다. 최소 주 1회씩 도의 특집을 꾸며 왔고, 이 도의 테마에 적합한 훈훈한 화제나 교훈적인 사건을 예의 銳意 다루어 도의 진작振作에 앞장서왔다.

〈월간중앙〉·〈여성중앙〉·〈학생중앙〉·〈소년중앙〉·〈계간미술〉·〈문예중앙〉·〈이코노미스트〉·〈중앙신서〉 등의 잡지·서적의 경우도 그러했고, 압도적으로 높은 시청률을 견지했던 〈동양텔리비전〉이나 〈동양라디오〉의 경우도 또한 마찬가지였다. 도의앙양道義昂揚은 중앙매스컴 센터가 총력을 기울인 캠페인의 테마였던 것이다.

여기에서 굳이 과거형을 쓴 데는 이유가 있다. 박정희 대통령 암살사건 후 신정권이 수립되자 매스컴 재편성의 특별조치가 있어, 동양방송은 다른 민방과 함께 KBS에 흡수되고 말았기 때문이다.

동양방송은 발족 후 16년간 국민들의 극진한 사랑 속에서 크게 성장했던 방송국이었다. 사세社勢 신장에 맞춰 여의도에 10층, 연건평 1만 평의, 동양에서는 최신 최고의 시설을 갖춘 새 스튜디오를 완성했는데, 그것은 안타깝게도 본의 아닌 타의他意로 KBS에 흡수되기 바로 3개월 전의 일이었다. 정성을 다한 방송국

1980년 11월 30일 TBC 여의도센터에서 열린 TBC 고별행사에서 임직원들이 울먹이며 "TBC여, 영원하라!"고 외치고 있다.

을 부득불不得不 내놓아야 하는 마음의 아픔은 참을 길이 없었다.

동양방송 최후의 날, 1980년 11월 30일 여의도 스튜디오의 현장을 찾았다. 탤런트·기술자·직원들은 하나같이 눈물로 마지막 인사를 나누고 있었다. 그래도 흡수되었다는 실감을 전혀 느낄 수가 없었다. 그러나 유일한 즐거움이 없어진다는 시청자들로부터의 전화가 줄을 이었다.

밤12시 정각, 텔레비전의 마지막 화면은 동양방송 TBC의 사기社旗가 게양대에서 서서히 내려오는 장면이었다. 전원全員이 그것을 지켜보면서 통곡痛哭했다.

TBC의 영상映像은 이것을 최후로 사라졌다. 그 녹화필름은 지

1980년 11월 30일 TBC의 고별방송에서 박종세 아나운서 (마이크 앞)가 작별인사를 하고 있다.

금도 많은 사람들이 보관하고 있다고 한다. 그 마지막 장면을 어떻게 잊을 수가 있겠는가.

여의도 스튜디오를 지을 때, 그것이 다만 아시아 제일의 시설이라는 데 만족하지 않고, 최첨단最尖端 기술을 결집시킨 방송문화放送文化의 극치極致를 구현해야 한다고 생각했었다.

동양방송의 역사는 비록 17년으로 막을 내렸지만, 그동안 TBC가 보여 준 갖가지 프로그램은 항상 선구자적이었고, 우리 사회에 끼친 영향은 컸다. 그때의 TBC 연예 프로그램에 대해서는 지금도 잊지 않고 찬양하는 이들이 많다. TBC는 국내 최고의 시청률視聽率을 자랑했고, 그 결과로 건실한 기업적 토대 위에서 더욱더 질 좋은 프로그램을 공급할 수 있었다.

중앙매스컴에는 여러 가지 얽힌 이야기가 많다. 그중 하나는 윤전기 구입에 관한 이야기다.

〈중앙일보〉가 윤전기輪轉機를 발주한 1963~64년 당시의 일본은, 도쿄올림픽 경기景氣가 그 절정에 다다르고 있었다. 윤전기를 발주하려 해도 잘 응해주지 않았다. 재일교포 실업가인 손달원孫達元 씨와 동행하여 찾았던 오사카大阪의 어떤 메이커는 "3년분의 주문이 밀려 있다"고 거절했다. 대大메이커를 단념하고 윤전기 메이커로서는 별로 크지 않은 이케가이池貝에 제작을 의뢰하였다. 이것이 계기가 되어 그 후 이케가이에 대한 윤전기의 발주가 쇄도하여, 윤전기 메이커로서의 이케가이의 성가聲價가 급상승했다.

한비韓肥사건에 얽힌 여화餘話도 있다. 사건을 둘러싸고 몇몇 국회의원이 유난히 중앙매스컴을 혹독하게 비난했다. 그 후 선거 때 그들의 선거법 위반행위가 두드러져, 중앙매스컴은 그 사람들의 선거구에 방송중계차를 배치하여 주시注視했다.

아니나 다를까. 무선을 이용한 부정선거 모의내용을 캐치하게 되었다. 2백 명을 동원하여 대리투표를 한다는 내용이었다. 이 생생한 사실이 매스컴을 타고 보도되자 그 선거구는 발칵 뒤집혔다. 그 사람들은 모조리 낙선落選되고 말았다.

〈중앙일보〉와 관련하여 전주제지全州製紙에 관해 언급하고자 한다. 1967년 2월 16일 창립한 전주제지는 국제규모인 국내 최대의 업체로 성장하여, 현재 전국 신문용지新聞用紙 수요의 52.3%를 공급하고 있다.

삼성전자 사업을 일으키면서 나는 '모래砂子에서 브라운관까지'라는 모토로 생산품의 시작과 끝을 잇는 전공정주의全工程主義를 채택해 왔다. 전주제지도 이를테면 신문용지를 안정적으로 공급해야 한다는 구상에서 전공정주의로 시작된 것이다. 펄프 공급을 수입에 의존해야 하는 우리나라 현실에서 신문용지의 안정적인 공급이야말로 신문사업 창달을 위한 기초적인 급선무였다.

전주제지는 원래 도산倒産 직전의 회사를 인수해 운영해온 것인데 계속 경영이 부실해 일대 경영쇄신을 단행하지 않으면 안 되었다. 먼저 경영을 합리화하고 또 인사를 쇄신刷新해서 조직에 활력을 불어 넣었고, 시설을 개체改替해서 생산성과 품질을 향상시켰다.

여담餘談이지만, 그 공장을 전주全州에 세운 데는 곡절이 있었다. 그 무렵 언론계 일각에서 '삼성은 전라도를 기피한다'고들 했다. 그러나 삼성 사원들의 출신도를 인구비례로 조사해 보았더니 그 실정은 반대로 전라도 출신자가 많았다. 하지만 차제에 전라도에도 사업체를 하나 세우는 것이 뜻이 있을 것 같아 전주를 택했다.

1978년에는 뉴질랜드에 연산年産 8만 5천 톤 규모의 펄프공장을 현지 윈스턴 사와 합작으로 건설하여, 증가일로增加一路에 있

전주제지 전주공장 초지 5호기.

는 고급지류^{高級紙類} 제조의 수요에 대응하고 있다.

한편 전국적 규모의 대단위 조림^{造林}사업과 산림개발^{山林開發}사업을 전개함으로써 펄프와 목재의 수입의존 탈피에도 노력하고 있다.

제6장

용인자연농원에 건 꿈

해방 후 해외여행이 잦았던 나는 근 30년 동안, 기상機上에서 내려다보이는 유난히 헐벗은 우리나라 산하山河에 항상 안타까운 생각이 들곤 했다. 더구나 한국의 산은 너무 헐벗었다고 외국인들이 말할 때 어쩐지 떳떳하지 못하기도 했다. 태평양전쟁 중에는 군수물자나 연료용으로 벌채伐採만 하고 계획적인 조림造林을 등한히 했기 때문이다.

토질이 기름지지 못하고 강우降雨도 적어 수목이 잘 자라지 않는다는 전문가의 의견도 있다. 과연 그러할까. 고려시대만 해도 산림이 울창했다는 기록이 있고, 옛 건물에는 아름드리 재목이 많이 쓰였다. 우리나라에서는 큰 나무가 자라기 어렵다는 말은 아무래도 납득이 가지 않았다.

나의 이러한 의견에 대하여 서울대 농대의 권위있는 임학자林學者인 현신규玄信圭 박사는 광릉光陵에 한번 가보라고 했다. 광릉은 아름드리 거목巨木의 수해樹海였다. 토질도 우리나라에서는 흔한 반사토半砂土였다.

용인자연농원(龍仁自然農園)

　일본의 저명한 농업전문가 가네자와宮澤 씨도 같은 말을 했다. 일본은 나무가 잘 자라지만 자연조건은 한국이 훨씬 유리하다. 일본에서는 관동지방을 제외하고는 토질이 반드시 비옥하지만은 않고, 우기雨期에 기온도 냉冷하다. 나무는 1년에 한 번 우기 중의 고온 시기에 집중적으로 자라는데, 한국의 우기는 전국적으로 고온다습高溫多濕하므로 일본보다는 조림에는 오히려 기후조건이 좋다는 것이었다. 가네자와 씨는, 몇 번이나 내한來韓하여 실지 조사한 결과 그러했고, 그 좋은 예가 광릉이라고 했다.
　조림에 대한 자신을 얻었다. 푸른 산을 가꾸어 보자. 그것은 장차 우리 민족이 후세後世에 남길 큰 유산遺産이 된다고 생각하였다. 1968년 마침내 중앙개발을 주축主軸으로 하는 용인자연농원의 조성사업에 착수했다.

　우리 국토의 60%는 산야山野, 그 25%는 개발이 가능하다고 한다. 이를 개발하여 생산적인 자원의 공급원供給源으로 만드는 것은, 실질적으로 그만큼 국토를 넓히는 결과가 된다. 용인자연농원은 이런 뜻에서 국토개발의 시범사업으로 착수된 것이다.

　토질·강우량·온습도溫濕度 등이 국내 평균치여야 하고, 시범사업인 이상 많은 사람이 관람할 수 있어야 한다. 결국 농원용지를 경기도 용인군 포곡면 일대의 산야 450만 평으로 정했다. 적송赤松이 드문드문 서 있는 황폐한 야산이었다. 산지 소유자는 2천 명이 넘었고, 2천 기基가 넘는 분묘가 있었다.

　매입에는 갖가지 우여곡절이 있었다. 조상 전래의 땅이라 팔 수 없다는 사람이 있는가 하면, 시가의 몇 배를 요구하는 사람도 있었다. 살 수 있는 가능성은 적었다. 그러나 산지개발에 관한 특별법이 제정되고 농원農園사업의 목적과 의의를 들어 꾸준히 설득하면서 협력을 구했다. 매입이 끝나기까지는 상당한 시일과 돈이 들었다.

　개발은 종합적이어야 한다. 식림植林에는 좋은 묘목苗木이 필요하다. 우선 묘포苗圃를 마련했다. 수목이나 묘목 육성에 불가결한 퇴비堆肥의 공급원으로 양돈養豚을 선택했다. 그 묘포와 양돈에 필수적인 용수用水는, 저수지를 축조하고 지하수를 끌어 들여

1972년 4월 용인 호암장 한옥에서 저자가
용인개발본부 현판을 걸고 있다.

확보하였다. 그 저수지에서는 양어養魚도 하고 낚시터를 겸했다. 그리고 농장을 찾는 사람들의 휴식공간으로 동물원動物園과 유원지遊園地도 마련했다.

농원에 심을 수종樹種은 호두·밤·은행·살구·사과 등 유실수有實樹와 오동을 택하였다. 유실수는 식량이 될뿐더러 가공식품의 원료가 되므로 수익성이 높다.

20만 평의 묘포에서는 유실수나 화수花樹의 묘목 외에도 마늘·고추·당근·토마토 등의 개량종을 재배하여, 재래종의 2배 이상의 수익을 올리는 실례實例를 일반 사람들이 직접 관찰할 수 있게 했다.

신품종 묘목은 5백여 종, 1천 2백만 주를 각국의 식물원植物園이나 종묘포種苗圃로부터 도입했다. 그 묘목을 우리나라 토질이나 기후에 맞도록 시험재배하는 동안, 용인의 20만 평만으로는 묘포가 협소하게 되어, 수원 천천동에 15만 평으로 확장되었다. 미국의 롱우드식물원 못지않은 수준으로 용인 묘포를 육성할 작정이다.

퇴비의 생산을 위한 양돈에 있어서는 개량종의 종돈種豚 6백 두를 비행기 3대에 실어 수입하기도 했다. 돼지는 그 사육과 번식이 소보다 용이하고, 동물성 단백질의 공급원이 될뿐더러 수출에 의한 외화획득도 가능하므로, 일석이조一石二鳥의 다각적 효과를 기대할 수 있다. 수입 종돈을 우리나라 풍토에 맞게 개량하고 과학적으로 번식시킨 결과, 기업으로 성립되는 단계에 이르렀다. 한 단지에서 돼지 5만 두를 기르는 기업양돈企業養豚은 국내 최초의 일이다.

농원 용수用水를 공급하는 저수지는 5만 평을 넘는 규모인데, 여기에서 시작한 잉어나 붕어 등 담수어淡水魚의 양어養魚기술도 상당한 수준에 이르고 있다.

그리고 이러한 모든 것이 야외野外의 살아 있는 교재로서 사람들이 널리 이용하게 될 때까지, 이 농원의 구상은 완결될 수 없다.

어린이를 포함하여 농원을 찾는 많은 사람들의 휴식처로서, 20만 평에 펼쳐진 가족동산이 있다. 이것은 미국의 디즈니랜드나 일본의 요미우리讀賣랜드와 마찬가지로, 어린이들이 자연을 배우면서 자연 속에서 꿈과 낭만을 키울 수 있는 동·식물원과 어린이 놀이터로 꾸며져 있다. 세계 각국에서 진귀한 동물들을 도입했다. 여기에 있는 사자 사파리는 국내 최초의 것이다. 멧돼지 축구, 공작 쇼, 물고기 안 먹는 오리, 사불상四不像 등은 모두 용인동물원龍仁動物園만의 독특한 것이다.

천 년의 풍설風雪에도 능히 견딜 수 있는 우리나라 고유의 한옥과, 대지 1만 5천 평 연건평 1천 2백 평의 호암미술관湖巖美術館을 여기에 합쳐 용인자연농원의 다목적 기능을 갖추었다.

혹심한 한파寒波로 밤나무가 대량 동사凍死하는 등 10여 년에 걸친 각고刻苦 끝에, 박토薄土였던 용인의 산야는 이제 풍요한 옥토沃土로 변모하여, 우리나라 산림 개발의 가능성을 잘 입증해 준다. 황량했던 산의 연맥連脈이 푸르게 물들고, 가족동산에는 세계 도처의 진귀한 동물들이 뛰놀고 있다. 그리고 거기에는 언제나 수많은 남녀노소 시민들의 밝은 얼굴들이 있다.

이러한 광경을 바라보면서, 유실수有實樹의 개량, 묘목·종돈種豚·치어稚魚의 공급과 영농 기술의 보급 등으로 농가소득 향상에 다소나마 길잡이가 되고 있음을 생각할 때 한없는 보람과 기쁨을 느낀다. 동시에 우리나라 산림 개발의 가능성과 그 가슴 뿌

듯한 미래상未來像을 새삼 확인하기도 한다.

　용인자연농원의 개발을 놓고 개발 초기에는 자연 파괴라는 비판과 함께, 심지어 반反사회적 사업이라는 비난마저 있었다. 그러나 10여 년이 지난 현재의 성과와 평가를 놓고 볼 때 참으로 금석지감今昔之感이 없지 않다.

　농원의 나무 한 그루, 풀 한 포기, 돌 하나에도 온갖 정성이 깃들어 있다. 이 푸르르고 풍성한 농원의 자연은 후세後世의 유산遺産으로 남게 되리라는 것을 믿어 의심치 않는다.

제7장

위암 수술을 받고

문화재단이다, 신문이다, 방송이다, 농원이다 하고 동분서주하던 1960년대 후반에서 1970년대 전반에 걸친 10년 동안도 참으로 바빴다. 그러나 다행히 나는 매우 건강했다. 50 고개를 바라보면서 가벼운 신경통을 앓았던 일이 있었지만 이렇다 할 지병持病은 없었다.

그해 여름 도쿄에 들른 김에, 게이오慶應대학병원 인간도크에 하루 들어가서 검사를 받았다.

"위궤양 같은데 수술을 받으시면 어떻겠습니까? 증상症狀은 아주 경미하지만 빨리 손을 쓰는 것이 좋습니다."

X레이 사진과 진료 차트를 보면서 의사는 대수롭지 않게 말했다. 곧 귀국해야 한다고 말하자, 그 의사는 "서울에 돌아가는 대로 의논하여 결정해 달라"고 하면서 X레이 사진을 넘겨주었다.

서울에 돌아오자 바로 의사인 여서女壻와 장질長姪에게 게이오대학의 진단소견을 알리고 X레이 사진을 보였다. 그리고 "위궤양이 어느 정도 진행되고 있는지 모르지만 뚜렷한 자각증상自覺

症狀은 없다. 약물 치료나 했으면 한다"고 그들의 의견을 물었다.

며칠 후의 대답은 "곧 수술을 받으시는 것이 좋겠다"는 것이었다. 주요 병원 전문의들의 의견도 참작한 결론이라 했고, 가족들도 같은 의견이었다.

심상치 않다고 생각했다. 암癌은 아닐까 하고 직감했다. 가족들의 거동擧動을 유심히 살펴보니 무거운 표정들이었다.

가족을 한데 모아 놓은 자리에서 이렇게 말문을 열었다.

"인간의 생로병사生老病死는 피할 수 없다. 섭생攝生을 게을리 했거나 방심했기 때문에 명命을 최촉催促했다면 몰라도, 병사病死야 어찌하겠느냐. 불치不治의 병이라면 태연히 임사臨死하는 것이 마땅하지 않겠느냐."

침묵이 흘렀다. 이어 말했다.

"만약 암이라면 현대 의학으로도 아직 난치難治의 병이 아니냐. 숨기지 말고 바로 사실대로 말해다오. 동요하지 않는다."

가까스로 털어 놓은 가족들의 말은 "아직 단정할 수는 없으나, 암의 가능성을 전혀 배제할 수는 없다"는 것이었다.

더 들을 필요가 없었다. 역시 암이었구나.

가족들 앞에서는 태연했지만 내심內心으로는 착잡錯雜했다. 온갖 생각이 엇갈려 그날 밤은 늦도록 잠을 이루지 못했다.

며칠이 지나 마음의 평온을 되찾았다. 내 나이 66세, 아직 여명餘命이 있어도 좋은 나이지만 인명은 재천在天이다. 이 시점에서 최선의 선택은 무엇인지 생각했다. 여러 전문가들의 의견을 종합해보아도 초기의 위암은 수술로 완치할 수 있다는 것이었다.

그리고 위암은 세계에서 일본이 가장 많고, 그 치료도 일본이 가장 앞서 있다고 했다. 수술을 받기 위해 도쿄의 암연구소 부속병원에 입원하기로 했다. 원장인 카지타니梶谷鐶 박사는 소화기계암消化器系癌의 세계적 권위자였다. 일본 친지의 소개로 그의 집도執刀를 받기로 했던 것이다.

단신 도쿄로 갔다. 여서와 장질 그리고 3남 건희健熙가 한발 먼저 도쿄에 가서 준비하고 있었다.

1976년 9월 13일 수술대手術臺에 올랐다. 마취麻醉에서 깨어났을 때 카지타니 박사는 다음과 같이 말했다.

"위암은 아직 극히 초기 증상이어서 완벽한 수술을 했습니다. 기관지를 제외하고는 그 밖의 기관에는 이상이 없습니다. 담배만 끊으신다면 앞으로 20년은 걱정 없으십니다."

카지타니 박사는 그때까지 무려 1만 번이나 수술을 했는데 그 절반은 스스로 집도했다고 한다. 나보다 1년 연상인 백발이 성성한 믿음직한 노의老醫였다. 그의 충고에 따라 40년 동안 즐겼던 담배를 끊었다.

수술 후 회진回診 의사가 이런 이야기를 들려주었다.

"이 병원에서는 암인 줄 본인이 알고 수술받는 사람은 100명 가운데 5명 정도밖에 안 됩니다. 나머지 95명은 전혀 모르는 채

수술을 받습니다. 선생은 그 몇 안 되는 5% 가운데 한 분인데, 참으로 평온한 표정으로 수술대에 올랐습니다. 지금도 여전히 평온한 기색이시니 사생관死生觀이 뚜렷한 분 같습니다."

의사 말대로 시종始終 마음이 평온했던 것은 아니었다. 실은, 생사병로는 피할 수 없는 자연의 섭리攝理라고는 하지만, 처음 암인 줄 알았을 때 '한 10년만 더 살 수 있었으면…'하고 생각했다. 그러나 한편으로는 '조금 일찍 죽는다'고 생각했을 뿐 절망은 하지 않았다.

"하고 싶고, 해야 했던 사업에는 거의 손을 댔고, 또 성공도 했다. 그 사업을 통하여 국가·사회에도 기여했다. 이 이상을 바란다는 것은 과욕過慾일지 모른다"고 자위自慰하기도 했다.

'생生은 기寄이고, 사死는 귀歸이다.'

바로 그대로라고 생각한다. 그러나 인간의 죽음은 흔히 너무 이르든가 늦든가 한다. 그러므로 죽음의 길은 언젠가는 가야 할 줄 알면서도 미련이나 슬픔이나 공포를 자아내게 하는 것이다.

아무튼 위암 수술은 나에게 생生과 사死를 직시直視하게 하는 기회를 주었다.

"수술은 완벽했다"는 카지타니 박사의 말을 듣는 순간, '나는 조금 전까지 저 세상에 한 발을 들여 놓고 있었구나' 하고 실감實感했다.

어떤 사람은 암癌을 극복한 나를 '건강을 창조한 사람'이라고도 했지만 그 말에도 일리는 있다. 수술을 받기에 앞서 이제까지 내 모든 사업을 관리해온 방식 그대로 내 건강도 한번 관리해 보리라고 작정했다. 그리고 위암胃癌에 관한 세계의 권위 서적을 구해 공부를 시작했다. 집도의執刀醫만 해도 파리의 국립암연구소, 영국 왕립암연구소, 서독 하이델베르크 의과대학, 미국 국립암연구소 등의 권위자들이 대상이 되었지만, 결국 도쿄의 암연구소 부속병원 원장인 카지타니 박사가 가장 적임인 것을 알게 되어 스스로 선택했다.

다행히 수술 경과가 아주 좋아 11년이 지난 지금도 건강하게 지내고 있다.

제7편

전자 · 중화학공업

제1장 전자, 그리고 중화학공업 시대로
제2장 조선 분야에 진출
제3장 플랜트 생산체제 갖추어
제4장 유화산업과 방위산업
제5장 생명보험과 백화점의 경영
제6장 한국의 얼굴 호텔신라

제1장

전자, 그리고 중화학공업 시대로

1970년대라고 하면, 미국이 베트남에서 드디어는 철군撤軍하고, 닉슨의 전격적인 베이징北京 방문으로 미·중공 간의 국교정상화가 성립되었다. 일본도 이어 베이징과의 화해를 서둘렀다.

달러화의 금태환金兌換 정지停止를 주축으로 하는 닉슨 쇼크, 두 차례의 유가油價 파동이 세계를 휩쓸었다. 예상조차 하지 않았던 사건들이 국제정치와 경제 양면에서 뒤를 이어 일어나곤 했다.

세계 전체가 고된 10년이었지만, 나는 여전히 삼성그룹의 사업 전개에 여념이 없었다. 만 60세로부터 10년 동안의 일이다.

1970년대의 삼성의 사업 전개를 한마디로 말하면, 부가가치附加價值가 높은 전자기기電子器機산업과 중화학重化學공업에의 진출이다. 한 나라의 경제발전에는 하나하나 굳혀가야 하는 단계적인 과정이 있다. 우리나라 경제발전단계로 보아 1960년대에 중화학공업은 시기상조時機尚早라고 판단하였다.

중화학공업은 폭이 넓고 뿌리가 깊은 사회경제적 요건이 갖추어져야만 비로소 성립된다. 방대한 자금의 조달능력, 첨단尖端을

삼성전자를 방문한 재계 중진(財界 重鎭)을 맞는 저자(1982년 10월 25일)

달리는 고도의 기술, 각급·각종 기술인력의 지속적인 공급 능력, 다양하고 저렴한 양질의 원자재의 안정된 공급, 전문화되고 계열화된 관련 중소 생산시스템의 확립, 내외시장을 개척하고 확보할 수 있는 경쟁력競爭力 등이 바로 그 요건들이다.

쉽게 말하면 우선 국민들이 매일 먹고 입는 것, 일용잡화日用雜貨를 자급자족할 수 있도록 하는 것이 첫 단계인데, 이들 소비재消費財산업에는 고도의 기술은 그다지 필요하지 않다. 큰 자본도 소요되지는 않는다. 우선 이 소비재 산업의 기반을 굳히는 과정에서 기술과 경험을 쌓아 가면서 자본을 축적하여 중화학공업으로 이행하게 된다. 이와 같은 과정이 중요하다.

삼성전자단지(三星電子團地)

우리나라 산업계는 그 사회경제적 요건이 미처 구비되지도 못한 채, 그 과정을 뛰어 넘어 1960년대 후반부터 중화학공업에 다투어 진출하였다. 그 결과가 어떠했는가. 허다한 유휴시설遊休施設을 안게 되고 생산성生産性은 낮아 경쟁력이 약해지고, 덤핑 아니고는 수주受注가 어려운 오늘의 현실이 그것을 잘 말해준다.

기업은 자선후생慈善厚生의 단체가 아니다. 이익을 올리지 않으면 안 된다. 그 이익으로 종업원에게 충분한 급료를 지불하고, 국가에 세금을 납부하고, 주주에게 배당하고 그리고 재투자를 한다. 기업이 이익을 얻는 방법에는 적부適否의 문제가 있을지언정, 이윤추구利潤追求 그 자체에 문제가 있을 수 없다. 오히려 기업이 적자赤字를 내면 그것은 하나의 사회악社會惡이라 할 것이다. 자본·자재·사람 등 사회의 귀중한 자원이 낭비되기 때문이다. 기업부실화企業不實化의 부담은 결국은 국민에게 돌아온다.

또한 생산하는 재화가 소비재냐 생산재냐 하는 것이 문제가 아니라, 국민에게 필요불가결必要不可缺하냐 하지 않느냐가 문제이다. 양질良質의 제품을 얼마나 저렴低廉하게 사회에 공급하느냐, 바로 이것이 기업 사명의 전부이고 그 존재가치이기도 하다.

삼성은 설탕·모직에서 출발하여, 비료·전자·석유화학·조선·정밀기계·항공공업·반도체·컴퓨터·유전공학 등으로 고도화 과정을 밟아 왔다. 지금은 설탕이나 섬유제품이 넘쳐흘러 대수롭지 않지만, 삼성이 처음 착수했던 1950년대 중엽 그것들은 귀중한 외화를 들여 수입해야만 했던 긴급 불가결한 생활물자였고, 국산대체國産代替 효과가 컸다.

전후 일본경제부흥의 발자취를 더듬어보면, 설탕이나 섬유제품 등 경공업에서 출발하여 차츰 제약·기계·제철 등으로 산업개편産業改編의 기틀이 잡혀 갔다. 그나마 낡은 구식 설비였는데, 한국동란을 계기로 비로소 비약적인 발전을 이룩할 수 있었던 것이다.

1960년대 후반의 전자산업電子産業을 보면, 구미歐美를 추적한 일본에서는 그 개화기開花期를 맞고 있었고, 대만臺灣은 바야흐로 그 도입을 서두르고 있었다. 우리나라에서도 이미 손을 댄 기업

삼성전관(三星電管)

이 있었으나, 외제부품外製部品을 도입하여 그것을 조립하는 초보적 단계에 머물렀으며 뚜렷한 장기적 비전이 없는 실정이었다.

품질도 조악粗惡했고 가격도 엄청나게 비쌌다. 흑백텔레비전 값도 웬만한 봉급생활자로서는 엄두도 낼 수 없는 비싼 수준이었다. 기술혁신과 대량생산에 의한 전자제품의 대중화는 아직 요원했다.

사업성을 검토해 본 결과, 전자산업이야말로 기술·노동력·부가가치, 내수內需와 수출전망 등 어느 모로 보나 우리나라의 경제단계에 꼭 알맞은 산업이라는 결론을 얻었다. 삼성이 이 산업에 진출하여 국내에서 전자제품의 대중화를 촉진시키고, 아울러

1969년 12월 1일 제 6회 수출의 날. 박정희 대통령
으로부터 금탑산업훈장을 수여받는 저자

수출전략상품輸出戰略商品으로 육성하는 선도적先導的 역할을 맡아 보자고 결심하였다. 우선 민수용民需用 전자공업 분야에서부터 시작하여 기업의 기반을 굳힌 다음, 반도체·컴퓨터 등의 산업용 분야로 발전시킬 계획이었다.

일본은 1950년대에 전자산업에 본격적으로 진출하여 불과 10여 년 만에 구미歐美와 겨루게 되었다. 기술만 도입하면 삼성도 반드시 성공할 수 있다고 확신하였다.

전자산업의 장래 전망에 관한 견해를 〈중앙일보〉에 발표하고, 본격적인 준비에 착수하였다. 업계는 시끄러워졌다. 삼성이 진출하면 한국의 전자업계는 다 망한다고, 기존 메이커는 물론, 심지어 국회의원까지 동원하여 새로 시작하는 전자산업의 저지운동沮止運動을 맹렬히 전개했다.

정부의 허가 절차도 지지부진遲遲不進이고 해서, 그들을 설득하다 못해 부득이 대통령에게 직접 전자산업의 장래성을 설명하여 이것은 국가적 사업이 되어야 한다고 강조했더니, 즉시로 전자산업 전반에 관한 개방 지시가 내려 1969년 1월 13일 삼성전자공업三星電子工業의 설립設立을 보게 되었다.

삼성의 참여가 한국의 전자산업에 어떤 자극과 활력을 주게 되었는지는 새삼 설명할 필요도 없을 것이다. 삼성전자의 출범에 앞서 예견豫見한 대로 우리나라 전자산업은 눈부신 발전을 거듭하여 오늘날 수출전략산업의 주종主宗의 하나가 되었다.

그동안 삼성전자는 후발後發의 핸디캡을 안고서도 기술 혁신, 생산성 향상에 주력하여, 명실名實공히 국내 정상의 자리를 확보하였다. 물가의 계속적인 상승 속에서도 유독 전자제품만이 해마다 그 값이 오히려 떨어질 정도로 선의善意의 경쟁競爭을 해온 결과였다.

삼성전자三星電子는 발족 9년 만인 1978년에 흑백텔레비전 2

삼성전자 수원공장 VTR 자동생산라인

백만 대를 생산하여, 일본 마쓰시타松下전기를 앞서고, 연간 생산에서 세계 최고기록을 수립했으며, 1981년 5월에는 다시 1천만 대를 돌파하기에 이르렀다. 흑백텔레비전 생산에서는 미국과 일본을 능가하여 세계정상에 올라섰는데, 회사 창립 10여 년 만의 실적이라는 것을 사람들은 믿으려 하지 않았다.

1984년 3월에는 컬러텔레비전이 우리나라에서 처음으로 5백만 대 생산을 돌파하고, 흑백텔레비전 1천 5백만 대와 합하여 2천만 대 돌파突破기록을 세웠다.

컬러텔레비전·VTR·음향기기音響器機·전탁電卓·냉장고·냉난

방기기·전자레인지 등 분야에서, 삼성전자는 세계정상을 목표로 기술 개발과 원가절감原價節減에 여념이 없다.

뒤늦게나마 1980년 말 정부는 컬러텔레비전의 시판市販과 방송을 허가하였다. 전자산업에 대한 정부의 심한 간섭과 억제만 없었더라면, 우리나라의 전자산업은 현재보다 적어도 3년 내지 5년은 앞서고, 또한 훨씬 폭넓게 빠른 발전을 이룩했을 것이다.

전자기술電子技術은 일진월보日進月步하여 정보화情報化시대에 앞장서고 있다. 당연한 일이지만 삼성전자가 세계 정상급의 전자업체가 되기 위해서는 쉴 새 없이 기술혁신技術革新의 경쟁에서 언제나 앞서 가야 한다. 기술종합연구소는 그 역할을 수행하고 있다.

삼성전자는 일본, 네덜란드 다음인 세계 3번째, 국내 최초로 VTR를 자력自力으로 개발했다. 컬러텔레비전은 대미對美수출이 급증하여 수입 규제를 받기에 이르렀다. 마찰摩擦해소책으로서 미국·유럽 등지의 현지 공장과 현지 법인도 증설일로增設一路에 있어 큰 기대를 걸고 있다.

1980년대에 들어서면서 삼성의 전자산업은 마침내 반도체·컴퓨터 등 산업용 제품에 주력하는 단계에 이르게 되었다. 1982년 가을에 창립한 삼성반도체통신三星半導體通信이 그 첨병尖兵이자 주축主軸이다.

삼성반도체통신에 관해서는 따로 언급하겠지만, 삼성전자 외에도 미국을 비롯한 일본·유럽의 유수한 전자업체들과 기술제휴技術提携 또는 합작合作한 다음과 같은 업체들이 삼성의 전자산업을 지탱하고 있다.

삼성전관(日本電氣와 합작), 삼성전자부품(日本三洋電機와 합작), 삼성코닝(미국 코닝글라스와 합작), 삼성반도체통신(미국 ITT의 벨기에 현지법인 BTM 사와 기술제휴), 삼성정밀(사업부문별로 선진국 메이커와 기술제휴), 삼성의료기기(미국 GE와 합작), 삼성HP(미국 휴렛패커드 사와 합작) 등이 그것이다.

장차 이들 업체는 부문별로 계열화系列化하여 서로 기능을 보완하면서 전자산업의 기초부품에서부터 가정용 기기·산업용 기기·정밀광학기기精密光學機器·컴퓨터와 그 주변장치·정밀금형精密金型·전자교환기·태양열太陽熱기기·의료기기·반도체半導體 등을 양산量産하는 전자산업의 대단위 종합업체로 발전해 갈 것이다.

제2장

조선 분야에 진출

전자공업의 기초를 굳힌 다음 삼성은 중화학공업 분야에 진출했는데, 우선 착수한 것이 조선造船이었다.

조선은 본래 영국 등 유럽에서 발전한 산업이지만 일본이 그 기술을 도입, 1960년대에서 1970년대에 걸쳐 중점산업으로 육성하고 있었다. 1967년 나세르 이집트 대통령의 수에즈운하 폐쇄가 강행되자, 아프리카의 희망봉希望峰을 우회迂廻하는 대형 유조선油槽船의 도입을 각국이 서둘렀다. 일본의 조선공업은 그 붐을 구가했던 것이다.

물론 조선은 노동집약형勞動集約型 산업이다. 유럽의 절반 정도라는 일본의 저렴한 임금이 강점이었다. 이것은 한국의 조선공업의 밝은 내일을 암시해 주었다.

조선소造船所를 만드는 이상 세계에서 가장 크고 생산성이 높은 것을 만들고 싶었다. 선진기술의 도입이 선결문제이므로, 1973년 5월, 일본 조선계의 명문 IHI石川島播磨重工業의 다구치田口 회장을 찾아가서 협조를 부탁했다.

삼성중공업(三星重工業) 거제조선소

"한국·대만·필리핀 등에서 이미 20~30개 사가 넘는 제휴교류가 있었지만, 조선은 누구나 할 수 있는 것이 아니므로 거절했다. 그러나 삼성三星이면 가능하다고 본다. 현지를 한번 답사한 후에 결정하자"고 다구치 회장은 선선히 응낙했다.

경남 통영군 안정리安井里에 부지 150만 평도 확보되었다. 다구치 회장이 그 예정지를 직접 답사한 후 50 대 50의 합작투자合作投資가 이루어졌다.

그러나 제4차 중동전쟁이 발발하고, OPEC 회원국의 원유原油 가격 대폭 인상으로 발단된 오일쇼크가 세계경제를 휩쓸었다. 그러나 면밀한 계획하에 모처럼 결단했던 조선소였다. 1974년 5

월 정부로부터 IHI와의 합작회사 설립 인가를 받았다.

그러나 오일쇼크의 영향은 너무나 컸다. 세계 조선계造船界에는 신규 발주發注가 끊어졌고, 계약금을 포기하면서까지 주문을 취소하는 사태가 잇달아 발생하였던 것이다. 사태가 이러함에도 계속 계획을 그대로 추진한다는 것은 무모한 일이었다. 부득이 착공을 2~3년 더 연기하기로 결정했다.

그대로 안정리조선소 건설을 강행했더라면, 큰 타격을 입었을 것이 틀림없다. 사업에는 착수着手하는 용기勇氣와 함께 물러서는 용기도 필요하다.

그러나 때마침 건설 도중에 오일쇼크를 만나 진퇴유곡에 빠진 중형中型 조선소 하나가 경남 죽도竹島에 있었다. 정부나 은행이 이 조선소 인수를 삼성에 권해왔다. 규모·생산성·기술면에서 세계 제일을 표방했던 당초 의도와는 너무나 먼 것이어서 마음이 내키지 않았다. 사소한 일은 불문不問에 부친다 하더라도, 중형의 조선소는 경제적으로나 기술적으로 메리트가 없어 삼성의 사업으로서는 불합리한 것이었다.

그러나 정부의 요청이 강해서 국가적 차원에서 1977년 4월 결국 인수하기로 결정하였다. 부지 76만 평에 종업원 3,500명의 규모였다. 이것이 오늘의 삼성중공업三星重工業 거제조선소이다.

1979년 9월, 1호 도크가 완공되어 선박 건조에 들어갔다. 건조능력은 최대 6만 5천 톤, 기술은 일본·덴마크 등 선진조선국에서 도입해서 3년간 8척의 중형 탱커와 화물선을 건조하여 인도引渡했으며, 그 후 1호 도크의 2배인 2호 도크를 건설, 지금은 연간 45만 톤의 건조능력을 갖게 되었다.

1979년 제 1호 도크 완공 후 오늘에 이르기까지 중형 탱커·화학제품 운반선·살물선撒物船 등 50여 척의 각종 선박을 건조했다.

앞으로는 새로운 기술과 최첨단最尖端 시설에 의해 기름이 덜 들어 운영비를 절감할 수 있는 선박을 건조해야 조선업계는 더욱 발전할 수 있을 것이다.

제3장

플랜트 생산체제 갖추어

앞에서도 언급했듯이 오일쇼크 때문에 IHI와의 조선합작造船合作을 중공업으로 바꾸게 되었다. 다행히 IHI 측이 호의好意로 받아들여 창원에서 합작사업이 이루어졌다.

우리나라도 중공업에 착수할 시기가 도래到來하고 있었다. 중요 기계제품은 대부분 수입에 의존하고 있어, 기계공업機械工業을 발전시켜 국산대체國産代替는 물론 해외수출도 기하는 것이 무엇보다 시급한 실정이었다.

그러나 우리나라 산업의 발전단계로 보아 대단위 기계공장은 아직도 시기상조時機尙早라고 판단했다. 그래서 우선 건설계획을 1, 2기期로 단계를 나누었다. 제1기에서는 공장의 연간 강재鋼材 처리능력을 8만 5천 톤 규모로 책정하고, 창원기계공업단지 내에 부지를 확보하여 1976년 10월에 착공, 1978년 6월 20일 제1기 공장을 완공하여 가동에 들어갔다.

약 400억 원의 건설비建設費를 투입했다. 부지는 15만 평에 제1동棟 공장의 건평만도 1만 6천 평으로, 한 동棟으로서는 서독의 크루프 다음 가는 세계 제2위의 큰 규모이다. 수송용輸送用 기계·대형 보일러·레미콘·크레인·공해방지公害防止 시설·교량橋梁 등을 주 생산품목으로 했다.

지금 제2기 공장의 건설공사가 약 1천억 원을 투입하여 추진되고 있다. 연간 강재 처리능력 16만 6천 톤, 주조물鑄造物 1만 2천 톤, 단조물鍛造物 9천 톤의 생산능력을 보유하는 최신예最新銳 공장이 머지않아 완성된다.

중공업에 얽힌 이야기로 이런 일도 있었다.

삼성중공업의 설립인가를 신청한 지 1주일도 채 안 되어서였다. 세계 최대의 기계공장을 건설하겠다는 어느 사업가의 대대적인 신문광고가 있었다. 생산품목을 포함하여 삼성의 계획내용과 거의 비슷하였다. 그러나 얼마 후에는 그 규모가 달라졌다. 내 계획의 10배가 되는 엄청난 투자규모였다. 외국 차관도 도입했다는 그 공장은 건설 후 심한 경영난에 빠져, 결국은 전력관계 국영기업에 흡수되고 말았다.

창원 기계공업단지에는 많은 기계공장들이 그 위용偉容을 자랑하고 있다. 그러나 1981, 82년의 평균 가동률稼動率은 35%에서 40%에 불과했고, 어느 공장을 막론하고 많은 적자赤字에 허덕였다.

적자라는 점에서는 삼성중공업도 예외는 아니었다. 경영진의 부실 탓으로 1978년 준공 이후 1983년까지 누적적자累積赤字는 막대했다. 그러나 중공업은 으레 이러한 과정을 밟아야 한다는

삼성중공업(三星重工業) 창원 1공장

경영자의 말을 그대로 믿고 일체 위임委任해 두고 있었다. 1984년에 들면서 아무리 보아도 이상하여, 경영실태를 정밀하게 조사시켰더니 납입자본금의 몇 배나 되는 적자로 중공업은 완전 도산倒産에 이르렀다.

만부득이 경영자를 교체하고 중공업·조선·코리아엔지니어링 등을 통합하여 관리체계를 일원화一元化했다. 한편 인원을 정리하고 경영을 합리화했다.

뒤에서 다시 언급하겠지만, 이러한 과정을 거치면서 삼성은 방위산업防衛産業 분야에도 진출하게 되어, 외국인기업인 IHI와의 합작 유지가 불가능하게 되었다. IHI는 그 지주분持株分을 우리에

삼성중공업 창원 2공장

게 모두 팔고 결국 철수하였다. IHI 측은 투자 원금의 손실은 없었지만 적자 누적으로 그동안 이익 배당은 전혀 받지 못했다.

조선과 중공업의 건설에서부터 그 운영에 이르기까지 IHI의 공헌貢獻은 컸다. 향후에도 계속 기술제휴 관계는 유지하기로 되어 있지만, IHI에 대한 미안한 마음을 금할 수 없다.

부진한 삼성중공업의 보강책補强策으로 1983년 한국중공업의 중장비重裝備공장을 인수했다. 부지 15만 평에 종업원은 2천 명이었다. 이 공장은 소품종 대량생산형의 시설로서, 중공업의 제1공장을 재건하는 데 큰 도움이 될 것으로 생각된다.

주제품은 불도저·엑스커베이터·크레인·로더·그레이더·지

게차·로드롤러 등으로 연年생산능력 5천 대이며, 미국·일본·이탈리아·프랑스 등의 세계적인 메이커와 기술 제휴하고 있어 세계시장 개척에 더 많은 힘을 경주傾注해야 할 것이다.

한편 삼성중공업과 더불어 고전을 계속했던 삼성종합건설三星綜合建設도, 리비아·사우디아라비아·이라크 등에서의 수주受注가 늘고 관리도 안정되어 1984년부터는 경영이 호전好轉되었다.

베케트 사의 설계로 동방생명東邦生命과 〈중앙일보〉의 새 사옥社屋을 시공施工함으로써 새로운 건축기법도 많이 축적되고 있다. 이 두 사옥은 우리나라에서는 처음으로 외벽外壁을 모두 수입 화강암花崗岩으로 쌓았는데, 정교精巧하고 미려美麗하여 건축전문가들은 물론 문화·예술관계자들도 단순한 건축물이 아닌 미술품美術品이라고 평하고 있다.

제4장

유화油化산업과 방위산업

우리나라의 석유화학공업石油化學工業은 제3차 경제개발 5개년 계획으로 본격적인 궤도에 올랐다. 그 거점은 울산 석유화학 공업단지이다. 내가 평생에 단 한 번, 그것도 겨우 1년이라는 짧은 기간이었지만 공직公職에 있었던 한국경제인협회장 시절, 정부에 건의하여 조성된 공업단지이다. 오늘날 나프타 분해시설을 주축主軸으로 최종 유화油化제품에 이르는 단계별 석유화학 콤비나트가 정연整然하게 임립林立하고 있다.

그중의 하나인 삼성의 석유화학공업은 폴리에스터의 원료가 되는 PTA(고순도 텔레프탈산)를 제조하고 있다. 장차 파라자이렌·나프타·석유 이러한 순서로 완전무결한 모든 합성섬유合成纖維의 원료 국산화 공장을 만들기 위해 그 첫 단계로 우선 PTA를 선택했던 것이다.

여기에는 그럴 만한 이유가 있었다. 우리나라 섬유의 70% 이상이 화학섬유化學纖維인데 그 원료가 없어 전량을 수입에 의존하고 있었다. PTA를 지금 국산으로 대체하지 못하면 세계 섬유

삼성석유화학(三星石油化學) 울산공장

시장을 대만 등에 빼앗기고 말 것이다. 중요 수출품의 원료를 국내에서 안정적으로 공급하는 일은 절대로 필요하다.

석유화학은 장치裝置산업이며 물론 막대한 자본이 소요되고, 고도의 기술도 요구된다. 외국기업과의 합작을 고려하고 그 대상으로 미국의 아모코, 일본의 미쓰이三井석유화학을 택하였다.

아모코 사社는 세계적인 석유재벌 스탠더드석유의 계열회사로서, PTA의 최신기술을 갖고 있었다. 스탠더드석유의 스웨링겐 회장을 만나 2년여를 두고 교섭을 거듭한 결과 삼성 50%, 아모코 사 35%, 미쓰이석유화학 15%의 합작이 실현되었다. 1974년 가을, 비로소 삼성석유화학三星石油化學은 탄생하였다.

내외자内外資 합해서 1억 달러를 조달, 울산 석유화학 공업단지에 6만 평의 부지를 구하여 건설에 착수하였다. 건설 도중 부설敷設한 파이프가 파열破裂되는 전례 없는 큰 사고가 있었으나 1979년 봄에 완성, 시운전을 거쳐 1981년 2월부터 생산을 개시하였다. 이 파이프 파열은 아연亞鉛 도장塗裝과정에서의 실수에 기인했는데, 이 때문에 100여억 원의 막대한 손해가 나고 완공이 1년이나 늦어졌다.

이렇듯 삼성석유화학은 출발점에서부터 차질이 생기고 오일쇼크로 인한 유가고油價高와 세계 불황이라는 3중고三重苦에 직면하여 경영난을 겪지 않으면 안 되었다.

그러나 경영합리화로 고경苦境을 극복하고, 1983년 결산에서는 세계에서 전례 없는 최고 이익을 냈다. 현재 생산을 배가倍加하기 위해 1천억 원의 시설비로 증설增設공사가 진행되고 있어 1987년에는 40만 톤 생산으로 국내 수요의 90%를 충당할 수 있게 된다. 삼성이 석유화학에 손을 댄 의미를 확인하는 셈이 된다.

이야기는 바뀌지만, 옳은 전쟁戰爭이란 게 역사상 있었던 적이 없다. 반대로 옳지 못한 평화平和라는 것도 있을 수 없다. 전쟁은 없는 것이 최선이다. 지금도 아프가니스탄에서, 중동中東에서, 인도차이나에서 포화砲火가 멎을 줄을 모르고 있다. 한반도에도 북한의 위협이 계속되고 있다.

1984년 2월 6일 삼성항공 창원 제2공장을 방문한 저자

  1975년 4월 사이공이 함락되고 베트남 전토(全土)가 공산화된 것을 나는 도쿄 여행 중에 알았다. TV·라디오·신문은 그 참상(慘狀)을 생생하게 보여주었다. 자유를 위해 쏟은 국제적인 숱한 노력들이 일조(一朝)에 무너지는 비극에 크나큰 충격을 받았다.

  6·25의 신산(辛酸)을 겪었던 우리는 어느 국민보다도 반공의식이 투철하다. 그러나 그것만으로 만전을 기할 수는 없다. 물심양면(物心兩面)의 대비(對備)가 있어야 한다. 한·미 상호방위조약에 따라 미국이 우리를 지원해주고 있지만 한계가 있다. 베트남에서 실증되었듯이 우리 자신에게 힘이 없으면 미국의 지원도 소용없

삼성정밀(三星精密) 창원 제1공장

다. 무엇보다도 우리 스스로가 우위優位의 국방력을 견지하고 있어야 한다.

이리하여 방위산업防衛産業에 삼성이 진출해야 한다고 중대한 결심을 하였다. 바로 도쿄에서 일본의 장갑차裝甲車·전차戰車·항공기航空機 등의 생산실태를 조사했다. 그 결과 기술만 도입하면 한국도 항공기 생산이 가능하다는 결론을 얻었다.

마침 한국기계韓國機械를 인수하여 무기武器를 생산하면 어떻겠냐는 정부의 요청이 있어 검토하던 중에 이 회사는 결국 다른 사람 손에 넘어간 일도 있었다.

여러모로 구상한 끝에 원자력原子力과 항공기에 관한 조사를 시작하였다. 원자력 산업은 군수용軍需用일 뿐만 아니라 평화적 이용에도 무한한 가능성을 내포한 분야이다. 군수 면에서는 우리나라도 언젠가는 핵무기核武器를 보유할 때가 올 것이다. 그 밖에 원자력 사업은 그 영역이 광범위하고 다기多岐한 국가 차원의 사업이기도 하므로 꼭 착수해보고 싶었다.

구체안으로서 핵연료核燃料 재처리再處理공장의 구상을 다듬었다. 그러나 이것은 정치성政治性이 개재하는 프로젝트여서 국가 간의 이해가 복잡하게 얽혀 있었다. 결국 당시의 국제정치 상황이나 한국의 외교상 입장이 그것을 용납하지 않아 약 반년 만에 단념斷念할 수밖에 없었다.

한편 항공기 산업은 1977년 8월 삼성정밀三星精密공장의 설립으로 실현되었다. 물론 항공기산업 분야는 첨단기술이 그 전제가 되는 가장 중요한 방위산업의 하나이다. 미국의 GE와 프래트 피트니 사社의 최우수 기술을 도입하여, 제트엔진 등 고도의 제품을 생산하는 단계에 이르고 있다.

삼성정밀은 군수산업 외에도 일본 미놀타와 제휴한 카메라, 세이코와 합작한 시계, GE와 합작한 의료기기醫療機器 등 여러 분야의 민수民需산업에도 적극적으로 진출하고 있어, 종합정밀기기 메이커로서 착실한 성장을 이룩하고 있다.

제5장

생명보험과 백화점의 경영

사업에 하드웨어와 소프트웨어의 구별이 있고, 제조업을 하드웨어, 서비스를 제공하는 사업을 소프트웨어로 친다면, 지금까지 말해온 것처럼 문화재단이나 매스컴이라는 문화관계의 일을 제외하면, 삼성의 사업은 하드웨어를 축軸으로 한 것이다.

그러나 소프트웨어와 전혀 인연이 없었던 것은 결코 아니다. 보험保險, 백화점百貨店, 호텔 경영 등이 그것이다.

이야기는 5·16 후로 소급한다. 혁명 후의 어려운 상황 속에서도 삼성은 활력을 잃지 않았다. 경제인협회장으로 1년간 자리를 비운 사이에도, 유기체有機體로서의 삼성그룹의 기능은 쇠퇴할 줄 모르고 한결같이 확대 발전을 지속하고 있었다. 방대하고 복잡한 조직을 움직일 수 있는 합리적이고 치밀한 관리방식管理方式, 사원들의 높은 사기士氣로 뒷받침된 조직의 활력活力 등, 근대적 기업이 필요로 하는 허다한 조건들을 삼성이 두루 갖추고 있었던 결과라고 생각한다.

그러나 이미 말했듯이 5·16 후 은행이 내 손을 떠나 정부 소유로 환원되고 말아, 산업자금을 모으고 공급하는 기능을 갖는 금융金融기구의 필요성을 절감했다. 여러모로 생각한 끝에 생명보험회사生命保險會社의 신설을 구상하고 있었다.

그 무렵, 1963년 봄의 어느 날이었다. 동방생명東邦生命의 임원 한 사람이 찾아와서 회사를 인수引受해 달라고 하였다.

"현 상태로는 동방생명은 파산을 면치 못합니다. 인수해 주시면 고객들도 피해를 입지 않게 됩니다."

동방생명은 강희수姜羲秀 사장이 타계한 후 주주와 경영진 간의 의견 대립이 격화하여 갈수록 경영상태가 악화되어갈 뿐이므로, 공신력公信力 있는 분이 회사를 인수하는 방법밖에는 사태 해결의 길이 없다고 전全경영진이 판단하여, 그 제1후보로서 삼성을 골랐다는 것이었다.

삼성그룹의 수출입 규모가 확대됨에 따라 손해보험損害保險 업무를 겸영兼營할 필요성이 있어 이미 5년 전인 1958년에 안국화재安國火災를 사들여 그룹 사업의 일익一翼을 맡기고 있었다.

생명보험生命保險은 소득의 2차 분배기능을 갖고 있으며, 가입자는 저축과 유고시有故時에 대비할 수가 있다. 한편 국가 경제는 경제개발의 투자 재원을 생보生保에서 조달할 수가 있다. 사업의 공익성公益性도 높지만 국민의 공신력 있는 생명보험회사로 은행에 못지않은 금융업金融業으로 육성하기 위해 동방생명을 인수했다.

생명보험은 한국이 선진국으로 발돋움하기 위해서 없어서는

서울 숭례문 앞에 자리 잡은 삼성생명 사옥(오른쪽은 삼성본관)

안 될 업종이다. 이렇게 해서 인수 제의를 받아들이기로 하고, 우선 총주식總株式 전부를 매입했다.

 손해보험·생명보험 할 것 없이 보험업의 수준은 경제발전의 단계에 비례한다. 당시 우리나라에는 동방생명 외에도 생보生保 회사가 6개 있었으나, 도산倒産한 예도 있고 가입자만 일방적으로 손해를 강요당하는 경우도 없지 않았다. 따라서 보험에 대한

신세계백화점 영등포점 개점을 맞아 매장을 돌아보는 저자(1984년 5월 1일)

국민의 신뢰도信賴度는 낮았다. 국민의 신뢰 회복回復이 급선무이기 때문에 보험금保險金의 지급은 반드시 약정기일 내에 이행하도록 조치했다. 생보生保다운 생보의 육성을 위해 삼성의 많은 자금과 인재를 동방생명에 투입하여 경영을 공고히 다져갔다.

한편 경제발전에 따라 국민소득도 높아지고 사회가 안정되어 보험에 대한 일반의 이해가 깊어져서, 동방생명의 보험 계약액은 1975~1983년도 사이에 연 평균 64%라는 경이적인 고도신장高度伸張을 이룩하였다. 1984년의 보험 계약액은 20조 원, 총자산은 1조 7천억 원에 이르고, 보험의 건전도健全度를 나타내는 수지차收支差(보험료 수입과 보험금 지급액과의 차)도 5,400억 원으로 신장했다. 세계적 수준으로 봐도 손색이 없는 이 나라 정상頂上

의 생보로 발전하고 있다. 매수 후 10년간의 고난의 시기를 생각하면 참으로 감회感懷가 깊다.

동방생명의 매수를 계기로, 동방생명이 그 주식의 100%를 소유하던 동화백화점도 자동적으로 인수하게 되었다. 현재의 신세계백화점新世界百貨店이다. 당시 우리나라에서 백화점은 말뿐이고 직영방식은 전무全無했다. 진열장陳列欌을 임대받은 상인들의 집합체에 불과했다.

물론 직영제直營制를 채택했다. 상품 지식이 풍부한 전문가가 품질을 예의銳意 검토하여 상품을 구입하기 때문에, 중간 마진이 배제되어 그만큼 산매散賣가격이 저렴해진다. 이 밖에도 직영제의 장점은 많다. 국내에서는 최초로 신용카드제를 도입하여 신용사회信用社會 구축構築에 앞장서기도 하였다.

1984년 봄에는 건평 5천여 평의 영등포 분점分店을 개설했고, 가을에는 건평 4,700평의 동방플라자를 개장함으로써, 이제 본점本店을 합하면 1만 4천 평의 연면적을 가지는 우리나라 정상의 백화점으로 성장하였다. 1974~1984년 동안 연年평균 30%의 매출賣出신장률伸張率을 이룩함으로써, 경기 국면의 호불황好不況을 불구하고 고객의 끊임없는 신뢰를 받고 있다.

신세계는 그런 저력底力으로 중앙개발과 함께 1983년 6월 30일 서울 도심요지에 자리한 대지 3,917평, 건평 1만 3천 9백 평의 조선호텔을 547억 원으로 인수했다.

제6장

한국의 얼굴 호텔신라

1972년 가을이었다. 영빈관迎賓館을 인수하여 국빈國賓이 투숙할 수 있고, 1천 명 규모의 국제회의를 개최할 수 있는 호텔을 건립해 달라는 정부의 강청强請이 있었다. 이듬해 5월 부득이 인수키로 하고, 곧 호텔 건설에 착수했다.

  호텔은 도시의 얼굴이며 또한 한 나라의 얼굴이다. 그러나 당시 서울에는 '한국의 얼굴'이라고 내세울 만한 호텔이 없었다. 사업관계로 여러 나라를 여행하면서 저명著名 호텔을 많이 보고 경험해본 터여서 이왕 건설할 바에는 외국의 귀빈貴賓을 안심하고 접대하고 대규모 국제회의도 개최할 수 있는 세계 초일류超一流 수준의 것이어야 한다고 생각했다.

  일본에 갈 때마다 묵는 호텔은 오오쿠라大倉이다. 도쿄 도심에 있는 이 호텔은 그 시설과 서비스가 구미歐美의 초일류급 수준일 뿐더러 일본적 정서와 서구의 기능성이 교묘하게 조화調和를 이루고 있는 훌륭한 호텔이다.

  "외관이나 내부는 일본 고유의 문화를 상징하도록 디자인했

호텔신라(新羅)

다"고 오오쿠라의 노다^{野田} 회장은 말한다. 일본 헤이안^{平安}시대의 문화를 재현^{再現}했다고 하는 로비에 들어서면 역시 하나의 '일본의 얼굴'을 감지할 수 있다.

오래전부터 친교가 있던 대성건설의 남 회장 알선^{斡旋}으로 호텔 오오쿠라의 노다 회장을 만나 제휴를 제의했다. 호텔 경영은 노하우의 집적체^{集積體}나 다름이 없어, 집기^{什器} 하나, 음식 나르는 법 하나에도 노하우가 있다. 호텔의 노하우는 모두 1,400종에 이른다고 한다. 이것을 완벽하게 갖춘 호텔 오오쿠라에서 배우고 이를 도입하자는 것이었다.

노다 회장은 내한來韓하여 호텔의 필요성과 신용도를 직접 조사한 후 제의를 쾌락快諾했다. 그러나 노다 회장이 결심하기까지는 상당한 시일이 걸렸다. 노다 회장은 한국의 여러 호텔들의 제휴 제의를 끝내 거절해 왔다고 하는데, 나에게는 비즈니스의 차원을 넘어 적극적인 협력을 아끼지 않았다.

 한편 자금 면에서는 자본금 1,200만 달러 중 600만 달러를 일본 측이 부담해 달라고 미쓰이물산에 제의했다. 미쓰이물산은 수락하고 호텔 오오쿠라·대성건설·야마이치山一증권 등이 이에 참여하게 되었다. 〈일본경제신문〉의 엔조지圓城寺 사장 소개로 일본 수출입은행 총재를 만나 500만 달러의 차관도 내락을 받았다.

 그러나 미쓰이 측의 작업은 지지부진했다. 반년이나 실행을 지연시키면서 약속은 이행하지 않고 제휴호텔을 오오쿠라에서 JAL호텔로 바꾸자고 엉뚱한 제의를 해왔다. 할 수 없이 닛쇼이와이日商岩井의 카이부 하치로海部八郎 전무를 찾아가서 닛쇼이와이가 맡아서 추진시켜 달라고 했더니 "삼성은 회장 단독으로 결정할 수 있지만 닛쇼이와이 측은 회의를 거쳐야 하므로 기다려 달라"고 했다.

 이에 대하여 "카이부 씨를 찾아온 것이지 닛쇼이와이를 찾아온 것이 아니다. 당신이 모든 책임을 지고 추진해야 되지 않겠느냐"고 말했다. 카이부 전무는 "그렇다면 맡겨 달라"고 하여 결국 닛쇼이와이 측이 200만 달러를 투자하는 동시에 이 프로젝트의 주도역主導役을 맡아주기로 했다. 그러나 김대중金大中 납치사건이 발생하여 일본의 대한對韓 차관이 중단되었다.

차관借款도입선導入先을 미국으로 옮기고 호텔 명칭을 '신라新羅'로 정하여 1973년 말 기공식을 올렸다. '신라'라는 이름을 택한 것은 찬란한 우리 고유의 문화를 꽃피웠던 신라시대의 그 우아한 품위와 향기를 재현시켜 보자는 의도에서였다.

그러나 이번에는 제1차 오일쇼크를 만나 불가불不可不 건설공사는 일시 중단되었다. 1976년에 공사를 재개再開했지만, 때마침 중동건설 붐을 타고 일류 건축기술자들이 대부분 해외로 나가는 바람에 무척 애를 먹었다.

이렇듯 호텔 건설을 결의決意하여 공사가 본격적으로 시작되기까지 4년이라는 귀중한 세월이 흘러 큰 손실을 보게 되었다. 그러나 건설공사를 추호도 소홀히 하지는 않았다.

외관外觀은 물론, 내부시설·실내장식·서비스에 이르기까지 모두 초일류超一流의 '한국의 얼굴'이 되도록 했다. 우선 영빈관과 조화를 이루도록 현관 지붕에는 청기와를 입히고, 한국 특유의 흐르는 선線을 대담하게 강조하였다. 로비·커피숍·라운지·객실 등은 신라의 꽃격자格子 무늬, 일월장생도日月長生圖·봉황도鳳凰圖·봉덕사奉德寺 범종梵鐘의 문양文樣으로 꾸미고, 대大샹들리에의 금속장식은 신라왕 금대金帶의 금구金具 모양을 그대로 본떠서 신라의 전통미傳統美를 최대한으로 살렸다.

정원이나 가구에도 한국미韓國美를 추구한 것은 물론이다. 특히 정원 조경에는 세심한 배려를 하였다. 주위 산의 화목花木 배치를 새로이 하여, 경관景觀을 살리면서 투숙객들이 산책을 즐길 수 있도록 하였다.

1979년 3월에 드디어 전관 개관開館을 보았다. 700여의 객실, 6개 언어 동시통역 장치를 갖춘 1천 명을 수용할 수 있는 회의장會議場, 동·서양 스타일의 각종 식당 등을 구비한 23층의 우아한 '신라'가 문을 열자, 비로소 우리나라에도 호텔다운 호텔이 생겼다고 세간世間의 화제가 되었다.

그러나 공사가 지연되고 오일쇼크 후의 세계적 불황不況이 겹쳐, 초기의 경영은 순조롭지 못했다. 그러나 홍진기洪璡基 회장의 총지휘하에 사장 손영희孫永禧 군이 경영을 담당하고부터는 분위기가 달라지고, 장녀 인희仁熙가 고문顧問이 되어 음식 조리 등 안살림을 챙기니 '신라'는 활기를 띠게 되었다. 경영도 호전되어 1981년부터는 수지의 균형이 잡혔다.

호텔은 일종의 예술작품藝術作品이며 문화사업文化事業이라는 것을 알게 되었다. 또한 큰 이익이 나는 것도 아니라는 것을 호텔신라를 경영해 보고 알았다. 그러나 호텔신라가 '한국의 얼굴'로서 훌륭히 민간외교의 일익을 맡고 있다는 사실을 전종업원이 인식하고 있어 즐거움과 용기를 더해주고 있다.

제8편

삼성의 장래

제1장 새로운 경영기법을 찾아서
제2장 반도체 개발을 결의
제3장 삼성반도체에 내일을 건다
제4장 기업은 영원한가
제5장 창업과 수성
제6장 보스턴대학에서 명예박사학위

제1장

새로운 경영기법을 찾아서

50년에 걸치는 기업인企業人으로서의 외곬인생을 되돌아 볼 때, 숱한 파란곡절波瀾曲折을 용하게도 견디어 냈구나 하는 감회感懷가 깊지만, 기업의 경영에는 항상 원칙原則이 있고, 철학哲學이 있고, 그 원칙이나 철학에 바탕을 둔 제도制度가 있었다는 것을 강조하고 싶다.

   기업 경영의 근간根幹은 처음부터 책임경영제責任經營制에 있었다. 20대 중반 마산에서의 정미·운수업 이래 규모의 대소大小에 불구하고, 모든 것을 전권위임全權委任하는 경영체제를 일관一貫하여 채택했다. 나는 구체적인 작업 또는 서류 결재를 하거나 수표를 떼거나 하는 경영 실무를 한 일은 전혀 없다.

   삼성물산을 핵으로 제일제당, 제일모직 등 산하 기업이 늘어남에 따라 비서실秘書室을 두어, 그룹 전체의 통괄統括을 비서실에 일임一任해왔다. 기획·조사·인사·재무의 조정·감사 등 오늘날의 삼성 비서실의 기능들은 1950년대 후반부터 자리 잡혀온 삼성 고유의 것이다. 5·16 이후, 관민官民의 조직을 막론하고, 기획실·비서실 등이 제도화되었지만 삼성의 그것은 그보다 훨씬 앞선다.

각사各社 사장에게 회사 경영을 분담시키고, 비서실이 그룹의 중추中樞로서 기획·조정을 하는 운영체제이기 때문에, 나는 경영, 운영의 원칙과 인사의 대본大本만을 맡아왔다. 삼성이라는 기업그룹의 창업이념創業理念, 그에 근거한 기업경영의 원칙, 이것을 이어갈 인재의 발굴, 이것만을 맡아왔다.

나는 경상적經常的인 사업의 사소한 일은 알려고도 하지 않고, 알지도 못한다. 다만 '의인물용疑人勿用, 용인물의用人勿疑'로 유위有爲한 인재人材를 찾아서 그에게 모든 것을 맡겨왔을 따름이다.

1960년대에 들어서면서 외부 전문가에 의한 그룹 각사의 경영진단經營診斷을 정례적으로 실시하여, 경영·조직의 합리화를 계속 추진시켜왔다. 한편 장·단기 경영계획 제도를 도입하여, 각 기업의 목표를 구체적으로 제시하게 하고 매월 계획대비 실적을 평가함으로써, 기업체마다 목표달성을 위해서 유효적절한 대응, 노력을 경주할 수 있도록 해왔다. 오늘날에는 상식화된 경영수법이지만, 그때로서는 삼성이 처음으로 시도한 것이었다.

1970년대에 접어들면서 도입한 사업부제事業部制, TQC 운동은 삼성의 조직관리를 더욱 진일보進一步시켰다. 기능별·제품별의 사업부제는 사장부터 말단사원에 이르기까지 그들의 달성목표를 분명히 해줌으로써, 부서마다 팀워크의 단합團合을 촉진시켰

삼성종합연수원(三星綜合研修院) 개원을 치하하는 저자(1982년 6월 24일)

으며, 전사적全社的, 전그룹적인 경영관리의 체계화를 실현시켰다. 요즘 많이 도입되는 품질개선品質改善운동은, 제일모직에서는 ZD운동으로 1968년부터 이미 시행하던 것이다.

사원출자제社員出資制(1948년)·공개채용公開採用 사원모집(1957년)·사원연수제社員研修制(1957년)·인사고과제人事考課制(1957년)·어학검정고시제語學檢定考試制(1957년) 등 역시 인사정책, 인사제도의 분야에서 처음 시행했었다.

사원공모·사원연수 등은 이제는 거의 일반화가 되었지만, 삼성이 공채제公採制와 연수제研修制를 도입했던 1950년대 중반에는

삼성종합연수원

극히 이례적인 것이었다. 경제·사회가 아직 성숙되지 못했고, 사기업私企業이 공채를 통하여 제1급 인재를 구할 만큼 기업 자체가 성장되지도 못했다. 그러나 공채를 통해서 일류학교의 수재秀才를 모아들일 수 있었고, 그 결과 오늘의 삼성이 있게 되었다.

인재제일人材第一은 나의 신조信條이며, 인사정책은 언제나 삼성의 경영정책 중에서 최우선의 위치를 차지한다. 사원교육을 중시하고, 용인자연농원 안에 1천 명을 일시에 수용할 수 있는 세계적인 대형 연수시설研修施設을 만든 것도 이 때문이다.

경영정책 이외의 분야, 즉 신사업, 신제품 등의 분야에서도 삼성이 처음으로 개척한 일들은 매거枚擧하기 어려울 정도로 많다.

민간기업으로서는 처음으로 정당精糖생산(1954년), 서독 모직 플랜트 민간무역으로 수입(1954년), 소모복지梳毛服地 생산(1955년), 민간차관 제1호 한비韓肥 4,390만 달러(1965년), 진공관·브라운관 생산(1970년), 시계용·TV용 IC 생산(1975년), 흑백 유리 밸브(1975년), VTR·전자레인지(1979년), 야시경夜視鏡(1979년), PTA(1980년), 제트엔진 조립(1981년), X레이 필름(1983년), 퍼스널 컴퓨터(1983년), 8밀리 VTR(1983년), 마이컴(1983년), 64KD램(1983년), 제트엔진 부품 생산(1983년), 건식공법乾式工法에 의한〈중앙일보〉·동방생명의 사옥건설, 256KD램(1984년) 등이다.

이것들은 우리나라 경제·산업의 발전을 끌어온 기념비적記念碑的 사업事業들이다.

일반기업과는 다소 다른 분야에서 특히 힘을 기울이는 것으로는 새로운 이념理念과 수법에 의한 신문·방송의 경영이나 문화재단·미술관, 그리고 용인자연농원의 설립 등을 들 수 있으며, 그 창설創設 경위는 앞에서 말한 바와 같다.

언론으로 사회의 폐풍弊風을 바로잡아 보자, 문화재단을 통해서 도의道義를 고양高揚시켜 보자, 미술관을 세워서 민족의 문화유산文化遺產을 후세에 전승傳承시키자, 용인자연농원의 건설로써 경제조림·식량증산·양돈·양어·동식물 사육 등의 시범示範이 되자, 이 모두가 국가번영과 민족융성隆盛의 터전을 닦아 보려는 일관된 생각에서 나온 것들이다.

기업에 대한 나의 신념信念은, 기업이 없이는 나라도 없고 또한 나라 없이는 기업도 있을 수 없다는 것이다. 기업은 나라를 뒷받침하고 고용 증대와 납세 활동을 통해 나라 발전에 기여하고 있다.

레이건 미국 대통령은 1981년 취임사에서 "기업가들이야말로 새로운 일자리와 부富와 기회機會를 창조해내는 이 시대의 영웅英雄들"이라고 기업가들의 역할을 찬양한 바 있다.

우리나라에서는 기업이나 기업가가 역사상 평가받은 예가 없지만, 역사적인 인물 중에 훌륭한 기업가라고 할 만한 분들이 많이 있다. 특히 신라시대의 장보고張保皐 같은 위대한 존재를 우리는 잊어서는 안 된다. 그는 1천 년 전 해상海上무역로貿易路를 개척하여 중국이나 일본은 말할 것도 없이, 멀리 동지나해東支那海 깊숙이까지 그 세력을 뻗치면서 상권商權을 독점하고 있었다. 동아시아 일대를 누비는 절대적인 힘의 무역상貿易商이자 호상豪商이었다.

중국의 사서史書나 일본의 고서古書에도 장보고는 그 위명威名을 남겼는데, 우리 사회는 까마득하게 잊고 있다. 흔한 정치가나 장군의 동상銅像은 있어도 그의 동상은 하나 없다.

이것은 비단 장보고의 일만은 아니다. 우리나라에는 '사士의 역사'는 있어도 '농공상農工商의 역사'는 없다. 말하자면 농공상

1978년 8월 25일 열린 해외사업 추진위원회에서 저자가 36세의 3남 건희(삼성물산 부회장)를 앞히고 회의를 주재하고 있다.

의 역할은 천시賤視받고 있는 것이다.

 수많은 사람과 자금과 자재를 동원해서 사회가 필요로 하는 상품이나 서비스를 생산 공급하고 국민에게 일자리와 소득을 제공하며, 나라의 재정을 뒷받침하고 사회의 생활환경과 문화시설을 끊임없이 개선시켜주는 기업企業이나 그것을 이끌어가는 기업가企業家를 단지 돈벌이의 관점에서만 보는 사고방식으로는 국가가 발전할 수 없다.

 이제 삼성三星은 비단 한국만의 삼성이 아니다. 총매출의 과반이 해외 매출이며, 기술제휴·합작투자 등을 통해 여러 선진국의 국제기업들과 어깨를 겨루어 세계 방방곡곡에서 세계기업으로 활약하고 있다. 미주美洲나 유럽을 비롯하여 70여 개국에 현지법인·현지공장과 지사·지점이 설립되어 있다. 삼성의 공신력公信力은 해외 상업어음의 발행(1982년)과 무보증無保證차관借款(1978년)과 CB발행(1985년)이라는 해외금융·자본시장의 인증認證을 받기에 이르렀고, 세계 유수기업有數企業에 랭크되고 있다.

앞으로 21세기를 향해 삼성은 더욱 큰 발전을 하리라고 확신하지만, 여기에서 긴요한 것은 왕성한 도전정신挑戰精神과 끊임없는 노력정신努力精神에 의해 모든 분야에서 계속 선구적으로 신기축新機軸을 열어가야 하는 것이다.

제2장

반도체 개발을 결의

반도체半導體사업의 진출은 그러한 생각의 한 증좌證左이다. 막대한 설비투자設備投資가 들뿐더러, 기술혁신技術革新의 주기週期가 매우 짧은 반도체 생산에는 많은 위험이 뒤따른다. 그러나 그 위험을 뛰어넘어 성공을 쟁취해야만 삼성의 내일은 열린다고 나는 확신한다.

이것은 73세에의 크나큰 결단決斷이었지만, 여기에 이르기까지엔 상당한 경위經緯가 있었다. 1982년, 21년 만의 미국 방문에서 우리는 지금 전환轉換의 시대에 살고 있다는 것을 절실히 깨달았다. 미국의 정치·경제나 군사·사회사정 등에 관하여 신문이나 잡지를 통해 매일같이 너무도 잘 알고 있다고 항상 자부했었다. 그러나 막상 미국에 가보고는 놀랐다.

아침 9시경 샌프란시스코 변두리에 나갔더니, 8차선 도로에는 출근하는 승용차가 줄을 잇고 있었다. 거의 모두 대형차였고 그것도 혼자만 타고 있었다. 우리와 같은 나라에 사는 사람으로서는 이와 같은 큰 낭비浪費에 놀라지 않을 수 없었다.

미국은 두말할 것도 없이 세계에서 가장 부유한 나라이며, 자급자족이 가능한 유일한 나라이다. 국토는 넓고 기름지며 자원은 없는 것 없이 풍부하고 기술의 원천源泉은 거의가 다 미국 것이다. 고소득高所得의 인구는 2억 수천만을 헤아려 시장도 광대廣大하다.

그러한 미국이 고난을 겪고 있는 것을 직접 눈으로 보았다. 군사적으로는 소련을 누르지 못하고 국민들 사이에는 욕구불만이 고조되고 있는 한편, 경제적으로 철강이나 자동차 산업 등은 가동률稼動率이 저하되고 실업失業사태가 일고 있었다. 제2차 오일쇼크 후의 불황不況에 합리적으로 제때에 대응하지 못했던 것이다.

노조勞組의 맹렬한 반대反對로 생산공정의 합리화, 근대화는 실현될 수 없고, 생산성을 높이지 못한다. 노사勞使는 노동력을 파는 측과 사는 측이라는 계약상의 관계에 머물고 있어, 종업원의 애사심愛社心을 바랄 수도 없고, 품질향상을 기대할 수 있는 상황은 아니었다.

때마침 산업조정을 일찍 끝낸 일본의 철강鐵鋼이나 자동차가 미국 시장을 휩쓸고 있었으나, 맞설 경쟁력競爭力을 잃고 있었다.

이러한 현상은 전통적 산업에만 국한되지 않았다. 미국의 설계에 의한 생산설비를 도입해서 양산量産공정을 개발한 일본의 반도체마저 미국 시장을 침식侵蝕하고 있었던 것이다. 미국의 반도체 기업은 IBM 등 소수의 대기업을 제외하면 그 대부분이 벤처 캐피털이어서 일본 제품의 대량공세에 밀려 경영난經營難을 겪고 있었다. 기이한 현상이 아닐 수 없다.

일본은 연간 20억~30억 달러에 지나지 않던 무역흑자貿易黑字가 1982년에는 150억 달러, 1983년에는 235억 달러, 1984년에는 335억 달러로 증가일로增加一路에 있는데, 정치·군사적으로는 물론 경제적으로도 강대한 미국이 왜 이렇게 되었을까 하고 생각하지 않을 수 없었다.

실은 도미渡美 2년 전인 1980년 이른 봄, 이바나稻葉秀三 박사가 도쿄 체재 중인 나를 사무실로 찾아와서 일본 산업의 일대 방향 전환을 이야기해 주었다.

"제철·조선·석유화학·시멘트·섬유 등 일본의 기간산업基幹産業은 그동안 치열한 경쟁을 통해 기술과 품질을 향상시켰으나, 과다경쟁過多競爭과 과잉생산過剩生産 때문에 도산倒産이 속출하여 그 부담은 국가와 국민에게 돌아갔다. 한편 대외적으로는 덤핑 수출로 국제무역 마찰을 심화시켰다. 부존자원賦存資源이 없는 일본으로서는 원료를 수입해서 제품을 수출해야 하는데, 이익도 없으면서 각국의 증오憎惡의 대상이 되고서는 살 길이 없다.

따라서 일본은 1973년 오일쇼크 이후 정책을 전환하여 기간산업의 생산규모를 20% 내지 50%까지 대폭으로 억제抑制하기로 했다. 3분의 1은 업계가 자율적으로 제한했고, 다음 3분의 1은 정부가 개입하여 업계와의 합의하에 제한했고, 나머지 3분의

1은 법률로써 규제規制하고 있다."

"그렇다면 일본 산업의 살길은 무엇이냐?"고 물었다.

"반도체·컴퓨터·신소재新素材·광통신光通信·유전공학遺傳工學·우주宇宙·해양공학海洋工學 등 자원 절약형에다 부가가치가 높은 첨단기술尖端技術 분야에의 전환을 도모하고 있으며, 특히 반도체 및 그 주변의 기계공업에 치중해왔다. 정부도 이를 적극 뒷받침하여 전략산업으로 육성했다. 그 결과 수출은 획기적으로 늘고 외화수입은 급증했다. 일본의 살길은 바로 경박단소輕薄短小의 첨단기술 산업에 달려 있다."

일찍이 요시다 시게루吉田茂 수상의 직접 지시 아래 일본의 경제계획 책정을 담당했던 이바나 박사는 이와 같이 말하면서 한국 사정을 물었다. 이바나 박사의 말은 참으로 감명感銘 깊었다.

일본과 마찬가지로 자원이 없고 무역입국貿易立國의 길밖에 없는 한국으로서는, 산업의 재편성再編成을 서둘러 추진하고, 첨단기술 산업을 시급히 개발·육성해야 한다. 그러나 한국은 일본과 사정이 다르고, 갑자기 한 사람의 힘으로 가능하지도 않다.

노심초사勞心焦思하면서 미국 여행길에 올랐었지만, 막상 미국에 가서 각 분야 유수기업들의 생산현장을 자세히 구경도 하고, 경영수뇌들의 고충苦衷을 직접 듣기도 하면서 한국의 살길은 첨단기술 산업의 시급한 개발밖에 없다는 것을 새삼 확인하고 귀국했던 것이다.

수출이 생명선生命線인 한국경제이지만, 이미 경공업 제품은 후진국의 맹추격에 쫓기고, 중화학 제품은 조선이나 제철 등의 일부를 제외하면 선진제품과 경쟁이 안 되어, 수출의 양적 증가는 가능하더라도 순가득액純稼得額의 증가는 기대할 수 없는 실정이다. 기회 있을 때마다 첨단기술 산업의 의의와 긴요성緊要性을 강조하고 그 도입을 정부에 건의했다.

삼성은 해방 후와 동란 중에는 무역을 통해 물자조달의 기능을 맡았다. 휴전 후에는 수입대체 산업을 일으켜 한국경제가 원조援助경제에서 자립自立경제로 전환하는 기틀을 잡는 데 누구보다 노력을 아끼지 않았다. 이어 중화학공업의 건설로 기간산업基幹産業의 기반조성基盤造成에 몰두했다. 이제는 그것을 터전으로 해서 첨단기술尖端技術산업을 개척開拓해야 할 시기가 되었다고 판단했다.

언제나 삼성은 새 사업을 선택할 때는 항상 그 기준이 명확했다. 국가적 필요성이 무엇이냐, 국민의 이해가 어떻게 되느냐, 또한 세계시장에서 경쟁할 수 있느냐 등이 그것이다.

이 기준에 견주어 현 단계의 국가적 과제는 '산업의 쌀'이며, 21세기를 개척할 산업혁신産業革新의 핵核인 반도체를 개발하는 것이라고 판단했다.

그러나 난제難題는 워낙 크고 많다. 과연 한국이 미국·일본의 기술수준을 추적할 수 있을까. 막대한 투자재원을 마련할 수 있을까. 혁신의 속도가 워낙 빨라 제품의 사이클은 기껏해야 2~3년인데, 그 리스크를 감당해낼 수 있을까. 미·일 양국이 점유한 세계시장에 뒤늦게 뛰어들어 경쟁에 이길 수 있을까. 고도의 기술두뇌와 기술인력의 확보, 훈련은 가능할까.

반도체 공장의 입지土地조건도 까다롭지만 무엇보다도 서울에서 1시간 이내의 거리여야 한다. 그렇지 않으면 세계 정상급頂上級의 고도기술高度技術인력의 취업이 곤란한데, 서울은 인구집중지역이므로 넓은 부지敷地는 좀처럼 구하기 어려운 실정이다. 공장의 구조도 아주 특수해야 될 터인데 소요시설과 전문 건설용역을 어떻게 확보하느냐도 문제이다.

생각하면 할수록 난제는 산적山積해 있다. 그러나 누군가가 만난萬難을 무릅쓰고 반드시 성취해야 하는 프로젝트이다.

내 나이 73세, 비록 인생의 만기晩期이지만 이 나라의 백년대계百年大計를 위해서 어렵더라도 전력투구全力投球를 해야 할 때가 왔다. 이처럼 반도체 개발의 결의를 굳히면서 나는 스스로 다짐했다.

제3장

삼성반도체에 내일을 건다

1982년 5월경이었다. 수많은 미국·일본 전문가를 비롯하여 국내 전문가들의 의견을 거의 다 들었다. 관계자료는 손닿는 대로 섭렵했고, 반도체半導體와 컴퓨터에 관한 최고의 자료를 얻고자 무한히 애를 썼다. 그 결과 전혀 가능성이 없지 않다는 점을 알았다. 정부의 적극적인 뒷받침만 있으면 성공의 가능성이 있다는 결론을 얻었다.

기본 구상이 가다듬어진 1982년 10월에 반도체·컴퓨터 사업팀을 조직했다. 이미 개발된 제품들의 성능·원가·가격·시장동향 등을 조사하는 한편, 반도체와 컴퓨터 사업의 장·단기 계획을 세워 매일처럼 검토에 검토를 거듭했다.

1983년 2월 도쿄에서 최종 마무리를 서두르고 드디어 반도체 투자의 단안斷案을 내렸다.

1983년 3월 15일을 기하여 삼성은 VLSI 사업에 투자한다는 것을 홍진기洪璡基 〈중앙일보〉 회장에게 전화로 통보하고, 이를 내외에 공식으로 선언했다. 삼성반도체三星半導體로서는 역사적인

1985년 5월 21일 삼성반도체통신 기흥 반도체 2라인 준공식에서 저자(오른쪽에서 5번째), 금진호 상공부 장관(오른쪽에서 4번째), 이건희 삼성그룹 부회장(오른쪽에서 2번째) 등이 제막 줄을 당기고 있다.

날이라고 할 것이다. 1년에 걸친 철저한 기초조사와 밤낮을 가리지 않은 연구와 검토 끝에 내린 참으로 힘겨운 결단決斷이었다.

투자결정投資決定으로부터 1년이 되는 1984년 3월 말까지 64KD램의 양산量産 제1라인을 완성하기로 하고, 완성 시한時限에서 역산逆算하여 모든 일의 진행계획이 짜였고, 그 진척상황은 매일매일 확인되었다.

최종적으로 성안成案된 사업계획에 따라 설계·생산공정·기계장비·기술인력·자금·판매·부지·용수用水와 전력·건설 등의 과제를 골라, 각기 담당자를 정하고, 과제별로 진행상황은 일일회의에서 하나하나 확인 독려督勵했다.

기술은 미국의 마이크론과 일본의 샤프 것을 중심으로 도입했다. 마이크론으로부터는 64KD램을, 샤프로부터는 CMOS공정 기술과 16KS램 기술을 도입했다.

일본 반도체업계는 한국에 대한 VLSI 기술제공에 불응不應했지만, 샤프 사의 각별한 호의好意로 그 기술을 도입할 수 있었다. 일본으로서는 외국에 대하여 반도체 기술을 처음으로 제공하는 것이었고, 한국으로서는 일본으로부터 반도체 기술을 처음으로 도입하는 것이었다.

당시 일본 업계 중에서는 샤프 사社를 국익을 해치는 국적國賊이라고 혹평酷評하는 업자도 있었다. 그러다가 불과 3개월도 안 되어 히타치日立의 IBM 기술스파이 사건이 만천하에 드러나자, 그때서야 일본 업계는 비로소 샤프 사를 선견지명先見之明이 있는 훌륭한 회사라고 격찬했던 것이다.

미국 아이다호 주의 마이크론 테크놀로지 사社는 본래 우수한 두뇌들이 모여 설립한 벤처기업으로서, 그 탁월한 기술은 내외 주목의 초점焦點이 되어 있었는데 설립 이후 처음으로 삼성과의 제휴提携가 이루어졌던 것이다. 1983년 이후 마이크론 테크놀로지의 세계적 명성은 날로 높아가고 있다.

고도의 기술 두뇌진으로는 스탠퍼드대학·인텔·자이로그 등에 재직 중이던 한국인 박사들의 협력을 얻었다. 그들은 이 분야의 최고 전문가일 뿐 아니라 설계나 제조 또는 판매의 실제 경험을 쌓은 기술자들로서, 이 기회에 조국애祖國愛를 발휘해 내 나라에 보답報答하자는 결의決意를 가지고 적극 참여해왔다.

1983년 7월에는 미국 산타클라라에 기술개발 및 판매촉진을 위한 현지법인을 설립했다. 삼성반도체의 미국 현지법인인 이 트라이스타는 설계와 공정개발과 기술인력의 연수를 맡고 있다.

기흥器興공장의 부지는 당초에 정부의 특정용지로 예정되어 있었지만, 반도체 산업의 중요성을 정부가 인식하게 되어 삼성반도체가 사용하도록 특별한 양해가 있었다.

내외자內外資 1천여억 원도 순조롭게 조달되어 기계장비의 발주가 급속히 추진되는 한편 신정新正·구정舊正의 휴가도 없이 24시간의 돌관突貫작업으로 공장건설이 진행되었다. 건설의 총지휘자는 일찍이 한국비료의 건설에 참여했고, 삼성석유화학 재직 중에는 공정工程합리화에도 공헌한 성평건成平健 군이었다.

1983년 9월 12일에 착공한 제1라인의 건설공사는 이렇게 해서 6개월 18일 만인 1984년 3월 말일에 완공되었다. 선진국의 관례로는 18개월 이상이 걸린다고 하는데, 그 3분의 1로 단축되었던 것이다.

건설공정과 시운전試運轉의 현장을 지켜본 미국의 인텔·IBM, 일본의 유수 메이커의 관계자나 전문가들도 경탄驚歎을 감추지 못했다. 불철주야不撤晝夜 작업 스케줄에 한 치의 어긋남이 없이 열성을 다했던 작업인원은 연延 20만 명에 이르렀다.

하루도 빠지지 않은 공휴일公休日 출근은 다른 나라에서는 유례類例가 없는 일이다. 한국은 이것 하나만으로도 장래에 큰 희망을 가질 수 있다는 자신을 얻었다.

1984년 5월 17일, 삼성반도체통신三星半導體通信 기흥 VLSI 공장 준공식竣工式을 맞이했다. 관계 임직원들에게 나는 충심衷心으로 고마움을 금할 수가 없었다.

국내에서는 최초로, 국제적으로는 미국·일본에 이어 3번째의 반도체 생산국의 공장으로서 완성된 이 64KD램의 제1라인은 완성 4개월 미만에 미국·일본에서도 대성공이라고 하는 51%의 제품 합격률을 달성했고, 반년 만인 9월에는 수율收率이 일본 일류 메이커에 비견比肩하는 75% 수준을 훨씬 넘어서게 되었다. 미국의 컴퓨터 메이커의 엄격한 검사에도 무난히 합격, 9월에는 처녀수출도 이룩했다.

준공식 두 달 후인 1984년 7월에는 256KD램을 주제품으로 하는 기흥 제2라인의 정지整地를 시작하여, 8월 15일에 착공, 1985년 3월 말에는 준공竣工했다. 제2라인 완성에는 약 1천 9백억 원의 자금이 투입되었다.

제2라인의 완성에 앞서 1984년 10월, 삼성반도체三星半導體의 기술진은 256KD램의 독자개발에도 성공했다. 삼성반도체 사업에 처음부터 음양陰陽으로 지원을 아끼지 않았던 미국·일본의 전문가나 메이커들은, 모두들 기적奇蹟이라고 경탄했다.

미국이나 일본에서는 64KD램이나 256KD램의 개발에 성공하자 큰 잔치를 벌였다고 하는데, 당국에서는 해외에 자극을 줄 염려가 있다 하여 일체 비밀秘密에 부칠 것을 당부해왔다.

부천공장의 고문직을 맡아온 어떤 일본인 박사가 일본에 일시 귀국하였을 때, 동료 전문인들과 삼성의 VLSI 성공의 비결秘訣을 놓고 논의論議가 있었다고 한다. 종래從來 일본인들은 일본 반도체 산업의 성공을 일본인 특유의 문화적 특성 때문이라고 해왔는데, 한국의 삼성반도체도 성공을 한 것이다. 그래서 그들은 "한국에는 어른을 존중하고 그 명령에 순종하는 가부장적 제도가 아직 현존하고 있어 융화融和와 통솔統率이 잘되고, 일치단결一致團結하여 놀랄 만한 성과를 거둘 수 있었다"고 결론지었다는 것을 그 박사는 어느 회의석상에서 전해주었다.

삼성의 성공의 이유는 무엇일까. 관계자들의 의견은 다음과 같은 것들이었다.

첫째, 경제적 타산이나 위험을 초월하여 국가적 견지에서 첨단기술尖端技術에 도전한 삼성의 확고한 기업정신企業精神이 있었다.

둘째, 바이폴라 IC가 주제품이었지만, 부천 IC공장의 10여 년간의 경험과 인력의 축적蓄積이 있었다.

셋째, 삼성이 VLSI에 투자하기로 결정하자 세계경제가 호황好況으로 전환하여 반도체 산업에 활기가 되살아났다.

넷째, 최신最新 최고最高이면서 최염가最廉價의 시설을 설치할

삼성반도체통신 기흥공장

수 있었다.

다섯째, 재미在美 한국인 박사의 사심私心 없는 조국애祖國愛에서 비롯된 적극적인 참여로 고도의 두뇌집단과 기술인력을 확보할 수 있었다.

여섯째, 여자종업원에 이르기까지 양질良質의 근면한 노동력勞動力의 확보, 훈련이 가능했다.

일곱째, 어려운 입지조건에 적합한 부지敷地를 얻을 수 있었다.

여덟째, 긴축정책 속에서도 각 금융기관의 각별한 이해와 협력을 얻어 소요자금所要資金을 순조롭게 조달할 수 있었다.

삼성반도체통신 구미공장

　삼성반도체는 이제 VLSI 전선戰線에서 미국이나 일본과 동렬同列에 가깝게 되었지만 앞으로 문제는 산적山積해 있다.

　VLSI는 이미 메가 시대에 돌입했고, 해외 여러 나라의 기술봉쇄技術封鎖는 더욱더 심화되고 있다. 따라서 삼성반도체 자체 개발능력의 제고提高가 급선무이므로 미국 현지법인과는 별도로 국내의 설계·개발연구소를 대폭 강화하고 있다. 우선 1차로 5백 명 정도, 2차로 1천 명 정도의 연구인력硏究人力을 확보하면서 완전한 연구시설硏究施設도 갖추어 나갈 작정이다.

　문제는 기술개발에 그치지 않는다. 미국·일본의 반도체 사업은 정부의 자금 보조와 기술개발 지원으로 급신장을 거듭해왔

삼성반도체통신 부천공장의 광섬유공장

고, 업체 자체도 그동안의 이익을 시설 확충에 충당해왔다.

더구나 일본에서는 1976년부터 1979년까지 전전공사電電公社를 중심으로 VLSI 기술의 연구개발에 7백억 엔의 정부 보조금이 지급되었고, 1979년부터 VLSI 사업에는 총투자액의 50%를 장기저리長期低利로 융자할 뿐만 아니라, 세제稅制상으로도 관세·물품세·법인세 등을 감면하는 등 종횡縱橫으로 여러 가지 특혜를 주고 있다. 그러나 한국은 사정이 달라 아직 고전을 면치 못하는 실정이다. 반도체 생산업체가 많이 있으면 정부 보조도 요청할 수 있겠지만, 단일기업으로서는 특혜 인상을 받을까 해서 요청하지 못하고 있다.

비록 반도체와 컴퓨터가 제아무리 수요가 큰 고성장高成長부문이라 하더라도, 경기변동景氣變動의 영향을 받지 않을 수는 없다. 이것은 이미 업계가 경험한 바다.

그러나 우리는 계속 전진前進해야 한다. 일렉트로닉스 혁명의 물결에서 우리가 뒤지기 시작하면 영원히 후진국을 벗어날 수 없기 때문이다. 삼성반도체는 현재의 제1, 제2 라인에 이어 4개의 라인, 즉 제6 라인까지 증설增設할 계획이다. 공장부지만 해도 30만 평이 필요하다. 그 성부成否는 삼성의 운명에 관련될뿐더러, 우리나라의 경제발전을 가히 좌우할 만한 영향을 미치게 될 줄 안다.

거듭 강조하지만 인구는 많고 자원이 없는 우리나라가 살아남을 길은 무역입국貿易立國밖에는 없다. 삼성이 반도체 사업을 시작하게 된 동기는, 세계적인 장기불황과 선진국들의 보호무역주의保護貿易主義 강화로 값싼 제품의 대량수출에 의한 무역도 이젠 한계에 와 있어, 이를 극복하고 제2의 도약跳躍을 하기 위해서는 첨단기술尖端技術 개발밖에 없다고 판단했기 때문이다.

미국이나 일본은 반도체 등 첨단기술 산업으로 이미 경제대국經濟大國이 되었는데, 우리나라는 지금이야말로 반도체 생산을 위시한 하이테크 산업으로의 변신變身을 도모圖謀하지 않고는 영영永永 경제발전을 기약할 수 없다는 확신을 갖게 되었다.

또 우리 주변의 모든 분야에서 자동화自動化, 다기능화多技能化, 소형화小型化가 급속히 추진되고, 여기에 필수적으로 사용되는 반도체 비중이 점차 커져 국가경쟁력을 확보하기 위해서는 피나는 반도체 개발 전쟁에 참여해야만 한다. 반도체 자체는 제철製鐵이나 쌀과 같은 것이어서 반도체 없는 나라는 고등기술高等技術의 발전이 있을 수 없다. 반도체를 기초로 모든 제품생산을 하는 것이지 반도체 그 자체는 큰 이익이 나는 것이 아니다.

이런 반도체를 외국에서만 수입할 경우, 모든 산업의 예속화隸屬化를 면할 수 없고, 상대국과의 제품경쟁으로 반도체 공급을 중단하면 하루아침에 문을 닫아야 하는 지경을 당하게 된다.

사실 수년 전만 해도 우리가 생각하기도 어려운 것으로 되어 있던 64KD램 및 256KD램을 우리나라가 개발하는 데 성공했고, 이제 대량생산으로 수출까지 하고 있어, 첨단尖端 반도체 분야에서는 선진국과의 기술격차隔差를 1~2년으로 단축시킬 수 있게 되었다. 그리고 오래지 않아 1메가D램도 개발되어 시험생산에 들어가게 되었다.

반도체 산업이란 험난한 산업이다. 고가高價의 기기機器들이 계속 투입되어야 하는 장치裝置산업이면서 잠시도 쉬지 않고 앞으로 나아가야 하는 산업이다.

제4장

기업은 영원한가

기업企業은 영원永遠한가. 이에 대한 답은 물론 '노'이다.

영원은커녕 짧으면 10년, 20년, 길어서 40년, 50년의 사이클로 소장消長하고 있다. 영고성쇠榮枯盛衰를 거듭하는 기업의 수명은 인간의 그것보다도 훨씬 짧고 덧없는 것이라 할 수 있다. 인간의 생애 중에서 기업경영에 바칠 수 있는 경영수명도 30~40년에 불과하다.

〈일본경제신문〉의 자매지 〈닛케이日經비즈니스〉가 실시한 '일본 톱 기업 100사社의 과거 100년간의 성쇠盛衰 조사'(1983년 9월 19일호)를 보면 다음과 같다.

이 조사는 1896년부터 1982년까지 대체로 10년 간격으로 9기간에 걸쳐 매출액 기준으로 상위 100사의 변천을 살폈다.

조사결과에 따르면 9기간 동안 연속하여 상위 100사에 들어 있는 회사는 오우지제지王子製紙와 가네보방적鐘淵紡績 2개 사뿐이다. 이를테면 1세기에 걸쳐서 상위 100사 안에 드는 번영을 누린 기업은 단 2개 사뿐이고, 나머지 98개 사는 도산倒産·흡수합병吸收合倂·변신變身 또는 업적부진業績不振 등의 이유 때문에 100사 랭킹에서 탈락한 것이다.

그리고 일단 100사 안에 든 기업은 평균하여 어느 정도의 기간 랭킹에 머무를 수 있었는가, 다시 말해서 번영을 유지할 수 있었던 기간은 평균 얼마 동안이었는지 조사한 것을 봐도, 겨우 30년에 불과했다.

다른 항목의 조사에서는 1896년의 제1기 100사 랭킹에서 상위 10사에 들었던 기업 중 9개 사가, 회사설립 후 평균 27년 후에는 흡수합병이나 도산으로 그 사명社名이 소멸消滅된다는 충격적인 사실을 밝히고 있다.

인간은 이 세상에 태어나면서부터 죽음으로의 여로旅路를 걷기 시작하는데, 기업 또한 창업과 동시에 어느 날엔가는 쇠망衰亡의 위기에 직면할 운명을 지니고 있다. 그 '어느 날'은 결코 먼 미래가 아니라는 것을 이 자료는 말해준다.

한 나라의 산업구조는 경제 발전단계에 따라 끊임없이 변화한다. 노동집약勞動集約에서 자본집약資本集約, 경공업에서 중공업, 소재素材에서 가공조립加工組立으로, 산업과 기업은 그 구성을 바꾸어간다. 근년에는 중후장대重厚長大의 중화학 구조에서 경박단소輕薄短小의 첨단기술산업으로 주역이 바뀌고 있다.

이러한 구조변화에 적응하지 못하는 기업은 낙후되고 만다. 종래의 구조에 매달리는 일업단품一業單品의 기업으로는 연명延命이

힘들다. 다기능화, 다각화를 위하여 노력이 경주 안 될 수 없다.

섬유織維의 명문 가네보방적鐘淵紡績이 화장품·의약·화학 등 분야로 변신하고, 메이지제과明治製菓가 의식동원醫食同源의 기치를 들고 식품산업으로 다각화되는가 하면, 시계時計 메이커인 세이코가 전자·과학기기 메이커로 복합화되고 있다.

이와는 반대로 단일單一주업종의 비율이 70%를 넘는 회사는 오늘의 기업세계에선 살아남을 수 없다. 기업의 전신轉身이나 변신은 비단 일본에 한한 것이 아니라, 구미 선진국의 기업사史에서도 그 예를 수없이 찾아볼 수 있다. 기술의 혁신과 그로 인한 산업구조의 변화에 기업이 따라가는 것이 아니라, 오히려 기업이 구조혁신構造革新의 주도적 역할을 하는 것이다. 이와 같은 활력 있는 기업은 시대를 선행하여 그 수명이 연장되고, 그렇지 못한 기업은 시대의 진운進運에서 탈락되고 만다.

이러한 역사적인 교훈을 염두에 두고 우리나라 산업계의 실정을 돌이켜보면 어떠한가.

경제·산업개발이 본격적으로 진전되기 시작한 지 불과 30년밖에 안 되지만, 그 짧은 기간에도 개별적인 기업의 부침浮沈은 물론 기업그룹의 소장消長 또한 걷잡을 수 없이 심했다. 번영을 구가謳歌하던 기업그룹이 어느 사이엔가 쇠퇴하는가 하면 소멸消滅의 길을 걷곤 했다. 그런가 하면 새로운 기업그룹이 탄생하고 그리고 그것은 얼마 안 가 내리막길을 걷기도 했다.

이러한 한국기업사韓國企業史의 변전變轉과정에서 살아남은 것이 두서넛 있지만, 삼성三星은 창업 이래 반세기 가까이 되었다. 그 근본이유는 21세기를 향한 기업으로서 전진을 가름하는 열쇠가 될 것이다.

여기에는 최고경영자最高經營者의 자질資質이 무엇보다도 중요하다. 평소 어떠한 사람이 사장이 되어야 하느냐 하는 문제에 관해서 깊이 생각해온 몇 가지 조건이 있다.

첫째, 덕망德望을 갖춘 훌륭한 인격자人格者이어야 하고

둘째, 탁월한 지도력指導力을 구비하고

셋째, 신망信望을 받는 인물이어야 하며

넷째, 창조성創造性이 풍부해야 하고

다섯째, 분명한 판단력判斷力을 갖추고

여섯째, 추진력推進力이 있어야 하고

끝으로 책임責任을 질 줄 아는 사람이어야 한다.

세상엔 이런 조건을 모두 겸비兼備한 인물이 드물다. 따라서 조직력으로 다양한 자질을 가진 사람들이 조화되어 서로 보완적으로 협력하면 능히 그런 경영체經營體를 만들 수 있다. 이런 경영체제가 확립되면 사장 이하 전 임직원은 단단한 정신무장精神武裝으로 회사를 이끌어 갈 수 있다.

기업은 항상 새 시대의 새로운 요구에 의한 변신變身을 통해 부단히 성장 발전해야 한다. 기업의 인재人材들 또한 끊임없는 교육과 연수를 거쳐 변신하지 않으면 안 된다. 그리고 왕성한 기업가정신企業家精神과 기술개발技術開發이 없어서는 안 된다. 시대를 앞지르는 적확的確한 통찰력洞察力과 왕성한 창조적 의욕意慾을 꾸준히 갖고 있는 경영만이 기업을 성장·확대시키고 기업의 생명을 오래 지속시킬 수 있다.

삼성이 오늘날까지 걸어온 길을 살펴보면 설탕·모직 등 수입대체 소비재에서 출발하여 전자·석유화학·조선·기계 등의 중공업, 정밀기계를 축軸으로 한 방위산업으로, 삼성은 그 업종을 단계적으로 확대하면서 근년에는 반도체·컴퓨터·산업용 전자기기·유전자 공학 등 세계 최첨단의 산업분야에 진출하고 있다.

경제의 발전에는 반드시 과정過程과 단계段階가 있게 마련이다. 아직도 삼성이 소비재 생산에서 출발한 것에 대한 비판의 소리가 있지만, 자본의 축적상황, 기술의 수준, 내외시장의 동향 등 여건에 상응相應하여 추진해야 산업은 발전하는 것이다.

만약에 삼성이 제일제당이나 제일모직을 설립했던 당시 이러한 국민경제상의 조건을 무시하고 일거에 중공업에 착수했던들, 인도印度 제철업의 좌절과 실패처럼 삼성도 어려움을 겪었을 것이다.

이 자전自傳 속에 수록된 〈우리가 잘 사는 길〉에서 나는 공업화, 특히 중화학공업을 포함한 기간산업基幹産業의 육성을 역설한 바 있지만, 그것은 1960년대에 들어선 후의 일이고, 1950년대에 있어서는 그것을 가능케 할 여건與件의 성숙成熟이 전혀 없었던 것이다.

1950년대에서 오늘에 이르는 동안 삼성이 걸어온 길은 그대로 한국산업사韓國産業史의 구조전환의 과정이었다. 방심하면 기업은 부질없이 소멸되고 만다는 것은 누구이 말한 바 있지만, 아무튼 우리나라 기업은 너무나 단명短命한다. 그 이유는 무엇보다도 불합리한 경영 탓에 있다. 장기적이고 본격적인 안목眼目에서 시대의 요구를 파악하고, 국민에게 도움이 되는 제품을 개발해야 한다.

그리고 개인의 이익보다는 공익公益을 먼저 생각하고 정직하게 사업하는 자세 또한 중요하다. 제품을 만드는 사람, 파는 사람, 사는 사람이 모두 서로 덕을 보는 공존공영共存共榮의 원칙을 엄수함으로써 기업은 발전한다.

나는 거듭 강조하고 싶다. 기업은 결코 영원한 존재가 아니다. 변화에의 도전挑戰을 게을리 하면 기업은 쇠퇴하기 시작한다. 그리고 일단 쇠퇴하기 시작하면 재건再建하는 것은 지난至難하다.

제5장

창업과 수성

'창업創業보다 수성守成'이라고 한다. 사업을 일으키는 것은 결코 쉽지 않다. 그러나 이미 이룩해 놓은 사업을 지켜간다는 것은 그 이상으로 어렵다.

한평생을 바쳐 이룩한 삼성三星을 누구에게 계승繼承시켜야 할지, 오래도록 생각해왔다. 선진국의 대기업 집단들에 비하면 크다고 할 수는 없는 삼성이지만, 우리나라 경제계에서는 시종 정상의 자리를 유지해왔다. 업종과 분야가 복잡하고 종업원도 10여만 명을 넘을 뿐 아니라 대리점이나 납품업체 등 관련 있는 사람의 수도 많다. 무슨 잘못이라도 생겨 삼성이 흔들리게 되면 국가적인 문제가 될 수도 있다.

삼성을 올바르게 보전保全시키는 일은 삼성을 지금까지 일으키고 키워온 일 못지않게 중요하다.

후계자後繼者의 선정에는 덕망德望과 관리管理능력이 기준이 안 될 수 없다. 그것은 단순히 재산을 상속하는 것보다는 기업의 구심점으로서 그 운영을 지휘하는 능력이 필요하기 때문이다.

저자가 67회 생일을 맞아 3남 건희(健熙)와 함께 케이크를 자르고 있다.

본인의 희망도 듣고 본인의 자질과 분수에 맞춰 승계承繼의 범위를 정하기로 하고, 처음에는 주위의 권고勸告도 있고 본인의 희망도 있어, 장남 맹희孟熙에게 그룹 일부의 경영을 맡겨 보았다. 그러나 6개월도 채 못 되어 맡겼던 기업체는 물론 그룹 전체가 혼란에 빠지고 말았다. 본인이 자청自請하여 물러났다.

2남 창희昌熙는 그룹 산하의 많은 사람을 통솔統率하고 복잡한 대조직大組織을 관리하는 것보다는, 알맞은 회사를 건전하게 경영하고 싶다고 희망했으므로, 본인의 희망을 들어주기로 하였다.

3남 건희健熙에게는 일본의 와세다대학 1학년에 재학 중일 때 중앙매스컴을 맡아 인간의 보람을 찾는 것이 어떻겠느냐고 물었더니, 그 길이 가장 좋을 것 같다고 대답했다. 매스컴 경영의 기복起伏에 대비하여 재정적 지원이 가능한 몇 개의 회사를 붙여주는 것이 좋다고 생각했다.

　그러나 고생스러운 기업경영企業經營의 일을 자손子孫들한테까지 억지로 강요하고 싶지 않은 것이 나의 솔직한 심정이었다. 사업 탓으로 숱한 파란波瀾과 곡절曲折을 겪으면서 갖은 고생을 했기 때문이다.

　해방 전, 식민지 통치하에서 뚜렷한 국가의식도 없이, 안이安易한 생활에 젖어 있던 시절이 개인적으로는 가장 편한 시기였다. 조국祖國의 주권主權이 회복되고, 사업을 통해서 국가발전에 기여하겠다는 의식과 신념이 확립되면서부터, 기업가로서의 고초苦楚는 시작되었다.

　1950년 6·25 동란 중 기업의 회생回生을 위하여 겪었던 갖가지 고생, 1960년 4·19 후 부정축재자로 낙인찍히면서도 나라의 앞날을 걱정하던 나날, 사회가 겨우 안정을 되찾는 듯하더니 또다시 1961년 5·16으로 모든 경제인은 죄인시罪人視되고 재산의 국가환수國家還收 조치가 있는 등, 온갖 정치적 수난을 겪어야 했다.

　이러한 험난한 과정을 끝까지 극복한 사람은 아직도 기업경영에 종사하고 있지만, 그렇지 못했던 사람은 모두 사라지고 말았다. 그래서 3남 건희에게는 고생스러운 기업경영을 맡기는 것보다는 매스컴을 생각했던 것이다.

그러나 건희는 일본 와세다대학을 졸업하고, 미국 조지워싱턴대학 유학 후 귀국을 하고 보니, 삼성그룹의 전체 경영을 이어받을 사람이 없음을 보고 그룹경영의 일선一線에 차츰 참여하게 되었다. 본인의 취미趣味와 의향意向이 기업경영에 있어 열심히 참여하여 공부하는 것이 보였다.

고생길을 왜 택하느냐, 〈중앙일보〉만 맡았으면 하는 것이 나의 심정이었지만, 본인이 하고 싶다면 그대로 놔두는 것이 옳지 않을까 생각했다.

내가 삼성三星을 창업하고 발전시켜 온 것은 사실이다. 그러나 삼성이 나 개인의 것이라고는 결코 생각지 않는다. 주주株主가 누구이든 회장과 사장이 누구이든 삼성은 사회적 존재이다. 그 성쇠는 국가사회의 성쇠와 직결된다. 이 계승이, 삼성의 확고부동한 새로운 발전의 계기가 되고 기틀이 되기를 간절히 바라며 3남 건희를 계승자繼承者로 정하는 것이 옳다고 생각한 것이다.

후계자를 선정했다고 해서 내가 한가해진 것은 아니다. 나의 일과日課는 수십 년에 걸쳐 한결같다. 아침 6시에 기상하고 저녁 10시에는 반드시 취침한다. 생활리듬은 여간해서는 깨뜨리지 않는다. 깨어 있으면 촌시寸時도 허송虛送하지 않지만, 한번 잠자리에 들면 모든 것을 잊고 깊이 잠든다.

일주일에 나흘은 회사에서 집무한다. 나 스스로 규율規律을 정해놓고 그대로 실천한다. 집무 스케줄은 예정에 따라 분초分秒를 쪼개어 짜여 있다. 깨어 있는 16시간 동안 내 전부를 사업에 몰입沒入시킨다고 해도 과언過言은 아니다. 작금昨今의 관심사는 반도체와 생명공학 분야이지만, 거기에는 외국기업과의 기술제휴에 관한 일이 많아, 내가 직접 교섭을 맡고 있어 상당히 바쁘다.

오랜 습관으로 반드시 메모를 하는데 이것이 일을 챙기고 정리하는 데 큰 도움이 된다.

1976년 위胃 수술 후 얼마 동안 회사 출근을 주 2회로 줄이고 한일월閑日月을 가졌었다. 그 무렵이었다. 상품이 화재火災로 소실燒失되는 등 큰 사고가 잦았고, 적자赤字를 내는 기업도 생겼다. 수술 때문에 일시 회사를 비우고, 퇴원 후 출근을 줄였던 것과 이러한 사고나 실수와의 관련 여부는 모른다. 그리고 적자로 말하면 오일쇼크 후의 세계 불황의 영향도 부정할 수는 없다.

그러나 정신과 기강紀綱의 해이解弛를 느끼지 않을 수 없었다. 갖은 난관難關을 극복하면서 여러 기업을 창설한 사람도 있는데, 비록 이유야 어떻든 이미 만들어 놓은 회사 하나 제대로 운영하지 못하는 사태에 크나큰 실망을 금치 못했다.

직접 사태수습에 나섰다. 회사를 소생시키기 위해 사정私情을 버리고 과감한 인사교체를 단행하여 조직을 정비했다. 때로는 호통도 쳤다. 성심성의誠心誠意 노력하다가 불가항력不可抗力으로 생긴 실수인지, 무분별無分別이나 태만怠慢에서 생긴 과실過失인지를 준별峻別한다. 물론 전자前者의 경우는 나무라지 않는다.

삼성의 사원은 50 대 1의 경쟁을 뚫고 들어온 사람들로서 거의가 우등생優等生들이다. 그러나 학교성적이 좋다고 해서 꼭 훌륭한 인재라고 할 수는 없다. 사실 학교교육은 사회진출을 위한 기초교육에 힘써야 하고, 사회나 기업에서는 인격형성 및 기능향상, 경영능력 배양을 위한 교육을 꾸준히 시켜야 한다. 따라서 나는 기업경영의 80%를 인재양성人材養成에 쏟아왔고, 인력에 대해서만은 아낌없는 투자를 해오고 있다.

그래도 1~2년쯤 지나면 신입사원 중 5~6%가 탈락한다. 그리고 전체의 30%는 아주 우수하다. 아무리 환경이 나빠도 부정不正하지 않는 사람들이다. 이 사람들은 차츰 인격적으로나 사회적으로 성장을 계속하여 임원도 되고 사장도 된다. 그리고 나머지 사원 중 상당수는 환경과 지도指導여하에 따라 좌우된다.

적자생존適者生存의 원칙은 어느 시대, 어느 사회에도 적용되게 마련이다. 잘못한 사람을 제재制裁하고 잘하는 사람에게 상을 주는 신상필벌信賞必罰제도가 없다면 회사나 국가는 발전할 수 없다. 이 같은 신상필벌이 바로 인사관리人事管理의 요체要諦이다. 열심히 일하는 사람이 보람을 느끼게 하고 유능한 사람을 소중히 여길 줄 아는 풍토가 중요하다.

회사 내의 잘못을 지적하고 그 문제점을 과감히 제거除去하고 용서容恕하지 않는 경영자를 흔히 냉혹한 사람이라고 평하지만, 정작 냉혹한 사람은 잘못을 덮어두고 미온적인 경영으로 회사와 본인의 장래를 망치고 결국 사회를 혼란케 하는 경영자일 것이다.

한 예를 들자면 삼성에 입사한 사원 중에는 초등학교부터 중고등학교를 우등으로 다닌 뒤 일류대학을 나온 엘리트들도 있었다. 그들 중 한 사람은 덕망德望도 있고 양식良識과 식견識見도 갖춘 사람이어서 순조롭게 승진을 거듭해 마침내 사장 자리까지 올랐다.

그런데 그가 맡은 회사에 사고가 생겼다. 거래선去來先이 그 회사 제품을 가져가려면 물건값 외에 사례금을 주지 않으면 안 되는 부정不正까지 일어났다. 이것이 적발되어 더 조사를 시켰더니 공장장 이하 열댓 명의 직원이 상당한 부정을 저지르고 있었다.

사장에게 부정내용을 통보하고 처리하도록 지시했더니, 그 사장은 이들을 퇴사시키면 당장 취업도 어려워 노두路頭에서 방황하게 되고 인력의 손실을 가져온다고 관용寬容을 간청懇請했다. 그 사장의 뜻대로 처리하도록 했다.

그런데 1년쯤 지난 뒤 다시 점검해 보았더니 하역荷役작업을 하는 사람까지 포함하여 2백여 명의 직원이 관련되어 온 세상에 알려질 정도로 부정은 확대되고 있었다. 1년 전에 그 잘못을 바로잡지 않고 사장의 작은 온정溫情으로 부정을 인정한 것이 되어 버려 더 큰 화禍를 자초自招한 것이었다.

  판매는 줄어들고 이익도 현격히 줄어 회사는 적자赤字를 보게 되고, 그대로 두면 본인 자신도 파산破産을 하고 회사의 부정은 더 만연蔓延할 것은 당연한 일이다.

  이런 일 저런 일들로 집무실에서 한가로운 시간은 없다.

  삼성그룹에는 3백 명이 넘는 임원任員이 있다. 모든 인사는 1982년부터는 인사위원회人事委員會를 구성하여 여기서 담당하게 했다. 그러나 인사에서 완전히 손을 뗀 것은 아니다. 공평하고 자율적인 인사관리 능력을 키우려는, 장래에 대비한 포석布石의 하나일 뿐이다.

제6장

보스턴대학에서 명예박사학위

1979년 미국 뱁슨대학에서 나는 최고경영자상最高經營者賞을 받고, 그 후 1982년 미국 보스턴대학에서 명예名譽경영학박사의 칭호를 받았다. 뱁슨대학은 하버드대학 비즈니스 스쿨에 비견比肩되는 경영학의 명문으로서, 이 상은 '탁월한 경영인으로서 기업 업적을 통하여 세계경제 발전에 공헌한 인물'에 수여한다고 한다. 동양인으로서는 처음인 일본 혼다本田자동차공업의 창업자인 혼다 소이치로本田宗一郎 씨에 이어 두 번째 수상이었다.

권위 있는 상을 받는다는 것은 영광이었지만 형편이 여의치 못하여 수상식에는 참석할 수 없었다. 3남 건희健熙가 대신 수상했다. 수상식상에서의 소렌슨 총장의 축사는 과찬過讚이었다.

"이병철 회장이 새로운 사업을 일으킨 것은 항상 그 사업의 시장성市場性이 가장 낮은 수준에 있을 때였고, 극히 곤란한 환경에 처해 있을 때였다. 끊임없는 개척자開拓者 정신으로 성취한 여러 사업의 업적은 사회에 대한 봉사奉仕, 바로 그것이었다."

한편 보스턴대학은 150년의 역사와 전통을 자랑하는 미국 동부의 명문이다. 보스턴대학의 학위수여 제의를 나는 계속 사양辭讓했었다.

그러나 "국토가 협소하고 자원도 없는 한국에서, 수십 개의 기업을 창설하여 한국의 경이적인 경제성장에 공헌한 실적은 찬양讚揚하고도 남는다. 대학으로서는 세계 각국에서 수상 후보자를 엄선嚴選한 결과 세계에서 귀하가 최적임자라고 전 교수진이 결정했으므로 꼭 수락해 주기 바란다"는 대학 측의 간청이 있었다. 더 이상 거절할 수는 없어 결국 수락受諾하기로 했다.

이번에는 대리 참석자를 보낼 수 없어 직접 미국을 방문하기로 하였다. 1961년 외자유치를 위한 민간경제사절단의 단장團長으로 방미訪美한 이래 실로 21년 만의 미국여행이었다.

학위學位 수여식에서의 답례연설答禮演說 초안草案과 한국경제의 발전상황을 정리한 원고 등 준비를 마치고 1982년 3월 11일 서울을 출발했다.

지정된 4월 2일, 보스턴대학 교문에 들어섰다. 수여식에서 가운을 입고, 박사모博士帽를 쓰고, 학위를 받을 때는 묘한 기분이 들었다.

답례연설에서 '인재제일人材第一'의 나의 경영철학經營哲學의 일단一端을 피력披瀝하였다. 식장을 메운 사람들은 연설이 끝나자 일제히 기립起立까지 하여 박수로 축하해 주었다.

보스턴대학의 명예경영학박사 학위를 수여받는 저자
(1982년 4월 2일)

　보스턴대학은 이런 식전式典에서는 전례 없이 이날을 "B.C. LEE의 날"로 정하고, 오전의 수여식에 이어 오후에도 축하 프로그램이 짜여 있었다. 200명이 참석한 축하 오찬회午餐會에서는 존 실버 총장이 레이건 대통령을 비롯한 주지사·보스턴 시장·케네디 상원의원 등 저명인사들의 축전祝電을 소개했다. 장내에

1982년 4월 2일 보스턴대학에서 명예경영학박사 학위를 받은 저자가 답례 만찬회에서 연설하고 있다.

는 거듭 박수가 터지고, 나는 무한한 감회感懷를 느끼지 않을 수 없었다.

　심포지엄도 프로그램의 일부였다. '변화하는 기업환경'이라는 주제로 생산정책·인사정책·기업의 장기계획 등에 관한 토론이 있었던 이 심포지엄에는, ITT와 코닝의 회장을 비롯하여 아모코, GE, 인터내셔널 하베스터, BOA, 시티은행 등 미국 경영계를 대표하는 대기업들의 최고 경영인들이 참여했다.

그날 저녁, 리츠칼튼 호텔에서 답례의 만찬회晩餐會를 베풀었다. 여기에도 보스턴대학의 관계자를 비롯하여, 미국 경제계의 지도자들이 다수 참석했다.

박사학위博士學位 수여식을 마친 다음날부터 귀국하기 전까지 실업계를 비롯하여 미국의 각 계층을 두루 찾아보기로 하고 처음 찾은 곳은 IBM의 컴퓨터 공장이었다. 제대로 시찰하려면 5일은 걸린다고 한다. 30분 정도밖에 시간여유가 없었으므로 핵심부분만 보여달라고 부탁했더니 선뜻 쾌락快諾하고 사진촬영도 무방하다고 했다.

컴퓨터 공장에는 비밀이 많을 텐데 어떻게 촬영을 허락하느냐고 물었다. "이 공장을 관찰한다고 해서 아무나 흉내를 낼 수는 없다"고 자신만만하게 대답하는 것이었다.

건축의 명문 벡텔 사의 경우도 자신에 차 있었다. 현現회장의 부친이며 전 회장인 벡텔 고문은 82세의 고령에도 불구하고 정정했다. "벡텔의 기술은 어느 누구도 따라 올 수 없다. 중동에서도 저기술底技術의 공사는 일본이나 한국에 맡기고, 우리들은 최첨단最尖端의 기술 프로젝트만을 맡는다"고 했다.

GE 본사는 뉴욕 교외 조용한 전원田園의 절경絶景 속에 묻힌 백색의 화려한 건물이었다. GE는 그 종업원 인원만 해도 30만 명이 넘고 연간 총매출액이 3백억 달러(1985년)나 되는 세계유수의 대기업이다. 친교親交가 있던 존슨 회장은 퇴사退社하고, 40

대의 젊고 유능한 잭 웰치 회장이 취임해서 나를 위해 하루 종일 시간을 내 친절하게 안내해 주었다.

웰치 회장을 위시해 부회장, 사장 등 최고위 임원들과 회동會同하는 자리에서, 나는 "지금 미국 경영자들은 무엇을 생각하고 있느냐?"고 물었더니, "미국 기업들은 일본 자동차산업 등의 추격을 받고 있어 전경영자들은 생산성生産性 향상운동向上運動에 전력을 기울이고 있다"고 말하면서, "GE도 부회장을 주축으로 해서 로봇 매출을 연 40억~50억 달러 올리고 있다"고 했다.

웰치 회장은 삼성의 경영방법에 관해 깊은 관심을 표명하며 무엇에 중점을 두느냐고 물었다.

나는 "거의 50년 동안 생산성 향상을 위해 노력해왔으며, 로봇 같은 기계로 하는 것이 아니라 사람을 잘 교육, 훈련하여 적재적소適材適所에 인재人材를 적절히 배치해 활용하고 있다"고 했다.

GE 임원들은 "로봇에 비해 그 효과가 어떠냐?"고 되물었다. 나는 "결국 로봇도 사람이 하는 것 아니냐. 인재양성人材養成에 의한 생산성 관리의 큰 성과 가운데 하나는 노조勞組가 없는 것"이라고 했더니, 과연 동양의 기업가다운 발상이라고 감탄했다.

나는 GE를 방문하기에 앞서 벌써 한 달 전에 서한書翰을 보내 삼성이 GE와 큰 규모의 거래를 넓고 깊게 하고 싶다는 뜻을 전한 바 있었다. GE는 그 서한에 근거해 로봇을 같이 연구해서 기술제휴를 해도 괜찮고 원자력原子力을 비롯해 발전發電시설, 의료기기醫療機器의 기술합작에 협력할 수도 있다고 했다.

삼성은 제일 먼저 의료기기의 기술합작에 합의해 첫 사업을 시작했다. GE의 의료기기는 세계적인 정평定評을 얻고 있다. 바로 그 합작회사가 지금 공장건축 공사를 하고 있는데, GE는 앞으로 의료기기의 생산기지를 한국에 두고 그 생산품을 한국은 물론 미국, 유럽, 아시아 등 전세계에 내보낼 계획을 하고 있다.

GE의 경우도 그러했지만 미국에서 통감痛感한 것의 하나는 모든 것이 엄청나게 규모가 크다는 것이었다. 물론 국토가 넓기 때문이기도 하겠지만 공장 하나를 지어도 널찍하게 터를 잡았다. 규제가 많은 우리나라와는 달리, 부지敷地가 협소狹小하면 오히려 규제를 받는다니 부럽기 한이 없었다.

한국에서는 개인주택의 대지는 250평 이하로 묶여 있으나, 미국의 경우 1천 평 이상이 아니면 건축을 허가하지 않는다고 한다.

호암미술관湖巖美術館의 개관을 앞두고 있어서 스미소니언, 후리어, 코닝 등 몇몇 박물관도 돌아보았지만, 그 건물이나 전시품의 규모가 모두 예상을 훨씬 넘는 너무나 큰 것이었다.

코닝은 원래 도시 이름으로 그곳에는 코닝글라스와 관계를 맺고 있는 사람들이 70%나 살고 있었다. 코닝글라스의 호돈 회장은 삼성이 미술관 개관을 준비하고 있다는 얘기를 듣고서, 코닝글라스의 박물관을 참관參觀해 달라고 간청해 그 후의厚意에 못 이겨 바쁜 시간을 쪼개 코닝글라스의 본사와 박물관을 방문했다.

그중에서 코닝 유리미술관은 2만 점이나 되는 소장품의 대부분이 유리 용기류容器類인데, 기원 전 15세기 이집트의 유리그릇에서부터 현대 세계의 각종 유리제품에 이르기까지 광범위하게 망라網羅하고 있어, 세계유수의 위대한 유리박물관이었다.

여러모로 나는 미국의 저력底力에 새삼 놀랐다. 반도체 등 일부 분야에서 미국이 일본에 뒤지는 면이 있다고들 하지만, 미국의 첨단기술을 기본적으로 일본이 능가하는 것은 아니다. 기초기술을 양산체제로 연결시키는 면에서 일본이 앞서고 있을 뿐이다.

물론 미국에도 그늘진 부분이 없지는 않았다. 무엇보다도 서비스가 졸렬拙劣하여 일류호텔만 해도 시설은 훌륭했지만 서비스는 낙제였다. 프런트의 응대應待 하나만 보더라도 지나치게 사무적이어서 한국이나 일본의 호텔처럼 따뜻한 인간적 분위기가 없었다.

〈중앙일보〉와 오랫동안 자매관계를 가진 미국을 대표하는 신문 〈워싱턴 포스트〉도 방문하여, 고희古稀에 가까운 그레이엄 회장과 기념촬영을 했을 때의 일이다. 그레이엄 회장이 느닷없이 안경을 벗고 구두를 벗는 것이었다. 동양에서는 큰 손님 앞에서는 그렇게 하는 것이 예의라고 들었기 때문이라고 했다. 나에 대한 경의敬意의 표시였다. 나도 그레이엄 회장과 같은 훌륭한 분 앞에서는 구두만이라도 벗어야 한다고 했다.

안경과 구두를 벗은 두 사람의 웃는 모습이 AP통신을 통해서

〈워싱턴포스트〉를 방문, 그레이엄 회장과 기념촬영(1982년 3월 26일)

내외에 보도되었다. 이것이야말로 백만 달러짜리 포즈라고 둘이서 파안대소破顔大笑했다.

또 한 가지 이 미국여행에서 무엇보다도 잊지 못할 일은 맥아더 장군將軍 미망인未亡人과의 만남이었다. 워싱턴에서 비행기로 30분 거리에 있는 버지니아 주 노포크 시의 맥아더 장군 기념관을 찾고 미망인도 만났다.

앞에서도 말했듯이 이승만 박사와 함께 맥아더 장군이 없었더라면, 한국의 독립과 6·25의 전승戰勝이 과연 있었을까 하고 나는 항상 생각하고 있다.

1982년 미국방문 시 맥아더 장군의 미망인과 환담을 나누는 저자

 맥아더 장군 미망인은 장군이 점령하의 일본 국민을 위하고 동란중의 한국 국민을 위한 갖가지 일화逸話를 자세히 말해 주어, 그 투철한 애국심愛國心과 영웅적인 언행言行에 새삼 깊은 감명感銘을 받았다. 나는 장군에 대한 깊은 경의와 감사의 정情을 전하고, 장군의 동상銅像을 기념관에 기증하고자 미망인과 관장에게 상의했더니, 1m 20cm 정도의 높이면 관내에서 가장 좋은 위치에 세울 수 있다고 했다.
 귀국 후에 약속대로 거기에 적합한 장군의 동상과 인천 상륙 작전의 부조浮彫 동판銅版을 만들어 기증寄贈했다. 관련자 100여 명이 참석한 성대한 동상 제막식이 현지에서 거행된 바 있다.

호암미술관 앞뜰의 맥아더 장군 동상과 인천상륙작전 부조(왼쪽은 이승만 박사 동상)

 똑같은 장군의 동상을 하나 더 만들어 호암미술관 앞뜰의 전망 좋은 곳에 세우는 한편, 장군과 인연이 깊었던 이승만 박사의 동상과 인천상륙작전 동판도 함께 세워 두 분을 길이 기념하고 있다.
 장군 못지않게 한국을 사랑하고 자유를 사랑했던 미망인과 오찬을 들면서 환담歡談했던 일은 더없이 뜻 깊은 일이었다. 이날 미망인은 한국 음식을 처음 먹어본다고 하면서 퍽 맛있게 들었고, 나의 한국방문 초청에는 혼자서 해외 나들이는 하지 않기로 결혼 당시 장군과 굳게 약속했다고 굳이 사양辭讓하는 것이었다.

제 9 편

취미 편력

수집으로 개성을 안다
생활 속의 골프
국악과 서예로 정심 길러
건축미에 매료되어
《논어》, 인간형성의 근원

취미란 원래 논의의 대상 밖의 것이어서 완전한 사적私的 세계이다. 그러나 사람을 아는 데는 그 사람의 취미만큼 확실한 교재敎材도 없다. 또한 나에게는 사업이나 인생의 교재이기도 하다.

인간의 기량器量은 여유餘裕에서 생긴다고 한다. 여유가 없는 인간은 하찮은 구실이나 타산打算에 치우쳐 어딘지 모르게 성격도 편협偏狹하다. 취미는 이 여유와도 인연이 없지는 않을 것이다.

수집으로 개성을 안다

40년 동안 많은 미술품을 수집蒐集했지만, 이 밖에도 나에게는 여러 가지 수집 취미가 있다.

공예가구工藝家具·나전칠기螺鈿漆器·벽지壁紙·융단絨緞·조각彫刻·석물石物·금속물金屬物 등 대형의 것으로부터, 골프채·양화洋靴·가방·넥타이·시계·만년필·라이터·파이프·낙관인落款印 등이 있고, 서적·비디오테이프를 비롯한 각종 기록물 등도 있다.

이 중 골프채는 500여 개를 갖게 되었지만, 100년 전의 것도 있어 진열하여 골퍼들의 흥미를 모으고 있다.

나는 수집한 것을 남에게 주기를 좋아한다. 3남 건희健熙는 공들여 모은 것을 남 주지 말고 소장所藏하면 후일 반드시 좋은 기념이 될 것이라고 말하지만, 이미 남에게 준 것도 많다.

모은 것에는 정이 가고 한없이 애착愛着이 간다. 대수롭지 않은 일이라고 웃을지도 모른다. 그러나 내 나름대로는 이유가 있는 수집이다. 모으는 것은 사람의 손으로 만든 것이 대부분이다. 만든 것이 아니면 쓴 것, 그린 것, 깎은 것들이다.

이들 수제품手製品에는 만든 사람, 쓴 사람의 땀이 스며 있다. 보다 아름다운 것, 보다 훌륭한 것을 추구하여 마지않는 집념執念이 어려 있다. 그리고 꿈이 있고 낭만이 있고 개성이 있고 인생이 있다. 이런 것을 생각하면서 바라보고 만져보고 비교도 해보며 망중한忙中閑을 즐기는 것이다.

파이프를 수집할 때는 영국제英國製는 왜 유명한지, 덴마크제는 모양은 좋으면서 왜 질이 떨어지는지, 던힐 파이프가 세계적인 명성을 그토록 오래 지닌 비결은 무엇인지, 이러한 것들에 항상 관심이 쏠린다. 이것 역시 사업하는 마음과 관련이 전혀 없지는 않다.

지금은 아주 끊었지만 한때는 담배에 대해서도 여러 가지로 자료를 찾아보았다. 문헌을 들추기도 하고 전문가에게 묻기도 하였다. 체질體質에 가장 적합한 담배를 피우려는 생각에서였다. 나의 끽연喫煙은 궐련에서 파이프 담배로, 그리고 시가로 옮겨갔는데, 궐련은 미국제 '바이스로이'와 일본의 10개들이 '호프'가 내 입에는 맞았고, 파이프 담배는 '던힐'을 즐겼다. 시가는 미국의 '크리스탈'과 쿠바의 '처칠'을 애용했다.

애지중지愛之重之하는 만년필 중에 프랑스제 '워터맨'이란 것이 있다. 비록 고가품高價品 만년필이라 하더라도 펜촉에는 각기 개성이 다르고, 다소의 품질 우열優劣도 있다. 수십만 개가 같은 형型에서 찍혀 나오기는 하지만 그 가운데서 특히 좋은 것은 2~3%에 불과하다. 흔히 사람들은 고급품은 그렇지 않을 것이라고 생각한다. 수집한 '워터맨'의 펜촉으로 써서 보이기도 하고 직접 써보도록 하기도 했더니, 모두들 내 말이 옳다고 깜짝 놀라는 것이었다. 이것이 바로 개성個性이라는 것이다.

생활 속의 골프

나는 시간낭비時間浪費를 가장 싫어한다. 매일의 일과는 빈틈없이 시간배분이 되어 있기 때문에 잡념雜念이 끼어들 겨를이 없다. 그러나 사업 외에도 미리 시일을 정해 놓고 거르지 않는 것이 하나 있다. 바로 골프다. 건강을 위하여 시작했지만 70세가 넘은 이제 와서는 생활의 일부가 되어 일상생활과 끊을 수 없게 되고 말았다.

일주일에 2~3일씩 규칙적으로 코스에 나가는데, 벗들과 어울려 푸른 잔디를 밟으며 맑은 공기를 만끽滿喫하다 보면 마음도 몸도 가벼워진다. 오늘의 내 건강도 골프 덕이 아닌가 생각한다.

장녀 인희(仁熙), 5녀 명희(明熙)와 함께 골프를 즐기는 저자(1980년 봄)

때로는 문득 사업의 아이디어가 떠오르고, '결단決斷의 장소'가 되기도 한다.

골프를 같이 칠 수 있었던 일본의 많은 경영자와 명사들 중에서도 '재계총리'로 불리는 일본 경단련회장 이나야마 요시히로稻山嘉寬 씨는 잊지 못할 분이다.

전후 일본의 경제번영에 큰 공을 세운 이나야마 씨는 '빈곤의 추방'으로 세계평화에 이바지하고, '불황 없는 자유경쟁경제의 구축'으로 인류의 공존공영을 도모한다는 것을 지론持論으로 하는 높은 식견識見의 소유자로 예의 바르고 친절하다.

이나야마 씨를 안 지도 벌써 30년이 넘었지만, 82세의 고령에

일본 경단련(經團連) 이나야마 요시히로(稻山嘉寬) 회장(가운데)과 골프를 즐기는 저자(1984년 10월 17일 안양 골프장에서)

도 불구하고 12일 동안 매일 18홀을 돌았다는 기록을 갖고 있을 만큼 정정(亭亭)하며, 골프의 진보(進步)를 위해 선후배를 가리지 않고 항상 묻고 배우고 노력하는 분이다.

나는 안양골프장 관리에 무척 신경을 쓴다. 건설에 앞서 일본의 유명 골프장을 다 돌아보고, 구미(歐美)의 저명 골프장에 관한 문헌을 두루 찾아 그 장점을 따서 가장 이상적인 설계를 했다. 일본의 명문, 스리헌드레드 클럽의 이사장이고 일본 상공회의소 회두(會頭)인 고토 노보루(五島昇) 씨에게 의뢰하여, 그의 산하업체 임원인 가네자와(宮澤長平) 씨에게 설계하도록 했다. 나무 한 그루, 화초 한 포기의 배치에도 정성을 쏟았다.

안양골프장은 시설이 완비된 국내에서 가장 아름답고 쾌적한 골프장으로서, 골퍼들의 모임에 알맞은 질서 있고, 예절 바른 장소가 되도록 그 운영에 힘쓰고 있다.

나의 골프력歷은 30년. 70세가 넘은 지금 핸디는 명예핸디이기는 하지만, 13 정도이다. 여담餘談이지만 아마추어 골퍼로서는 드문 기록도 갖고 있다. 홀인원 3회의 기록이다.

언젠가 도쿄에서 혼마의 사장을 만났더니 "한국의 명사가 혼마를 써주어 고맙다"고 인사한 적이 있었다. 그때 "골프채도 옛 명검名劍과 마찬가지로 만든 사람의 혼魂이 들어가지 않으면 명품名品이 되지 않는다"고 했다.

돈만을 벌자는 동기만으로는 결코 명품이 나올 수 없다. 헤드의 나무를 찾는 것에서 시작하여 최고 최선의 것을 추구하여 마지않는 인간의 창조創造의욕과 깊은 정신의 결정結晶이 명품을 낳는 것이다. 이것은 비단 골프채에 그치지 않고 사업을 포함한 모든 인간활동에도 통하는 이야기가 아닌가 한다.

국악과 서예로 정심正心 길러

밤 한때를 국악國樂에 귀 기울이면서 혼자 조용히 지내는 것은 즐거움의 하나이다. 요즘은 음반이나 테이프의 질이 좋아져서 창唱이나 산조散調를 실연實演이나 다름없는 음색音色으로 손쉽게 들을 수 있게 되었다.

"이런 근대적 스테레오로 하필이면 국악을 들으시다니…"하고 딸들은 말하기도 하지만, 좋은 데는 까닭이 없다. 우리 민족사民族史의 연륜年輪이 새겨진 그윽한 선율旋律은 무조건 마음을 한없이 안온하게 감싸준다.

나는 국악의 선율이 귀에 익은 세대이다. 친근감을 갖는 것은 당연한 일이다. 현재 몇몇 대학에 국악과國樂科가 있어 민족문화를 계승할 젊은이들이 배출되고 있다. 그러나 일상생활 속에서 국악과 교류를 갖는 세대는 내 연배年輩가 마지막인지도 모른다.

망중한忙中閑의 집무실에서 오전 한때를 서예書藝로 보내는 것도 최근 수삼년래數三年來 습관이 되고 있다. 먹을 갈고 붓을 잡으면 온 정신이 붓끝에 집중되고 숙연해진다. 내가 어려서 글씨를 익힌 것도 펜이나 연필이 아닌 붓이었다. 붓은 손에 익은 터이나 서투르다. 서예가 정하건鄭夏建 선생의 지도를 받으며 임서臨書도 해봤지만 여의치 않다.

특별한 서체書體도 아닌 어중간한 서체이지만, 무심히 그은 1

삼성본관 집무실에서 노타이 차림으로 서예를 즐기는 저자(1980년 여름)

획, 1점의 운필運筆이 마음에 들 때의 희열喜悅이란 이루 형언形言할 수 없다. 글귀는 대개 경서經書에서 따고 있으나, 삼성三星 각사 사장들의 휘호揮毫 요청이 있으면 그 회사 특성에 맞는 성구成句도 해본다.

내가 아무리 정진精進 노력을 한들, 남에게 자랑할 만한 글씨를 쓸 수 있을 리 없다. 다만 스스로 마음을 바로 잡기 위하여 글씨를 쓸 따름이다.

용인자연농원의 한옥

건축미에 매료되어

지난 30여 년 동안 여러 공장을 세워왔지만 공장을 단순히 물건을 만드는 곳이라고 생각하지는 않는다. 공장에도 미美의 표현이 있어야 한다고 항상 생각하고 있다. 그러한 나의 생각은 공장 건물의 설계나 조경에 언제나 반영되었지만, 용인자연농원에 세운 한옥韓屋은 건축에 걸었던 나의 꿈이 결집된 하나의 작품이라고 할 수 있다.

나는 한국식 목조건축을 좋아한다. 살아 있는 듯 숨 쉬는 목재가 잘 배합되고, 직선과 곡선이 융합融合·조화調和된 우리 한옥

한남동 자택 승지원(承志園)

은 실로 독창적인 운치韻致를 지니고 있다. 세계 어느 나라의 전통 있는 건축물에 비해도 추호秋毫의 손색遜色이 없다.

　기본설계에 그 뜻을 살린 것은 물론이지만, 목수木手나 와공瓦工과도 직접 대화를 나누며 한옥 고유의 형상과 색조와 선線의 조화를 표현하려고 부심腐心하였다.

　유서由緒 깊은 전통 건물들이 개발의 그늘에서 차례로 소멸消滅되어가고 있는 지금, 그것은 후세에 남길 만한 건축물이라고 확신하고 있다. 한옥의 수명은 능히 천 년의 풍설風雪에도 견딘다고 한다. 그러나 용인자연농원의 한옥을 지은 지 10여 년 후에 좀더 정교하고 좀더 한국 고유의 건축미建築美를 갖춘 150평 정도의 한옥을 서울 한남동에 하나 더 신축해 승지원承志園이라 이름 붙였다.

용인의 한옥을 지은 수년 후 그 옆에 세운 호암미술관은 화강암으로 된 석조건물이다. 선현들이 그 아호에 '석石' 자를 즐겨 썼던 심정도 짐작할 수 있다. 석조石造의 호암미술관에 석재石材가 지니는 그 중후감重厚感을 그대로 살리고 싶었다.

《논어》, 인간형성의 근원

어려서부터 나는 독서를 게을리 하지 않았다. 소설에서 사서史書에 이르기까지 다독多讀이라기보다는 난독亂讀하는 편이었다.

가장 감명을 받은 책 혹은 좌우에 두는 책을 들라면 서슴지 않고《논어論語》라고 말할 수밖에 없다. 나라는 인간을 형성하는 데 가장 큰 영향을 미친 책은 바로 이《논어》이다. 나의 생각이나 생활이《논어》의 세계에서 벗어나지 못한다고 하더라도 오히려 만족한다.

《논어》에는 내적內的 규범規範이 담겨 있다. 간결한 말 속에 사상과 체험이 응축凝縮되어 있어, 인간이 사회인社會人으로서 살아

가는 데 불가결한 마음가짐을 알려준다. 법률法律과는 대극對極의 위치에 있다.

법法도 인간사회의 불가결한 규범이기는 하나, 이미 발생한 인간의 행위밖에 다루지 못한다. 어떤 행위가 발생한 연후에 작용하는 것이 법이다. 행위가 발생하기 이전에는 법은 아무 상관이 없다. 남을 기만欺瞞하거나 살상殺傷하거나 혹은 명예를 훼손하는 행위가 있고, 그것이 발각되어야만 비로소 작용하는 것이 법이다.

이와 같은 인간사회의 규율에 적대敵對하는 행위의 발생을 막는 것이야말로 개개인이 갖는 내적 규범인 것이다. 내적 규범을 상실한 인간, 즉 무규범無規範한 인간이 늘어나는 사회는 과연 어떻게 될까. 함부로 법률만 발동되고 죄인만 늘어난다. 그 결과 사람들 사이에는 불신감不信感이 쌓이고 연대감連帶感이 희박해져 나약한 사회로 전락轉落하고 만다.

취직시험에 낙방한 학생이 "교수의 강의방법이 옳지 못했다"고, 대학당국을 상대로 손해배상을 법원에 제소한다. 대학 측은 여기에 대비하여 늘 몇 사람의 변호사를 보유하고 있어야 한다는, 도저히 믿기 어려운 사태가 미국 사회에서는 항다반사恒茶飯事처럼 되어 있고, 소송만능訴訟萬能의 풍조를 경고하는 특집이 신문이나 잡지를 장식하고 있다. 이웃 일본에서도 법률만능 사회의 싹이 트고 있다.

한편 한국 사회의 앞날은 어떠할까.

여기에 생각이 미치면, 오늘날《논어》가 지닌 크나큰 의미를 새삼 되새기게 되는 것이다.

그건 그렇다 치고 나는 경영에 관한 책에는 흥미를 느껴 본 적이 별로 없다. 새 이론을 전개하여 낙양洛陽의 지가紙價를 높이는 일도 있지만, 그것은 대체로 지엽적인 경영의 기술면을 다루는 데 지나지 않기 때문이다. 내가 관심을 갖는 것은 경영의 기술보다는 그 저류底流에 흐르는 기본적인 생각, 인간의 마음가짐에 관한 것이다.

그러한 뜻에서《논어》와 함께 인간형성人間形成의 기본 철학이 있는 전기傳記문학에도 나는 더 큰 흥미를 느끼는 것이다.

후기

1986년 1월 15일 나의 이력서履歷書와도 같은 이 자전自傳을 삼성 본관 28층 집무실에서 끝맺는다.

창밖을 바라보니 창공을 찌르는 수많은 고층건물들이 눈길을 끈다. 몇십 년 만의 한파寒波라고는 하지만 임립林立한 고층건물 사이를 자동차들이 줄을 이어 질주하고 있다. 6·25 동란의 폐허廢墟에서 재건再建된 오늘의 서울은 우리나라 경제발전의 역연歷然한 증좌證左이다.

이제 붓을 놓으면서 다시금 지난 70여 성상星霜을 돌아보니 세간世間의 구구한 억측臆測과 때로는 상찬賞讚 속에서 그야말로 영욕榮辱이 교차交叉하는 나의 일생이 주마등走馬燈과 같이 떠오른다.

해방 후 조국이 독립되면서 그때까지 풍류風流로 소일消日해 왔던 나의 인생관人生觀은 큰 변혁을 맞게 되었다. 이제야말로 개인의 발전은 물론 나라를 위해서도 유위有爲한 일을 해야겠다는 확신과 함께 국가관, 사업관, 인생관이 모두 바뀌었다. 이처럼 급격한 변화는 나 자신도 놀라울 정도였다. 그런 뜻에서 해방은 내 인생의 방향을 결정지어준 중요한 전기轉機가 되었다.

일생동안 벌인 크고 작은 사업들은 하나같이 국민경제國民經濟를 생각하면서 구상한 것이지만 그중에는 국가발전을 위해 필수불가결하고 선구적인 역할을 한 사업도 있었다고 믿는다. 지금 나의 회상回想 속에 뚜렷이 떠오른 사업들이 몇 가지 있다.

첫째는 1953년 동란의 전진戰塵 위에서 아직 포성砲聲이 들려오는 가운데 제일제당第一製糖의 설립을 결심했던 일이다.

그때까지 무역업을 해온 상업자본이 비로소 생산공장을 움직이는 산업자본으로 전환되는, 이를테면 나의 첫 번째 변신이었다. 제일제당은 경제사적經濟史的으로 보면 우리 민족자본에 의하여 최초로 탄생된 근대산업시설이었으며, 자본주의적 생산양식을 갖춘 유일한 생산공장이었다.

내 인생의 두 번째 전기는 1964년 8월에 창립한 한국비료韓國肥料에서 찾을 수 있다. 우리나라가 경제개발에 착수한 지 불과 2년 만에 4,390만 달러라는 거대외자巨大外資를 민간차관民間借款으로는 국내에서 최초로 도입하여, 세계 최대의 단일비료공장을 10년이라는 세월을 두고 갖은 고생과 고초苦楚와 고역苦役을 치른 끝에 건설했다.

새삼 기억에 남는 것은, 그때의 한비韓肥는 일본이 전후에 처음으로 수출한 최대 민간 프로젝트 공장이었다. 그 규모에서도 당시 흐루시초프가 소련 농업의 혁명적 증산을 위해 설립한 비료공장이 30만 톤이었는데, 한비는 그보다 6만 톤이나 더 많았다.

세 번째의 전기는 이제 희수喜壽를 바라보는 만년晩年에 21세기를 지향하는 최첨단最尖端 산업분야인 반도체半導體의 세계에 뛰어든 일이다. 그동안 무려 6,500억 원의 막대한 자본을 투입해 64KD램과 256KD램을 개발, 생산한 데 이어 이제 1메가D램에까지 진출하고 있다.

여기서 한 가지 생각나는 일화逸話는 일본 기업이 삼성반도체三星半導體의 5분의 1 규모인 반도체 생산공장을 영국에 설립, 대처 수상이 그 준공식에서 깊은 사의謝意를 표했다는 것이다.

이제 우리나라는 반도체 산업에서 불과 1년여의 시차時差로 미국과 일본에 접근하고 있다.

네 번째로, 나의 사업은 다만 물질적인 생산기업에 한정되지 않고 정신적인 문화사업文化事業에도 열의를 가져왔다.

문화사업 중에서도 신문·방송과 같은 지식산업에 관심을 갖게 된 것은 분명한 목적이 있었다. 5·16 혁명 이후 5년이 지나도록 정치는 기능을 발휘하지 못하고, 사람들은 경박輕薄한 세론世論에 영합迎合해 죄 없는 성실한 사람을 죄인으로 취급하는 우둔한 세태가 빚어지고, 도의道義와 정의正義마저 마비되어 이 시대야말로 건전한 언론言論이 있어야겠다는 생각을 하게 되었다. 언론으로 하여금 훌륭한 정치를 하게 만들고, 사회질서도 하루 빨리 바로 잡도록 해야겠다는 절실한 생각에서 중앙매스컴을 창설創設한 것이다.

　1984년 9월에 준공한 〈중앙일보〉 신사옥은 매스컴사업 20년의 결정체結晶體로 세계에서 제일 큰 규모다. 그 내부시설로는 우리나라 최대의 민간 미술전시장과 첨단설비를 장치한 공연장을 갖추고 있다. 〈중앙일보〉는 발행부수로도 세계 열 손가락 안에 드는 신문으로 성장하고 있다.

　평생을 통해 수많은 기복起伏을 겪으면서도 오늘 보람 있는 생애生涯를 살아올 수 있었던 것에 대하여 무수한 사원들과 각계각층의 우인友人들, 지도자에게 항상 감사하며 국민들의 성원聲援도 잊을 수 없다.

　내 인생의 빛나는 전기轉機들을 만들어 준 하나하나의 사업들이 창업創業 수통垂統의 정신에 따라 한결같이 번영해 기업의 융성隆盛은 물론이고 민족흥성民族興盛의 선구先驅가 되어, 21세기로 향한 국가부강國家富强의 초석礎石이 된다면 이제 더 바랄 것이 없겠다.

1986년 정월正月

저자

호암연보 湖巖年譜

1910. 2. 12 (음력 1.30)	경남慶南 의령군宜寧郡 정곡면正谷面 중교리中僑里 723번지에서 부父 이찬우李纘雨(1874. 9. 16. 생生)와 모母 안동安東 권씨權氏(1872. 4. 24. 생)의 2남男으로 출생. 조부祖父 이홍석李洪錫(1838~1897), 조모祖母 순흥順興 안씨安氏(1837~1934), 형兄 병각秉珏(1905. 4. 19. 생), 누나 여점余点(1899. 3. 23. 생), 분시分時(1902. 1. 7. 생)
1916	조부가 세운 서당, 문산정文山亭에서 한학漢學 수학修學
1922. 3	지수智水보통학교(진주시 지수면) 3년 편입
1922. 9	서울 수송壽松공립보통학교 편입
1925. 2	서울 수송공립보통학교 4년 수료
1925. 4	중동中東학교 속성과 편입
1926. 4	중동중학교 본과 입학
1926. 12. 5 (음력)	박두을朴杜乙(순천順天 박씨朴氏, 1908년생)과 혼인, 경북慶北 달성군達城郡 하빈면河濱面 묘동妙洞의 박기동朴紀東 공公의 여女(박팽년朴彭年 후손)
1929	중동중학교 4년 수료
1929. 10	도일渡日
1929. 12. 2	장녀 인희仁熙 출생
1930. 4	와세다早稻田대학 전문부專門部 정경과政經科 입학
1931. 6. 20	장남 맹희孟熙 출생

1931. 9	신병身病으로 학업(와세다대학 2학년) 중단하고 귀향
1931. 10	부친에게 진언進言, 가노家奴 30여 명 해방
1933. 5. 24	차남 창희昌熙 출생
1934. 2. 20	조모 순흥 안씨 작고作故(향년享年 98세)
1934. 10	사업투신事業投身을 결심, 부친으로부터 사업자금으로 논 3백 석분分을 분재分財받음
1935. 8. 22	차녀 숙희淑熙 출생
1936. 3	마산馬山 협동정미소 창업(정현용鄭鉉庸, 박정원朴正源 씨氏와 동업)
1936. 8	마산 일출日出자동차회사 인수, 트럭 20대로 운수업
1936. 9	산은産銀마산지점 융자로 김해평야의 논 40만 평 매입
1937. 6	토지사업 확장, 2백만 평의 대지주가 됨
1937. 9	중일中日전쟁으로 협동정미소, 일출日出자동차사업, 토지사업 청산
1937. 10	새로운 사업 구상, 서울·평양·봉천·북경·상해 등지를 2개월간 여행
1938. 3. 1	삼성상회 설립(대구시大邱市 수동竪洞), 청과·건어류를 만주·북경 등에 수출, 제분製粉·제면製麵도 겸영兼營. 자본금: 3만 원·직원: 40명
1939	조선양조 인수(대구)
1940. 2. 29	3녀 순희順熙 출생
1941. 2. 7	4녀 덕희德熙 출생
1941. 10. 2	모친 안동 권씨 중교리에서 작고(향년 70세)
1942. 1. 9	3남 건희健熙 출생
1943. 9. 4	5녀 명희明熙 출생
1945. 9	대구 유지有志들로 친목단체 을유회乙酉會 조직
1945. 10	〈대구민보大邱民報〉경영에 참여

1947. 5	서울 종로구 혜화동 163의 25로 이사移徙
1948. 4	조선효모 인수(대구)
1948. 11. 26	인희, 혼인(사위 조운해趙雲海, 한양漢陽 조씨趙氏 범석範錫의 아들)
1948. 11	삼성물산공사 설립(서울 종로2가 영보빌딩)
1950. 2	3개월간 일본 경제계 시찰(재계인사 11명과 동행)
1950. 12	대구로 피란
1951. 1. 11	임시수도 부산에서 삼성물산 설립, 사장 취임
1951. 2	장녀 인희, 이화여대 가정과 졸업
1953. 5. 8	4남 태휘泰輝 출생
1953. 8. 1	제일제당 설립, 사장 취임
1953. 11. 5	제일제당, 설탕 생산 시작
1954. 9. 15	제일모직 설립, 사장 취임
1955. 11. 30	이 무렵부터 전前 상공회의소 회두會頭인 우계牛溪 전용순全用淳 씨의 권유로 아호 '호암湖巖' 사용
1955. 12. 20	대한정당大韓精糖판매(주) 설립
1956. 2	서독 출장, 스핀바우 사社와 모직기계 도입 교섭
1956. 3. 15	제일모직 염색 가공공장 준공
1957. 1. 2	국내 최초로 사원공개채용시험 실시
1957. 2	차녀 숙희, 이화여대 영문과 졸업
1957. 2. 6	한일은행 인수, 동양제당 인수, 대한정당판매 해산解散
1957. 2. 23	차녀 숙희, 혼인(사위 구자학具滋學, 능주綾州 구씨具氏 인회仁會 3남)
1957. 11. 25	부친 작고(향년 84세)
1957. 12. 1	장남 맹희, 혼인(며느리 손복남孫福男, 밀양密陽 손씨孫氏 영기永琦 장녀)
1958. 1. 25	삼척시멘트 인수(현現 동양시멘트)
1958. 2. 21	안국화재 인수

1958. 9	삼척시멘트 양도讓渡
1958. 10. 10	상업은행 인수
1958. 12. 19	㈜장미라사 설립(제일모직 직매장), 동일방직, 근영물산, 한국타이어 인수
1959. 3	차남 창희, 와세다대학 졸업
1959. 4. 9	조흥은행 인수
1959. 12. 5	동일방직 양도
1960. 2	비료공장 건설을 위한 차관 교섭차 유럽 출장, 서독 크루프 사社, 이탈리아 몬테카니니 재벌과 차관 교섭에 성공
1961. 2	3녀 순희, 이화여대 졸업
1961. 3	차남 창희, 와세다대학 석사학위(상학商學) 취득
1961. 6. 10	3녀 순희, 혼인(사위 김규金圭, 김녕金寧 김씨金氏 영순英順 2남)
1961. 6. 26	박정희朴正熙 최고회의 부의장과 첫 대면對面
1961. 7. 28	제일모직, 소모사梳毛絲 3천lbs 홍콩 처녀 수출
1961. 8. 16	한국경제인협회(현現 전국경제인연합회) 초대 회장 취임
1961. 9. 4	미국 샌프란시스코 국제산업회의 참석(정유와 비료공장 투자유치 교섭)
1961. 11. 2	민간경제사절단장으로 미주美洲 방문
1962. 5. 12	제일모직 회장 취임
1962. 8. 4	6녀 혜자惠子 출생
1962. 9. 29	한국경제인협회 회장직 사임
1963. 2. 26	동양TV 방송(주) 설립
1963. 3. 2	효성물산, 한국타이어, 한일나이론 양도
1963. 3. 21	차남 창희, 혼인(며느리 中根 히로미, 中根次司 장녀)

1963. 5. 30~6. 5	〈한국일보〉에 "우리가 잘 사는 길"을 5회에 걸쳐 연재 (①우리의 빈곤 ②우리의 반성 ③부정축재 처리문제 ④경제5개년계획 성취를 위하여 ⑤좋은 장래를 위하여)
1963. 6. 25	라디오 서울방송(주) 설립
1963. 7. 15	동방생명, 동화백화점, 동남증권, 동양화재, 대한제유 인수
1963. 11. 11	동화백화점, 신세계로 상호 변경
1963. 12. 23	동화부동산(현現 삼성에버랜드) 인수
1963. 12. 28	미풍산업 설립
1964. 1. 29	삼성장학회 설립
1964. 4. 4	4녀 덕희, 혼인(사위 이종기李鍾基, 광주廣州 이씨李氏 정재禎載 2남)
1964. 4. 7	차남 창희, 제일모직 이사 취임
1964. 5. 9	라디오서울 개국開局
1964. 7. 15	대구대학 인수
1964. 8. 27	한국비료(한비) 설립, 사장 취임
1964. 9. 18	대구대학 이사장 취임
1964. 11. 30	삼성물산, 제1회 수출의 날에 대통령상 수상
1965. 2. 4	삼성문화재단 설립 발표
1965. 2	4녀 덕희, 숙명여대 졸업
1965. 3	5녀 명희, 이화여대 졸업
1965. 3. 17	(주)중앙일보사 설립, 사장 취임
1965. 4. 1	삼성문화재단 설립 인가
1965. 4	3남 건희, 와세다대학 상과대商科大 졸업
1965. 7. 1	차남 창희, 한비 이사 취임
1965. 9. 9	삼성문화재단, 성균관대 인수
1965. 9. 22	〈중앙일보〉 창간

1965.12.3	성균관대 이사장 취임
1966.1.31	삼성빌딩 준공
1966.3.1	일본〈포토〉지誌에 수상문隨想文〈생각나는 대로〉 기고(한민족의 평화에의 염원 피력)
1966.4.1	사단법인 대한암협회 회장 취임
1966.4	3남 건희, 조지워싱턴대학원 졸업
1966.5.4	중앙개발(주) 설립
1966.5.19	고려병원 설립, 대구대학 양도
1966.7.16	중앙방송, 동양방송으로 상호 변경
1966.10.5	서울 FM방송(주), 동양방송에 흡수 합병
1966.12.9	〈중앙일보〉대표이사 사장 사임
1967.2.16	새한제지 인수
1967.2	차남 창희, 새한제지(전주제지) 이사 취임
1967.4.20	한비 울산공장 준공
1967.4.30	건희, 혼인(며느리 홍라희洪羅喜, 남양南陽 홍씨洪氏 진기璡基 장녀)
1967.7.18	동양화재해상보험 양도
1967.10.16	한비 헌납(주식 51%)
1967.12.14	명희, 혼인(사위 정재은鄭在恩, 온양溫陽 정씨鄭氏 상희商熙 차남)
1967.12.18	삼성물산, 뉴욕지점 현지법인 설립
1968.2.13	창희, 삼성물산 이사 취임
1968.2.14	〈중앙일보〉대표이사 회장 취임
1968.6.16	안양 컨트리클럽 개장
1968.7.1	제일제당, 미풍산업 흡수 합병
1968.8.29	새한제지, 전주제지로 상호 변경
1969.1.13	삼성전자주식회사 설립
1969.4.1	신세계백화점 직영체제 확립

1969. 4. 7	일본 〈닛케이日經비즈니스〉 지誌, 인터뷰 기사 게재(전자공업진출 서두르는 삼성)
1969. 5. 19	제일모직, 한국 최초로 섬유부문에서 발명상 수상
1969. 6. 30	성균관대 과학관(호암관湖巖館) 준공
1969. 12. 4	삼성산요전기(주) 설립
1970. 1. 20	삼성 NEC 설립
1970. 1	〈현대문학〉 1월호에 수필 〈담淡〉 기고寄稿
1970. 2. 1	동양방송 FM, 한국 최초로 스테레오방송 시작
1970. 12. 5	삼성 NEC 브라운관 생산
1971. 1. 15	삼성문화문고 발간
1971. 2. 18	사재 150억 원 처리방안 발표
1971. 9. 15	삼성일렉트릭(주) 설립
1971. 9. 20	삼성공제회 설립취지 발표(기업의 사회적 책임은 부富의 사회환원還元에 있다)
1972. 7. 1	제일합섬 설립
1973. 1. 17	제일기획(주) 설립
1973. 1. 21	삼성전자, 미국·캐나다에 TV 처녀 수출
1973. 3. 2	삼성전자, 삼성일렉트릭 흡수 합병
1973. 5. 9	(주)임피리얼 설립
1973. 6. 13	제일제당, 기업 공개
1973. 7. 6	임피리얼, 영빈관迎賓館 인수
1973. 7. 26	삼리복장三理服裝(주) 설립
1973. 8. 8	삼성산요파츠(주) 설립(삼성전자, 삼성산요, 일본 산요전기, 산요무역 합작)
1973. 11. 7	임피리얼, (주)호텔신라로 상호 변경
1973. 12. 20	삼성코닝 설립
1974. 3. 28	삼성산요, 삼성전기(주)로, 삼성산요파츠,

	삼성전기파츠(주)로, 삼성NEC, 삼성전관(주)으로 각각 상호변경
1974. 7. 10	삼성석유화학 설립
1974. 8. 5	삼성중공업(주) 설립
1974. 12. 21	〈중앙일보〉와 〈동양방송〉 합병, ㈜중앙일보·동양방송으로 상호 변경
1975. 1. 8	문화재단, 효행상 제정 및 국제문화교류사업 시행
1975. 1. 21	중앙엔지니어링(주) 설립
1975. 3. 5	제일제당, 종합식품연구소 설립
1975. 3. 24	〈중앙일보〉에 "황폐한 국토를 다시 찾자" 3회 연재
1975. 5. 6	제일모직, 기업 공개
1975. 5. 12	삼성물산, 종합무역상사 제1호로 지정
1975. 6. 25	삼성전자, 기업 공개
1976. 4. 7	〈서울경제신문〉에 "재계회고財界回顧" 연재(6월 25일까지 총 54회)
1976. 4. 17	용인자연농원 개장
1976. 4. 20	동방생명빌딩 준공
1976. 9	일본 〈프레지던트〉 지誌에 〈합리주의와 행운과〉 게재
1976. 9. 9	일본 동경암연구센터 카지타니梶谷 박사의 집도로 위암 수술, 이후 금연禁煙, 소식小食의 절제생활
1976. 9. 15	㈜ 중앙엔지니어링, 중앙개발에 합병
1977. 2. 8	삼성종합건설 설립
1977. 3. 1	삼성전기, 삼성전자에 흡수 합병
1977. 3. 31	태휘, 게이오慶應대학 졸업
1977. 4. 9	삼성전자, 컬러TV 생산 개시
1977. 4. 13	〈중앙일보〉에 〈장기영張基榮 형兄의 명복을 빌면서〉 게재
1977. 4. 22	삼성조선(주) 설립(우진조선 인수)

1977. 5. 1	삼성전기파츠(주), 삼성전자부품(주)으로 상호 변경
1977. 5. 3	대성중공업 인수
1977. 7	일본 〈프레지던트〉 지(誌)에 〈중화학공업화로의 제일보(第一步)〉 게재
1977. 8. 1	삼성정밀공업(주) 설립
1977. 8. 25	미국 〈비즈니스위크〉 지(誌) 안토니오 로렌스 기자 인터뷰(경영철학 및 국제경제 흐름에 관하여)
1977. 8. 29	일본 〈닛케이(日經)비즈니스〉 지(誌), 인터뷰 기사 게재(인재활용의 경영)
1977. 11. 21	삼성종합체육관 완공
1977. 11. 30	제일제당, 핵산 복합조미료 아이미 신개발
1977. 12. 5	삼성 GTE통신(주) 설립
1977. 12. 30	한국반도체 인수
1978. 3. 2	한국반도체, 삼성반도체로 상호 변경
1978. 3. 4	제일모직, 부설 여자실업 중·고등학교 설립
1978. 3. 24	제일합섬 경산공장부설 여자실업고교 설립
1978. 4. 26	코리아엔지니어링 인수
1978. 5. 29	동방연수소 개소(開所)
1978. 8. 20	신원개발 인수
1978. 9. 26	의료법인 고려의료재단 설립
1978. 10. 14	개인소장 문화재(국보 7점, 보물 4점 등 1천1백여 점)를 삼성미술문화재단에 기증
1978. 11. 13	미국 〈월드 비즈니스〉 지(誌), 인터뷰 기사 게재(한국의 삼성, 일본을 추월)
1978. 12. 7	여의도 A스튜디오 준공(동양 최대규모)
1978. 12. 12	〈중앙일보〉, 국내 최초로 발행부수 1백만 부 돌파
1978. 12. 29	삼성전자, 국내 전자업계 최초로 수출 1억 달러 돌파

1979.1.1.	일본 〈닛케이 비즈니스〉 지誌, 인터뷰 게재(1980년대 선진국에 도전하는 아시아의 기업)
1979.1.18	삼성전자부품, 기업 공개
1979.2.27	건희健熙, 삼성그룹 부회장 취임
1979.3.8	호텔신라 개관
1979.3.15	전주제지, 뉴질랜드 원스턴공장 준공
1979.4.17	미국 뱁슨대학의 세계최고경영자상 수상受賞
1979.5.10	삼성종합건설, 신원개발을 흡수 합병
1979.5.29	전경련에서 정주영鄭周永 회장 등이 고희古稀 기념 선물 전달(병풍)
1979.6.23	GTE그룹의 데오도르 브로피 회장 접견
1979.7.20	동방, 여의도빌딩 준공
1979.9.10	일본 〈닛케이 비즈니스〉 지誌, 인터뷰 게재(대일對日무역역조의 처방책)
1979.9	삼성전자, 국내 최초로 VTR(SV-7700) 개발
1980.1.16	삼성석유화학, TPA 생산 개시
1980.3.3	삼성전자, 삼성반도체 흡수 합병
1980.3.19	삼성조선, 석유시추선 1002호, 1003호 진수進水
1980.4.7	삼성전관, 컬러 브라운관 수원공장 준공
1980.4.14	한국전자통신 인수
1980.4.14	〈중앙일보〉 TBC 여의도센터 개관
1980.4.22	톰슨CSL 사장 필립 지스카르 데스탱 접견
1980.5.26	일본日本 경단련經團連 주최 국제경영세미나에서 강연(인재에 대한 투자의 중요성)
1980.5.30	태휘, 혼인(며느리 岡本智子, 岡本鐵夫 2녀)

1980. 7. 3	전경련小經聯 주최 최고경영자연수회에서 강연(사업관 및 경영철학)
1980. 7. 9	삼성조선, 석유운반선 1000호 진수
1980. 7. 17	〈서울경제신문〉에 특별대담 게재(기업인은 분수를 알고 과욕 없어야)
1980. 7. 31	삼성정밀, 항공기 엔진 첫 정비 출고出庫
1980. 8. 13	GE그룹 레지날스 존스 회장 접견
1980. 8. 26	삼성전관, 국내 최초 한글·한자 컴퓨터 시스템 개발
1980. 9. 30	삼성전자, 국내 최초 다기능 VTR(SV-8000) 개발
1980. 10. 31	삼성전자, 국내 최초 컴퓨터 전자레인지 개발
1980. 11. 20	일본 경단련 稻山嘉寬 회장 등 방한사절단 접견
1980. 11. 30	TBC 고별방송, KBS에 흡수
1980. 12. 30	글라이스틴 미국 대사 접견, 한국경제의 최근동향에 관하여 환담
1981. 1. 10	〈일본공업신문〉, 인터뷰 기사 게재(난세를 살아남은 이병철)
1981. 1. 10	한국안전시스템 인수
1981. 2. 9	삼성전자, 컬러TV 100만 대 생산 돌파
1981. 2. 10	제일모직, 부설학교 성일여자실업고교로 교명 변경
1981. 5. 29	미국 〈월스트리트 저널〉지誌, 한국특집 인터뷰 기사 게재(한국최고경영자와의 대담)
1981. 5. 29	삼성전자, 흑백TV 생산 1천만 대 돌파
1981. 6. 11	일본 〈프레지던트〉지誌 多田敏雄 기자와 인터뷰(자유무역은 공존공영共存共榮을 위한 것)
1981. 7. 2	미국 체이스 맨해튼은행 회장 윌러드 부처夫妻 접견(한미 민간기업의 경제협력 방안에 관하여 환담)

1981. 8. 24	호텔신라에서 재계 원로들과 회합(경제4단체장 등 9명 참석)
1981. 11. 17	미국 아메리카은행 새뮤얼 아마코스트 총재 접견(한미 경제협력관계 논의)
1981. 11. 22	세 번째 홀인원 기록(안양 컨트리클럽)
1981. 11. 27	미국 IBM사 파이퍼 회장 접견
1981. 12. 16	삼성그룹 EAC(Euro Asia Center) 정회원 가입
1982. 1. 7	도쿄에서 일본 재계 원로들과 만찬(稻山嘉寬 경단련회장, 水上達三 무역회장, 永野重雄 상의회장 등 10여 명 참석)
1982. 2. 3	삼성라이온즈 프로야구단 창단
1982. 3. 11	21년 만에 미국 등정登程(보스턴대학 명예경영학박사 학위수여식 참석차)
1982. 3. 19	휴렛패커드사 회장과 컴퓨터 분야의 협력관계 환담
1982. 3. 25	미국 〈워싱턴 포스트〉 지紙, 인터뷰 기사 게재(한국의 록펠러, 미국을 방문)
1982. 3. 26	〈워싱턴 포스트〉 그레이엄 회장과 환담
1982. 3. 30	IBM 파이퍼 회장과 컴퓨터 기술제휴에 관하여 환담
1982. 4. 2	미국 보스턴대학 명예경영학박사 학위 수여 받고 기념강연(연제演題: 새로운 태평양시대를 열자), 보스턴대학에서는 이날을 '이李 회장會長의 날'(B.C. Lee Day)로 정함
1982. 4. 5	베케트 사 방문
1982. 4. 22	삼성미술문화재단 호암湖巖미술관 개관
1982. 4. 26	〈뉴스위크〉 지誌, 인터뷰 기사 게재(호혜互惠평등원칙 위에 무역분규 해소해야)
1982. 6. 7	전경련에서 재계원로들과 환담(명예박사학위 취득을 축하)
1982. 6. 24	삼성종합연수원 개원

1982. 6. 28	삼성정밀, 국내 최초 항공기 엔진 국산화 성공 출하
1982. 7. 9	〈경향신문〉, "거탑巨塔의 내막内幕" 연재(7.9~9.3 32회 게재)
1982. 7. 22	〈중앙일보〉에 "미국을 다녀와서"(6회) 연재
1982. 11. 11	삼성그룹, 1982년 전국공장새마을 품질관리대회에서 최우수 추진본부상, 공업표준화 최우수상 수상
1982. 11. 20	〈매일경제신문〉, 〈전경련 역대회장의 회고와 전망〉 게재
1982. 11. 30	삼성물산, 수출 20억불탑 수상
1982. 12. 1	제일제당, 국내 최초로 인터페론 대량생산기술 개발
1982. 12. 15	삼성전자, 서독에서 제3회 국제기술상, 최우수기술상 수상
1982. 12. 27	삼성반도체통신 발족(한국전자통신 흡수)
1982. 12. 28	삼성전자, 국내 최초로 세컴방식 컬러TV 프랑스에 처녀 수출
1983. 1. 1	삼성중공업, 조선, 대성중공업 3사社 통합
1983. 2. 10	삼성중공업, 거제 제2도크 완공
1983. 2. 10	삼성전자, 국내 최초로 컬러TV 3백만 대 생산 돌파
1983. 3. 6	〈조선일보〉, 창간 63주년 기념 대담 게재
1983. 4. 8	한·일합동경제위원회 양국 대표 17명을 용인 한옥에 초청 환담
1983. 6. 20	삼성코닝, 인도에 흑백TV 융착融着공장 국내 최초 수출
1983. 6. 27	삼성시계(주) 설립
1983. 7. 2	삼성반도체통신, 미국 캘리포니아 실리콘밸리에 현지법인 트리스타 세미콘닥터 사社 설립
1983. 7. 19	〈중앙일보〉에 "첨단기술: 그 첨단을 가는 길"을 4회에 걸쳐 연재(① 제3의 산업혁명 ② 우수한 인적자원 ③ 투자와 교육 ④ 기업의 투자)

1983. 7. 28	삼성정밀, 항공기 엔진 수리 300대 돌파
1983. 8. 25	일본 〈요미우리신문讀賣新聞〉, 인터뷰 기사 게재(대한對韓 기술이전하라)
1983. 9. 12	삼성반도체, VLSI공장 기공
1983. 10. 11	삼성전자, 세계 최초 초소형 VTR 개발(대통령상)
1983. 10. 29	삼성반도체통신, 국산전화교환기 100만 회선 돌파
1983. 11. 21	일본 〈닛케이日經 비즈니스〉지誌 인터뷰 기사 게재 (의인물용疑人勿用 용인물의用人勿疑)
1983. 11. 30	삼성전자, 국내 가전업체 최초로 수출 5억불탑 수상
1983. 12. 1	삼성반도체통신, 국내 최초로 세계 세 번째 64KD램 개발 생산
1984. 1	일본 〈중앙공론中央公論〉, 인터뷰 기사 게재('아시아의 세기世紀'는 한국기업이 리드한다)
1984. 1. 16	〈동아일보〉에 〈수출과 기술혁명〉 기고
1984. 1. 18	삼성전자, 합작회사 삼성·휴렛패커드 사社 설립
1984. 1. 28	제일제당, 미국에 해외합작법인 유진텍 인터내셔널 사 설립
1984. 3. 3	삼성전자, 제18회 조세의 날에 금탑산업훈장 수상
1984. 3	삼성전자, 국내 최초로 비디오 헤드 생산
1984. 3. 31	삼성반도체통신, 기흥 VLSI공장 준공(5월 17일 준공식)
1984. 4. 20	삼성의료기기 설립
1984. 5. 1	신세계백화점 영등포지점 개점
1984. 5. 29	삼성정밀, 제트엔진 제어장비 국산화에 성공
1984. 6. 14	삼성반도체통신, 광통신 및 광케이블공장 준공
1984. 6. 27	제일제당, 유전공학연구소를 이천利川과 미국 앨런테일에서 동시 준공
1984. 8. 26	일본 〈요미우리신문〉에 〈한일신시대의 구축〉 기고

1984. 10. 5	전주제지, 세계 최대규모의 탈묵脫墨공장(일산日産 5백 톤) 준공
1984. 10. 6	동방생명 신사옥 준공, 동방플라자 개점
1984. 10. 8	삼성반도체통신, 국내 최초 256KD램 개발
1984. 12. 5	삼성전자, 미국 록스베리공장 준공
1985. 1. 22	삼성유나이티드 항공 설립
1985. 2. 27	〈중앙일보〉에 〈나의 도쿄구상東京構想〉 기고寄稿
1985. 3	삼성전관, 국내 최초로 컬러TV 형광체 개발
1985. 3. 29	삼성전자, 음향기기공장 준공
1985. 4. 15	삼성전자, 생산기술연구소 준공
1985. 4. 18	크라이슬러 사 아이아코카 회장과 자동차산업 공동추진에 합의
1985. 4. 28	KBS TV 〈일요방담〉에 출연(대담자 김준성金埈成 전前 경제부총리)
1985. 5. 1	호암湖巖아트홀 개관
1985. 5. 1	삼성데이타시스템 설립
1985. 5. 21	삼성반도체통신, 256KD램 양산공장 준공
1985. 6. 22	삼성전자, VTR 신공장 준공
1985. 7. 1	제일합섬, 폴리에스터 필름공장 준공
1985. 7. 8	신세계백화점, 기업공개 주식공모
1985. 9. 23	중앙일보사, 신사옥 준공
1985. 10. 22	삼성정밀, 반도체용 리드프레임 공장 준공
1985. 11. 12	일본 〈이코노미스트〉 지誌, 인터뷰 기사 게재(다음 목표는 1인당 GNP 2만 달러)
1985. 12. 5	삼성전자, 국내 최초로 해외전환사채 발행
1986. 2. 12	자서전 출판(《호암자전湖巖自傳》)
1986. 7. 1	삼성경제연구소 발족

1986.7.13	삼성반도체통신, 세계 세 번째로 1MD램 개발
1986.9.7	삼성반도체통신, 순수 국내자본기술로 256KS램 개발
1986.9.24	삼성공제회관 개관
1986.10.8	삼성전자, 세계 최초 4mm VTR 개발
1987.1.1	〈중앙일보〉에 "부국론富國論"을 6회에 걸쳐 기고寄稿
1987.3.24	삼성항공산업, 삼성항공우주연구소 설립
1987.6.16	삼성반도체통신, 미국 실리콘밸리에 반도체공장 준공
1987.8.3	삼성, 〈포춘〉지誌가 선정한 '1986년도 매출기준 세계 500대 기업(미국 제외)' 중 21위位 랭크
1987.10.22	삼성종합기술원 개원
1987.11.19	자택에서 별세別世